实用新型专利权
评价报告案例评析

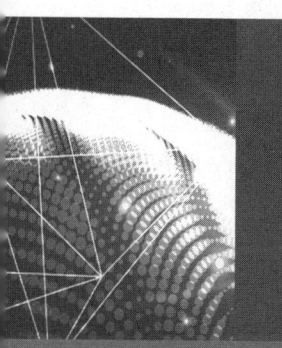

创造性评价

曲淑君◎主编
国家知识产权局专利局实用新型审查部◎组织编写

知识产权出版社
全国百佳图书出版单位

图书在版编目（CIP）数据

实用新型专利权评价报告案例评析：创造性评价/曲淑君主编；国家知识产权局专利局实用新型审查部组织编写. —北京：知识产权出版社，2018.1

ISBN 978-7-5130-5261-0

Ⅰ.①实… Ⅱ.①曲… ②国… Ⅲ.①专利权—评价—案例—中国 Ⅳ.①D923.425

中国版本图书馆 CIP 数据核字（2017）第 276588 号

内容提要

本书从《专利法》《专利法实施细则》《专利审查指南（2010）》等相关规定出发，结合目前实用新型专利权评价报告制作的实际情况，向读者介绍了实用新型专利权评价报告制度的历史与现状、实用新型专利的创造性审查，以及 35 个创造性审查的具体案例。本书主要采用案例说明的方式介绍了实用新型专利创造性评判分析的过程和要点，并针对难点问题进行详细的分析与解释说明，对今后实用新型专利权评价报告中的创造性评判具有较强的指导意义。

责任编辑：黄清明　韩　冰	责任校对：谷　洋
封面设计：邵建文	责任出版：刘译文

实用新型专利权评价报告案例评析：创造性评价

曲淑君　主编

国家知识产权局专利局实用新型审查部　组织编写

出版发行：知识产权出版社有限责任公司	网　　址：http://www.ipph.cn
社　　址：北京市海淀区气象路 50 号院	邮　　编：100081
责编电话：010-82000860 转 8117	责编邮箱：hqm@cnipr.com
发行电话：010-82000860 转 8101/8102	发行传真：010-82000893/82005070/82000270
印　　刷：北京嘉恒彩色印刷有限责任公司	经　　销：各大网上书店、新华书店及相关专业书店
开　　本：720mm×1000mm　1/16	印　　张：14
版　　次：2018 年 1 月第 1 版	印　　次：2018 年 1 月第 1 次印刷
字　　数：220 千字	定　　价：56.00 元
ISBN 978-7-5130-5261-0	

出版权专有　侵权必究

如有印装质量问题，本社负责调换。

本书编委会

主　编：曲淑君

副主编：雷春海

编　委：陈　勇　丁　蕾　冯媛媛　李　莉
　　　　吴　桐　项　莉　袁　泉　张　娅
　　　　张　烨　朱广玉

撰稿人：崔　欣　丁秀华　冯媛媛　郭荣庆
　　　　贺　博　侯文静　赖天贵　李　硕
　　　　林　洁　凌　云　刘　凯　马　丽
　　　　孟　辉　王灵威　王文霄　王晓宁
　　　　王艳丽　武广涛　原敏强　张　帆
　　　　张　羚

前　言

为了更好地促进实用新型专利权评价报告制作的准确性和一致性，尤其是规范专利权评价报告中有关创造性的评判，国家知识产权局专利局实用新型审查部编写了《实用新型专利权评价报告案例评析：创造性评价》一书。本书从《专利法》《专利法实施细则》《专利审查指南（2010）》等相关规定出发，结合目前实用新型专利权评价报告制作的实际情况，向读者介绍了实用新型专利权评价报告制度的历史与现状、实用新型专利的创造性审查，以及35个创造性审查的具体案例。本书主要采用案例说明的方式介绍了实用新型专利创造性评判分析的过程和要点，并针对难点问题进行详细的分析与解释说明，对今后实用新型专利权评价报告中的创造性评判具有较强的指导意义。

本书涉及的案例是实用新型审查部工作人员根据长期以来在审查实践中遇到的实际案例积累而得。实用新型审查部于2016年3月开始筹备本书的编写工作，成立了编委会，明确了撰写组、由编委组成的审稿组、统稿组的工作范围和职责。本书在编写过程中得到了各方的支持和协助，在此表示衷心的感谢！对于本书存在的疏漏和不足，敬请读者多提宝贵意见。

编　者

目录

前言 ·· I

第一章 实用新型专利权评价报告制度综述 ·· 001
第一节 评价报告制度概况 / 001
第二节 评价报告的作出及存在的问题 / 020

第二章 实用新型专利的创造性审查 ·· 024
第一节 我国实用新型专利创造性审查的相关规定 / 024
第二节 其他国家（地区）关于实用新型专利创造性的审查 / 025
第三节 实用新型专利创造性审查的基础 / 031

第三章 创造性审查典型案例 ··· 047
【案例 3-1】 塑料浮雕卫浴柜 / 047
【案例 3-2】 用于交通工具的遮光装置 / 051
【案例 3-3】 多火电弧打火机 / 054
【案例 3-4】 冷藏设备远程测温系统 / 059
【案例 3-5】 多缸固液分离压滤机 / 062
【案例 3-6】 无冷桥复合风管卡式法兰型材 / 065
【案例 3-7】 电容式触控板的触控图形结构 / 071
【案例 3-8】 具有独立控温的变温子间室的冰箱 / 075

【案例3-9】	水钻磨抛机的间歇摆动机构 / 079
【案例3-10】	铁路敞车车门缝堵漏条 / 084
【案例3-11】	饺子机的脱模装置 / 091
【案例3-12】	用于汽车的可个性定制图案无损加装的迎宾灯 / 097
【案例3-13】	矸石充填支护支架 / 102
【案例3-14】	沙发靠背改进结构 / 110
【案例3-15】	旱田人力施肥器 / 114
【案例3-16】	坐便器直冲式排水结构 / 121
【案例3-17】	光纤寻障仪 / 126
【案例3-18】	压紧板可调式滑轮 / 131
【案例3-19】	侧面发光二极管 / 136
【案例3-20】	外转式工业或家用风扇直流无刷马达 / 142
【案例3-21】	地坪研磨机磨盘连接装置 / 146
【案例3-22】	一种风扇组件 / 150
【案例3-23】	柔性集装化软托盘 / 153
【案例3-24】	用于墙体中可拆卸节能防水支撑螺杆 / 157
【案例3-25】	弧形辊棒 / 161
【案例3-26】	多功能拖把清洗桶 / 165
【案例3-27】	电热水壶 / 170
【案例3-28】	搅拌桩机传动装置 / 174
【案例3-29】	烤板方便拆装的远红外线烧烤炉 / 179
【案例3-30】	带有电子芯片的保险止退装置 / 186
【案例3-31】	制冰机蒸发器内表面压花构造 / 193
【案例3-32】	给袋式包装机理料机构 / 197
【案例3-33】	360°转动弹弓眼镜脾 / 203
【案例3-34】	弹性复位机构及使用该弹性复位机构的转向机构 / 210
【案例3-35】	咖啡机过滤器的漏液孔结构 / 214

第一章 实用新型专利权评价报告制度综述

第一节 评价报告制度概况

一、专利权评价报告制度的发展概况

《中华人民共和国专利法》(以下简称《专利法》)第四十条中规定:"实用新型专利申请经初步审查没有发现驳回理由的,由国务院专利行政部门作出授予实用新型专利权的决定,发给相应的专利证书,同时予以登记和公告。"《中华人民共和国专利法实施细则》(以下简称《专利法实施细则》)第四十四条规定,初步审查的范围包括形式审查和明显实质性缺陷的审查。因此,实用新型初步审查制度决定了授权后的实用新型专利与发明专利相比法律稳定性不高。这使得法院在审理涉及实用新型专利的侵权诉讼时,面临这样的难题:侵权诉讼的客体应当是一项有效的专利权,但未经实质审查的实用新型专利权,法院并不能确定其专利权是否有效,此时被控侵权人往往会向专利复审委员会请求宣告所涉及的专利权无效,人民法院往往需要中止诉讼程序等待无效决定作出之后再进行审理,由此使得诉讼程序冗长,审理周期加长。在这样的背景下,建立了实用新型专利权评价报告(检索报告)制度,一方面便于权利人了解自己的专利权稳定情况,另一方面有利于节约诉讼和行政程序,提高案件处理和审理的效率。

(一)实用新型专利权评价报告(检索报告)制度的发展历程

专利权评价报告制度大致经历了以下几个阶段。

实用新型专利权评价报告案例评析：创造性评价

1. 无明确制度阶段

1985年4月至2001年6月，在这一阶段中不存在专利权评价报告（检索报告）制度。最高人民法院对如何审理涉及法律稳定性较差的实用新型专利的侵权诉讼两次作出规定。

（1）无条件中止

1986年2月至1992年2月，这一阶段按照《最高人民法院关于开展专利审判工作的几个问题的通知》（以下简称《通知》）审理案件。《通知》规定，在专利侵权诉讼中，遇有被告挑战专利无效时，法院可根据《民事诉讼法（试行）》第一百一十八条第四项的规定中止诉讼。待专利权有效或无效的问题解决后再恢复专利侵权诉讼。当时的实践中，绝大多数法院不管涉案专利的类型、被告的请求何时提出、有无正当理由，只要复审委员会受理了无效宣告请求，法院一律作出中止诉讼的裁定，待无效宣告程序作出决定后再恢复审理，以避免产生认定侵权成立与专利权宣告无效的矛盾。[1] 这样的处理方式导致部分被控侵权人利用无效宣告程序拖延诉讼，继续实施侵权行为，不利于保护专利权人的合法权益。

（2）有条件中止

1992年2月至2001年6月，鉴于拖延诉讼的情形较为普遍，为保护专利权人的合法权益，避免侵权损害的扩大，《最高人民法院关于审理专利纠纷案件若干问题的解答》（以下简称《解答》），对中止诉讼进行了限制性规定：一是只对仅经过初步审查、专利权法律稳定性较差的实用新型专利中止审理；二是对被控侵权人提出无效宣告的时机作了限制，规定须在答辩期内提出无效宣告请求。但是，实践中仍然存在问题：一是被告为了程序用尽，即使无证据或无恰当的理由，也会因时间限制而盲目提出无效宣告请求，增加了复审委员会和法院的负担；二是中止对侵权诉讼的审理，令真正满足授权条件

---

[1] 徐棣枫. 试评专利法修正案中的检索报告 [EB/OL]. [2012-10-13]. http://www.lawtime.cn/info/zhuanli/zhuanlifalunwen/2011072773065.html.

的实用新型专利得不到及时有效的司法保护。

2. 实用新型专利检索报告制度阶段

如果专利权人对实际上不符合《专利法》规定的授权条件的实用新型专利权过于轻率地行使其权利，容易浪费专利权人的人力和财力，损害公众的权益，浪费行政部门和司法机关的资源，于己于人均不利。实用新型专利申请和授权数量快速增长使得上述问题更加凸显。但是，通过实质审查的方式来增强实用新型专利权的稳定性，会占用大量审查资源，延长审查周期，无法体现其"短、平、快"的特点。因此，2000年修正《专利法》时，在第五十七条第二款规定："……专利侵权纠纷涉及实用新型专利的，人民法院或者管理专利工作的部门可以要求专利权人出具由国务院专利行政部门作出的检索报告"，使检索报告成为实用新型专利权人针对侵权行为寻求救济时，法院和专利管理机关审理案件、处理纠纷时的重要参考。一项实用新型专利授权公告后，国务院专利行政部门根据专利权人的请求，对每一项权利要求是否满足新颖性、创造性给出明确的结论，并记载在"实用新型专利检索报告"上。专利权人向法院提起侵权诉讼时，需出具该报告，法院将参考该报告的结论来决定是否应当由于被告提起了无效宣告而中止审理。

实用新型专利检索报告制度的实施（2001年7月至2009年9月），实现了根据"权利是否稳定"这样的实质性条件对实用新型侵权案件进行区别对待，有利于那些真正满足授权条件的实用新型专利尽快得到保护，而不符合授权条件的则依无效宣告的结果而定，有利于审理结果的客观准确。

3. 实用新型专利权评价报告制度阶段

经过几年的实践，实用新型专利检索报告制度在一定程度上得到了社会各方面的认可，但是同时也存在一定的疑问和争议，具体包括报告的请求人范围、报告涉及的范围、报告的作出方式、报告的性质和作用等。

为此，2008年第三次修正《专利法》时，又对实用新型专利检索报告制度进行了修改，形成了实用新型专利权评价报告制度，进一步扩大了专利权评价报告的请求主体，明确了专利权评价报告的性质，也扩大了评价报告的评价范围，不仅局限于对专利新颖性和创造性的评价。修改后的《专利法》第六十一条规定："专利侵权纠纷涉及实用新型专利或者外观设计专利的，人民法院或者管理专利工作的部门可以要求专利权人或者利害关系人出具由国务院专利行政部门对相关实用新型或者外观设计进行检索、分析和评价后作出的专利权评价报告，作为审理、处理专利侵权纠纷的证据。"同时，根据该条规定，《专利法实施细则》和《专利审查指南（2010）》对实用新型专利权评价报告作了详细规定。自 2009 年 10 月 1 日起，专利权评价报告制度正式实施。❶

（二）实用新型专利权评价报告制度相关规定

1. 请求作出评价报告的主体

在 2008 年第三次修正《专利法》以前，只有实用新型专利权人才有权请求国家知识产权局作出检索报告。

2008 年修正《专利法》时，将有权请求作出评价报告的主体修改为"专利权人和利害关系人"。提出请求的主体范围有所扩大，除专利权人外，利害关系人也有权请求出具专利权评价报告。此处所称"利害关系人"并不包括侵权纠纷中的被控侵权人，而是指有权根据《专利法》第六十条的规定就专利侵权纠纷向人民法院起诉或者请求管理专利工作的部门处理的人，包括专利实施独占许可合同的被许可人以及由专利权人授予起诉权的专利实施普通许可合同的被许可人。

2. 专利权评价报告的内容

2008 年第三次修正《专利法》时，还对报告的内容作了适当扩充。专利权评价报告的内容已不仅依靠检索到的文献信息对实用新型专利是否具备新颖性、创造性进行分析评价，而是对专利权是否符合授权的实质条件进行全

---

❶ 根据"法的不溯及既往"原则，在实践中，实用新型专利检索报告制度并未完全被替代。以 2009 年 10 月 1 日为界，申请日在此之前的，仍然适用于实用新型专利检索报告制度；只有申请日在此之后（含当日）的，才适用于专利权评价报告制度。

面评价，例如实用性、公开是否充分、权利要求是否得到说明书的支持、修改是否超范围等。总体来说，对于实用新型专利而言，评价的内容包括了除保密审查条款之外的所有无效条款。

3. 专利权评价报告的作出程序

修正后的《专利法实施细则》第五十七条规定了专利权评价报告的作出程序和方式，主要包括以下三个方面的规定：

一是规定国务院专利行政部门应当自收到专利权评价报告请求书后2个月内作出专利权评价报告。2个月的期限，是从提出请求的相关手续合格之日算起。二是规定对同一项实用新型，有多个请求人请求作出专利权评价报告的，国务院专利行政部门仅作出一份评价报告，以节约行政资源。三是规定任何单位或者个人可以查阅或者复制已经作出的专利权评价报告。

4. 专利权评价报告的性质和法律效力

2008年修正前的《专利法》没有对实用新型检索报告的性质和法律效力作出规定，导致现实中许多人对专利检索报告的性质、是否属于行政决定以及与专利权无效宣告决定之间的关系存在困惑。现行《专利法》第六十一条规定，专利权评价报告是法院审理专利侵权案件或者管理专利工作的部门处理专利侵权纠纷的证据。这使得专利权评价报告的性质和法律效力得以明确：专利权评价报告只是国家知识产权局出具的关于专利权稳定性的证据，它既不是行政决定，也不是对专利权有效性的正式判定，专利权是否有效，只能由无效宣告程序来确定。具体而言，对法院和管理专利工作的部门来说，专利权评价报告的作用主要在于供受案法院或者行政机关判断相关专利权的稳定性，以决定是否由于被控侵权人提起专利权无效宣告请求而中止相关程序。

二、评价报告的作用及法律地位

(一) 评价报告的作用

中国现行实用新型专利采用初步审查加评价报告制度。其中，专利权评价报告制度是对初步审查制度的补充和完善，通过专利权评价报告可以对实用新型专利权稳定性作出客观评价。实施评价报告制度以来，诉讼程序中的确对一些不具备专利性的实用新型专利起到了一定的抑制作用，在一定程度上减少了公众诉累。且该制度对专利的有效转化、减少转化实施过程中的法律风险也具有实质性意义。

实用新型专利权评价报告在实践中具有以下三方面的作用。

1. 评价报告对于专利权人和利害关系人的作用

专利权评价报告可以帮助专利权人或利害关系人正确认识其获得的实用新型专利权的法律稳定性。就专利权人而言，如果评价报告结论对其有利，可以考虑提起侵权诉讼，以争取专利权得到有效的保护；如果评价报告结论对其不利，可以防止专利权人滥用专利权从而免除对其自身利益造成伤害。就利害关系人而言，能够维护其利益不受损害，如对于被许可人来说，可以在订立专利实施许可合同之前初步确定所涉及的实用新型专利权的价值和有效性。

2. 评价报告在司法审判中的作用

(1) 评价报告对案件受理的影响

一般认为评价报告不应当作为案件受理的必要条件。

首先，法院受理案件必须严格执行《民事诉讼法》的规定，《民事诉讼法》第一百一十九条规定了起诉必须符合的四种条件，即与案件有利害关系、明确的被告、具体的诉讼请求和事实理由、属于受理范围和管辖范围。只要原告提起诉讼符合以上条件，同时又不属于《民事诉讼法》第一百二十四条规定的其他情形,法院就应当受理原告的起诉并进行审理。

其次,对于评价报告,在程序性法律规定中并未将其列为当事人起诉的必备条件,也不宜将其解释入《民事诉讼法》第一百一十九条第三项中"具体的诉讼事实和理由"中,这里的"事实和理由"应当指原告请求通过审判程序解决的问题、对被告的权利主张、当事人之间纠纷发生、发展的事实经过,对适用法律的意见所根据的事实和理由。对于案件的受理,从保护当事人诉权的角度来说,应当是满足符合起诉的最低条件即可,而即便当事人缺少了评价报告,也可向法院说清其所主张的案件事实。

最后,《专利法》第六十一条以及《专利审查指南(2010)》第五部分第十章已经明确界定评价报告属于人民法院审理专利侵权纠纷的证据。当事人完全可以在案件审理过程中在举证期限内提交。因此,法院受理案件与当事人是否提交评价报告并无直接关联。因此,在现行法律框架下,不应以评价报告作为条件或"门槛"将专利权人挡在诉讼"门外"。

在司法实践中,当事人主动出具评价报告的情形并不多,一般在其行使实用新型专利进行广泛维权时,或者侵权诉讼的标的额较大时,往往在评价报告结论对其有利时会主动提交,反之,在评价报告结论对其不利时,多数当事人不会主动提交评价报告。

(2)评价报告对中止诉讼的影响

《最高人民法院关于审理专利纠纷案件适用法律问题的若干规定》关于专利侵权诉讼是否中止审理有以下规定。

第九条 人民法院受理的侵犯实用新型、外观设计专利权纠纷案件,被告在答辩期间内请求宣告该项专利权无效的,人民法院应当中止诉讼,但具备下列情形之一的,可以不中止诉讼:

(一)原告出具的检索报告或者专利权评价报告未发现导致实用新型或者外观设计专利权无效的事由的;

(二)被告提供的证据足以证明其使用的技术已经公知的;

(三)被告请求宣告该项专利权无效所提供的证据或者依据的理由明显不

充分的；

(四) 人民法院认为不应当中止诉讼的其他情形。

第十条 人民法院受理的侵犯实用新型、外观设计专利权纠纷案件，被告在答辩期间届满后请求宣告该项专利权无效的，人民法院不应当中止诉讼，但经审查认为有必要中止诉讼的除外。

第十一条 人民法院受理的侵犯发明专利权纠纷案件或者经专利复审委员会审查维持专利权的侵犯实用新型、外观设计专利权纠纷案件，被告在答辩期间内请求宣告该项专利权无效的，人民法院可以不中止诉讼。

从上述规定可知，法官决定是否中止诉讼需要考量多方面因素，其中包括专利权评价报告或检索报告。

在司法实践中，法院一般对中止决定的作出比较谨慎，一般严格遵循法院《办案指引》或《办案手册》来决定是否需要中止，对中止从严把握。总体而言，目前作出的中止案件在诉讼总量中占比不多。各级法院尽管没有明定细化的书面中止规则，但各级法院往往对此有较多沟通，存在高度默契。在少量予以中止的案件中，一般均在被告答辩期15日之内予以中止，答辩期之外中止的情形极少，以广东高院为例，其在十几年的时间内只有一例专利侵权诉讼的中止是在答辩期外的。

对于中止诉讼的决定而言，法院一般不会单纯依据专利权评价报告来作出中止决定。实践中法院更看重无效请求，法官裁量的主要依据是被告提出的无效宣告请求，专利权评价报告仅作为参考。即法官一般根据被告无效宣告请求材料中的无效理由、证据来判断专利权被无效的可能性，并依此决定是否中止，即便原告提供了认可专利有效性的评价报告，法官也只有在无效理由与评价报告评述理由一致时才考虑评价报告，而当无效理由与评价报告理由不同，且法官判断无效可能性很大时，也会考虑中止诉讼。法院认为，专利权评价报告在中止诉讼判断上的意义仅在于，在被告提出无效宣告请求的情况下，若评价报告认可涉案专利的稳定性，则法院有可能依据《最高人民法院关于审理专利纠纷案件适用法律问题的若干规定》第九条第一、第三项的规定决定不中止审理。而如果被告未向专利复审委员会提出无效宣告请求，由于专利权评价报告仅能作为专利权有效性的参考而不具有法律意义，对于评价报告认为专利权不具有稳定性，但被告未向专利复审委员会提出无效宣告请求的案件，即便评价报告认为专利权不具有稳定性，法院一般也不会作出中止审理的决定，这种做法没有法律依据。

法官在裁判中一般不会首选中止策略，中止策略往往是最后选项。当可能涉及需要中止时，法官会首先判断被控侵权物落入保护范围与否，只有落入保护范围，才会考虑中止与否的问题。如果未落入保护范围，无须中止。此外在存在现有技术抗辩的情况下，如果抗辩成立，则也无须考虑中止。法院严控中止程序的其他考量还包括法院担心被告恶意利用程序，利用中止诉讼来拖延诉讼时间；中止程序需要案卷归档等情况。即便到了需要作出中止决定的抉择时，已如上述，司法实践中主要依赖无效请求情况来判断中止。在中止决定的作出过程中，如果无效请求信息与评价报告结论同时并存，评价报告往往居于比较次要、辅助的地位。换言之，在中止决定的作出上，评价报告仅是一个小的配角。据研究调查，法院少量最终中止的案件中，多数是基于无效请求信息作出的。或者无效请求涉及不同于评价报告的新的有效对比文件，无效可能性很大。这些中止案件一般事后确被无效，最后原告多以撤诉结案。

例如：邹某与蒋某侵犯实用新型专利权纠纷上诉案

蒋某诉邹某未经其许可，大量生产和销售蒋某的名为"一种边角装饰条"的实用新型专利产品，侵犯了其专利权。

一审法院判决：邹某停止制造、销售侵犯蒋某实用新型专利权的侵权产品并赔偿。

邹某不服原审判决，提起上诉。

原审法院作出一审判决后，邹某向国家知识产权局专利复审委员会请求宣告本案实用新型专利权无效，并据此向二审法院申请中止本案审理。

二审法院认为，蒋某向原审法院提交的评价报告表明本案专利全部权利要求1~10符合修正前的《专利法》第二十二条有关新颖性和创造性的规定。因此，本案没有必要中止诉讼。

在该案例中，专利权人蒋某所出具的评价报告有效地证明了其专利权具有新颖性以及创造性，因此，作为法院确定是否中止诉讼的参考证据，其起到了很关键的作用，法院可根据评价报告的结论决定不必中止诉讼，评价报告有助于诉讼程序高效、合理地进行。

(3) 评价报告对判决结论的影响

总体而言，在大量的实用新型侵权纠纷中，以判决方式结案的案件中很少涉及实用新型专利权评价报告，或者根本不涉及评价报告，或者即便涉及评价报告，但以调解、撤诉结案占较大比例。评价报告对判决结论或行政处理决定的作出没有直接影响，无论其结论是肯定性还是否定性。但评价报告对判决或决定的作出表现出多种间接的作用。

首先，评价报告反映的相关技术事实与法律适用间接影响等同侵权判定。评价报告在一定程度上能够相对客观地反映涉案专利所属领域的背景技术，帮助法官理解涉案专利的技术方案，从而辅助法官在准确理解涉案专利技术方案和全面掌握所述领域现有技术状况的基础上，正确进行技术比对并对等同技术特征作出认定。由此评价报告对判决产生间接影响：在涉及技术问题的比对分析中法官多数情况下会倾向于采用比较专业的意见。

其次，评价报告反映的相关技术事实与法律适用间接影响现有技术抗辩成立与否的认定。在涉案实用新型专利权未被宣告无效的情况下，若被控侵权人以专利权评价报告中所列的对比文件作为现有技术抗辩，法官可能会予以重点考虑。此时，评价报告内容为法院侵权判决作出一定指引或参考。例如，案件中相关现有技术抗辩部分与评价报告结论、内容可以互相参照、印证、借鉴。

例如：南宝公司与中亚公司侵犯实用新型专利权纠纷案

南宝公司诉中亚公司所生产的产品侵犯其名为"复合保温板的铝合金面板包边结构"的实用新型专利。被告中亚公司辩称自己实施的技术是现有技术及其已在先使用,并提交了相关证据。法院认为,中亚公司所提交的作为证据的实用新型专利说明书等,与涉案专利无可比性,不能证明其在先使用的事实。且南宝公司提交的专利权评价报告也进一步证实带有狭缝的包边结构并不是本领域的公知常识,涉案专利具备新颖性和创造性。综上,对中亚公司辩称自己产品所实施的技术是现有技术及其已在先使用的抗辩意见,法院不予采信。

在该案例中,被告采用了现有技术抗辩,即虽然产品特征落入涉案专利的保护范围,但这些特征所形成的产品本身就是现有技术,谁都可以用,所以,就不构成侵权。而专利权评价报告给出了对于原告(专利权人)有利的结论,即涉案专利具有新颖性和创造性,并不是现有技术,从而证明了专利权的稳定性,协助法院判断被告的现有技术抗辩是否成立。因此,评价报告在该案中并非作为中止诉讼的证据,而是用来对抗被诉侵权方所作出的现有技术抗辩,证明了专利权的稳定性即可证明其抗辩不成立,进而证明了被告的行为构成了侵权。

最后,评价报告结论对侵权诉讼判赔数额具有间接影响。具体而言,法官在考虑损害赔偿时,若评价报告结论显示出专利权可靠、有效,评价报告结论对专利权人有利,法官在权利稳定性心证的确认下,综合考虑侵权损失或不当获利情况后很有可能酌情判高赔额;相反,当评价报告为否定性结论而权利稳定性在一定程度上存疑,而法官又不得拒绝裁判的情况下,对于赔偿数额的裁量则可能会倾向于偏低或保守,法官可能"下手会轻一些",采取所谓弱保护策略。

例如:浙江苏泊尔家电制造有限公司诉九阳股份有限公司、浙江国美电器有限公司

浙江苏泊尔家电制造有限公司(以下简称"苏泊尔")于 2008 年 11 月 6 日提出申请号为 200820167016.1,名称为"一种电磁炉用铝线盘"的实用新型专利申请,并于 2009 年 10 月 28 日获得实用新型专利授权。苏泊尔于 2014 年 6 月 6 日在浙江省绍兴市中级人民法院提出诉讼,告九阳股份有限公司(以下简

称"九阳")和浙江国美电器有限公司(以下简称"国美")侵犯其上述实用新型专利权,被告九阳于2014年7月4日向国家知识产权局专利复审委员会就上述实用新型专利提出无效宣告请求,但法院查明被告提出的对比文件1、2、4并没有公开涉案权利要求1中的"压入套管中的铝线至少包含与铜套管熔接的一段"的区别特征,对比文件明显不充分,无须中止。原告苏泊尔针对本案于2014年7月11日向专利局提出了检索报告请求,专利局在2014年8月20日针对本案出具检索报告,认定权利要求1~4具备新颖性和创造性。法院于2014年11月12日、12月30日开庭审理,在作出的(2014)浙绍知初字第50号判决中,认定被告涉案产品侵权成立,判定停止侵权并赔偿损失300万元。

在该案例中,被告在被诉侵权后提出了无效宣告请求。而原告的专利权检索报告给出了对于原告有力的结论,即涉案专利具有新颖性和创造性,证明了专利权的稳定性,协助法院判断被告侵权成立。

3. 评价报告在行政执法中的作用

关于专利权评价报告,国家知识产权局《专利行政执法办法》(根据2015年第71号令修正)第十一条规定为"可以要求请求人出具",国家知识产权局条法司《专利行政执法手册》,以及在地方知识产权局的行政执法程序中由相关省市所制定的《专利行政执法办案细则》《专利行政执法办案规范》《专利行政执法规程》等中均没有将提交评价报告列为专利侵权纠纷案件立案的必备条件,因此在行政执法中专利权人较少提交评价报告。在处理纠纷过程中,请求人或被请求人也可能提供其他检索机构出具的检索报告,而其结论可能会与国家知识产权局作出的评价报告相悖,这在一定程度上影响了评价报告的权威性。总体来看,在行政执法方面,评价报告的作用并不明显。

4. 评价报告在新商业模式下的纠纷案件处理作用

越来越多的电商平台在专利权人提出卖家侵权时,在要求其提交专利证书的同时,还要求提供专利权评价报告;收到专利权人通知后,由卖家在合理时间内先行进行反通知;卖家提供在先销售记录或其他资料(如具有在先权利证书),对专利性提出挑战的,不再认可该投诉的专利证书。

电商平台投诉影响范围广，一次投诉可能涉及大量卖家，影响整体市场的稳定性。例如，在淘宝平台，一件涉及汽车后备箱垫的实用新型专利投诉，被投诉的淘宝卖家达 7000 多家，涉案商品达 36 万件，市场影响很广。另外一件投诉中，某专利权人在 2012 年后申请了 100 多件专利，其中涉及置物架、挂衣架等专利，在淘宝平台发起投诉，卖家能够提供现有证明进行申诉；淘宝要求专利权人对其专利提供评价报告，以证明专利性；专利权人知道自己的专利不具备专利性，肯定也不会去作评价报告，只能注销在淘宝平台的所有投诉。

5. 评价报告对于社会公众的作用

（1）减少无价值的市场交易

市场中潜在的专利技术利用者通过专利权评价报告的结论，可以了解到该专利技术是否已经属于现有技术，以确定是自行应用而不必担心侵权，还是与专利权人进行交易或合作；另外，也可以了解到该项专利技术是否落入他人在先授权的专利权的保护范围，或者是否与他人在先取得的权利相冲突，这样可以避免与专利权人交易后，应用这项专利技术时却侵犯了他人的专利权或其他权利。

（2）评估企业创新能力

大量申请实用新型专利的企业，如果能进一步构建企业评价报告体系，则能够督促其积极提升创新能力，刺激整体创新能力的健康发展，稳定并增强投资者、员工信心，进而增强企业竞争力。

评估企业专利的总体稳定性比统计其专利信息数量更有说服力，有学者提出创业板上市公司专利权评价报告制度的构建设想，认为创业板多为中小企业，披露的专利多为实用新型专利，因而有必要要求创业板公司对披露的专利给出评价报告，以使得公众对企业的创新情况有正确的认识。

（二）评价报告的法律地位

1. 评价报告对专利复审委员会无效决定的作出不具有约束力

最高人民法院于 2014 年 3 月就评价报告制度调研了国家知识产权局的相

关意见,在该调研中,关于评价报告的法律性质,国家知识产权局条法司相关负责人指出,评价报告类似于针对专利权有效性作出的专家意见或鉴定意见,具有参考价值。而在李娟诉国家知识产权局的专利行政诉讼案中,❶ 国家知识产权局在该案中也同样认为,实用新型专利检索报告并不是行政决定,其性质类似于诉讼程序中的鉴定结论,属于证据的范畴。综合以上相对一致的表述可以看出,实质上评价报告在法律性质上更近似于一份鉴定意见。

根据《专利法》规定,对专利权无效宣告请求进行审查并作出决定是专利复审委员会的法定职责。尽管无效过程中可以提交评价报告作为证据,且复审委员会对评价报告证据也较为重视,但并不能以此代替无效请求以及无效理由,而必须将评价报告中采用的对比文件在无效请求理由中重新进行表述。且由于评价报告未经听证,事实认定与法律适用均可能存在问题,所以评价报告结论对于无效决定的作出并不具有约束力。且多数情况下,评价报告中所涉及的对比文件与无效请求中所涉及的证据不同,两者一般不具有直接可比性。

2. 评价报告对法院侵权判决的作出不具有约束力

正如在上述李娟案中国家知识产权局所指出的,在法学理论和实践中,均承认实用新型检索报告并不是行政决定,2008年修正的《专利法》第六十一条对此予以了明确。既然专利权评价报告作为审理、处理专利侵权纠纷的证据,则其对法院处理专利侵权案件仅具有证据的作用,即审理侵权案件的法官可以采纳也可以不采纳评价报告的意见。如果不采纳评价报告关于没有新颖性或创造性的意见,可以不停止侵权诉讼程序。如果采纳评价报告的意见,可以中止专利侵权诉讼,由当事人启动专利权无效程序。而在后续的无效程序中,审理无效或无效诉讼程序的复审员、法官同样可以采纳评价报告的意见,也可以不采纳评价报告的意见。如果采纳评价报告的意见,也不意

---

❶ (2010) 一中知行初字第1864号,原告李娟不服被告国家知识产权局于2008年7月14日就第200520118151.3号"掌中携带雨衣"实用新型专利(简称被检索专利)作出的实用新型专利检索报告(简称检索报告),向北京市第一中级人民法院提起行政诉讼。

味着维持了评价报告。没有采纳评价报告的意见也不意味着"撤销"了评价报告,而是直接作出专利权是否有效的决定。而不论无效程序最后的结论是专利权有效还是无效,专利侵权的结论是构成或者不构成侵权,评价报告均保持作为"证据"的属性。

3. 评价报告不是具体行政行为不具有可诉性

根据《最高人民法院关于执行〈中华人民共和国行政诉讼法〉若干问题的解释》第一条的规定,对公民、法人或者其他组织权利义务不产生实际影响的行为不属于人民法院行政诉讼的受案范围。而根据《专利法》的规定,专利权只是在下列情形下才失去效力:①被宣告无效;②保护期限届满;③专利权人没有按照规定缴纳年费;④专利权人以书面声明放弃专利权。由此可见,评价报告并不具备使被检索的专利丧失效力的作用。对于具体评价报告而言,虽然评价报告认为被检索专利具备新颖性,不具备创造性,但该结论并不具备使被检索专利无效的效力,未对相应专利权人的合法权益造成侵害和产生实际的影响。所以因不服评价报告结论而起诉并不属于行政诉讼的范围。

同理,专利权人或利害关系人也不能因不服评价报告结论而就此提起行政复议。截至目前,根据国家知识产权局审查业务管理部法律事务处的统计数据,仅存在一件因评价报告超期所引发的行政复议案件,没有因不服评价报告结论而引发的行政复议事件。

4. 评价报告作为证据的证据效力不同于商业性质的其他检索报告

在司法实践中,评价报告与各类检索报告证据同时并存,并在某种程度上对司法造成一定混淆。2008年《专利法》修正以后,由检索报告制度过渡为评价报告制度。单从名称上看,修正后的"评价报告"较"检索报告"更加突出了"评价"二字,名称在一定程度上可以直接区分于各种商业性质的检索报告(但2009年10月1日以前的实用新型专利申请由于仍沿用"检索报告"称谓,所以还存在不好区分的问题)。由此,这种改法对于缓解此种混淆具有一定作用。

无论是专利服务机构出具的检索报告，还是国务院专利行政部门出具的评价报告，在诉讼中都只是作为辅助证据而已。从法院的角度而言，法院认为二者都是当事人提交的证据，实践中不宜对商业性质的检索报告直接不予接受，且接受也并不会导致干扰司法运行的效果。但法院同时指出，由于出具部门的专业性和官方性，往往使得评价报告较之一般的商业性质的检索报告具有更强的参考价值。诸如专利检索咨询中心出具的商业性质浓厚的检索报告在2008年《专利法》修正后并无法律地位。根据《最高人民法院关于民事诉讼证据的若干规定》第七十七条对各类证据证明力大小的规定，专利权评价报告作为国务院专利行政部门的鉴定结论，其证明力一般大于其他书证、视听资料和证人证言。当然，评价报告的证据属性决定，无论评价报告还是商业性质的其他检索报告，当事人有反证可以推翻其结论。

综上所述，《专利法》第六十一条将原条款中的"检索报告"改为"专利权评价报告"，使其区别于一般服务咨询机构作出的"检索报告"，意欲明确专利权评价报告的官方性和权威性。专利权评价报告的评价范围也较先前的检索报告的评价范围有了很大的扩展，不仅评价了专利的新颖性和创造性，而且还对是否满足授予专利权的其他实质性条件也进行评价，涉及除关于保密审查条款之外的所有无效条款，包括：《专利法》第五条、第二十五条、第二条第三款、第二十二条第四款、第二十二条第二和第三款、第二十六条第三和第四款、《专利法实施细则》第二十条第二款，《专利法》第三十三条或《专利法实施细则》第四十三条第一款，《专利法》第九条。而且在实际操作中，审查员会尽可能对专利进行全面评价，例如，为提高报告的全面性和使用价值，即使专利存在权利要求保护范围不清楚的缺陷，只要能从专利文件中概括出一定的技术主题，审查员也会通过检索对拟定的技术主题是否具备新颖性、创造性和实用性进行假设式评价。因此从内容上看，评价报告与之前的检索报告相比，评价报告对专利权有效性的审查更为系统全面，使专利权本人以及利害关系人能更清楚地了解专利的性质，同时也增加了专利权评价报告的专业性和可信度。2001—2008年检索报告时期与2008年改法以后的评价报告时期相比，检索报告与评价报告的法律效力并无实质不同。只是由于检索报告时期一些问题尚存在争议，出现过一些争讼事件。而2008年改法明定评价报告法律地位以后，这一争议及争讼事件基本消失。对于评价报告制度而言，尽管由于其先天法律地位较低，且处在初步审查制度与无效确权制度的夹缝之中，其作用的发挥受到相当的局限。但作为国务院专利行政部门出具的官方报告或鉴定意见，其综合了技术及法律方面的诸多信息的特点必然决定，其参考、辅助、印证、借鉴功能或作用还是很强的，同时潜在的受众面（法官、专利权人、利害关系人、被控侵权人以及公众等）以及社会需求都很广，社会公众高度关注其有无及其结论，应用空间很大。

综上，专利权评价报告作为国务院专利行政部门出具的鉴定意见，综合了技术及法律方面的诸多信息，能够作为辅证实用新型专利权稳定性的有力证据，基本满足了其作为实用新型专利制度有力补充的立法本意。而且，随着经济发展和社会需求的增多，专利权评价报告的利用途径越来越多，比如近年来新兴的"知识产权不侵权确认之诉"，关于这类案件的起诉条件、诉讼主体、判决效力目前还在进行广泛深入的研究，专利权评价报告有望在这类案件中发挥一定作用，如果将其作为案件的起诉条件之一或判决依据之一，有利于规范这类案件的受理和裁判，间接促进公平有效的市场竞争。另外，在专利技术应用推广、避免侵权等方面，专利权评价报告也可发挥重要作用。

（三）评价报告制度与无效制度的对比（见表1-1）

表1-1 评价报告制度与无效制度对比

	无效制度	评价报告制度
相同点	审查内容相同（保密审查除外）	
	向全社会公开	

续表

		无效制度	评价报告制度
不同点	证据差异	二者程序及证据的差异，导致针对同一专利权可能作出不同的结论	
	申请程序	无效宣告需要向复审委提出，经过双方书面或庭审答辩过程，程序复杂、时间长、费用高	评价报告向专利局提出，由专利局单方直接作出，程序简单、时间短、费用低
	审查内容		不包括《专利法》第二十条第一款关于向外申请保密审查的评价
	法律性质	已经生效的无效宣告请求审查决定是对实用新型专利的一个"确权"程序，是一种行政决定	专利权评价报告不是行政决定

由表1-1可以看出，评价报告制度与无效制度相比，二者具有相同点：实质性条款的审查内容基本相同（保密审查除外）；都向全社会公开。但在申请程序、审查内容、法律性质、结论等方面存在差异。

申请程序不同：无效宣告需要向复审委提出，经过双方书面或庭审答辩过程，程序复杂、时间长、费用高；评价报告向专利局提出，由审查部分直接作出，程序简单、时间短、费用低。

审查内容存在差异：评价报告不包括《专利法》第二十条第一款关于向外申请保密审查的评价。

法律性质不同：已经生效的无效宣告请求审查决定是对实用新型专利的一个"确权"程序，是一种行政决定。而专利权评价报告不是行政决定。

结论可能不同：二者程序及证据的差异，导致针对同一专利权可能作出不同的结论。

三、其他国家和地区类似制度简介

评价报告制度的产生，是为了弥补初步审查制度的缺陷，因此其存在与否以及以何种形式存在，都与各个国家或地区各自的审查制度有密切关系。

1. 德国

德国的实用新型保护客体与我国十分类似，但采用的是注册登记制，因此，针对实用新型存在检索报告制度。德国的实用新型检索报告制度规定：申请人可以在申请实用新型专利的同时或获得注册登记后提出检索报告请求；一旦申请获得注册登记，其他任何人都可以提出检索请求；如果检索报告的结论认为该实用新型专利不符合专利的"三性"要求，其他人可以向德国专利局提出注销请求；在德国，实用新型检索报告属于行政决定的范畴，因此，对检索报告结论不服的，可以上诉到德国联邦最高法院；同时，也因为其是行政决定，所以德国专利局可以以检索报告为依据作出撤销决定。

2. 日本

日本实用新型实行形式审查，采用技术评价书制度。该制度规定，任何人可以在提出实用新型申请的同时或者以后的任何时间向特许厅提出技术评价书请求；该请求可针对某一项权利要求提出；作出技术评价书这一事实要予以公告；实用新型权利人在指控他人侵权之前，必须向被控侵权人出具评价书；评价书不是行政决定，它不能决定实用新型专利的无效，并且不能对技术评价书提出行政申诉或诉讼。

3. 中国台湾

我国台湾地区对新型专利采取形式审查，因而专利技术报告制度仅针对新型专利。该制度下，任何人都可以对已公告的新型专利，依据新颖性、进步性、产业上可利用性以及先申请原则等事由而提出技术报告请求；该请求将予以公告；新型专利权人行使权利时，应出示专利技术报告进行警告；专利技术报告不具有行政处分的效力，不能令新型专利无效，并且请求人不服，也无法提起行政救济。

第二节 评价报告的作出及存在的问题

一、评价报告的作出

（一）作出程序

实用新型评价报告的制作程序主要包括请求的形式审查、专利权评价以及专利权评价报告的更正三个方面。

1. 形式审查

专利权人或者利害关系人向国家知识产权局提交专利权评价报告请求书后，首先是形式审查。形式审查的内容主要包括请求的客体、请求人资格、请求书及相关文件、费用、委托手续等。

2. 专利权评价

在形式审查合格后进行专利权评价。专利权评价的程序为：审查员对该专利进行检索、分析和评价，作出专利权评价报告；提交审核员审核；审核通过后发送给请求人。

3. 专利权评价报告的更正

《专利审查指南（2010）》中对实用新型专利权评价报告的更正进行了具体规定。具体而言，评价报告的更正分为两类：其一，作出专利权评价报告的部门在发现专利权评价报告中存在错误后，可以自行更正；其二，请求人认为专利权评价报告存在需要更正的错误，可以请求更正。请求人提出更正请求需要在收到专利权评价报告后两个月内提出。

更正程序启动后，作出专利权评价报告的部门成立由组长、主核员和参核员组成的三人复核组，对原专利权评价报告进行复核。复核后，认为无须更正的发出专利权评价报告复核意见通知书，说明不予更正的理由，更正程序终止；认为确需更正的，发出更正的专利权评价报告，更正程序终止。针对专利权评价报告，一般只允许提出一次更正请求，但对于复核组在补充检索后重新作出的专利权评价报告，请求人可以再次提出更正请求，再次更正时需要重新成立复核组进行复核。

（二）评价内容

第三次修正《专利法》后，将修正前规定的针对实用新型专利的检索报告改为针对实用新型专利的专利权评价报告。与实用新型检索报告仅限于新颖性、创造性评价相比，实用新型专利权评价报告的审查范围大幅度扩大，使之接近"实质审查"，凡是涉及无效的理由，都需要在专利权评价报告中体现。实用新型专利权评价报告所涉及的法律条款包括：《专利法》第二条第三款、第五条、第九条、第二十二条第二至第四款、第二十五条、第二十六条第三和第四款、第三十三条，《专利法实施细则》第二十条第二款、第四十三条第一款。

此外，实用新型专利权评价报告不仅给出结论，还要给出理由。例如，评价新颖性和创造性时，应该给出肯定性或/和否定性评价意见，并提供充分的证据和理由。实用新型评价报告的初步结论分为三种情况：全部权利要求未发现存在不符合专利权条件的缺陷；全部权利要求不符合授予专利权条件；部分权利要求不符合授予专利权条件。

与检索报告相比，专利权评价报告扩大了评价范围，能够最大程度地降低经评价认为有效的实用新型专利被无效的可能性，进一步减小了专利权人的风险，节约了有限的行政和司法资源。因此，将评价范围扩大至所有实质性条款更能符合实践中的需求，具备合理性。

二、目前存在的问题

从实用新型专利检索报告制度的实施算起，针对实用新型专利已作出相当数量的检索报告或评价报告。将检索报告制度修改为评价报告制度后，制度中部分规定已经得到良好运行或者能够满足社会需求。但是目前仍存在以下一些问题。

（一）请求主体范围过窄

目前法律规定评价报告请求主体不包括侵权诉讼的被控侵权人，这在一定程度上影响了评价报告发挥其应有的作用。在司法和行政执法过程中经常会遇到这样的矛盾情况：能提供评价报告的一方不愿意主动提供报告，尤其是报告结果对其不利的时候，而需要评价报告的一方又受限于评价报告请求主体的限制而无法提出作出评价报告请求，导致评价报告在实践中不能得到充分利用。据统计，近几年平均每年由利害关系人请求作出实用新型专利权评价报告申请的不足 2 件，但因请求人资格不符合要求而被驳回实用新型专利权评价报告请求的有 4 件，这从另一方面说明将请求主体限定为专利权人和利害关系人无法满足现实需求。目前社会对扩大专利权评价报告请求主体的范围有较高呼声。

（二）评价报告周期过长

《专利法实施细则》第五十六条第一款规定："授予实用新型或者外观设计专利权的决定公告后……"，将请求时限设在授权公告之后。实践发现，现阶段专利权人及公众对现行《专利法实施细则》第五十七条规定的"国务院专利行政部门应当自收到专利权评价报告请求书后 2 个月内作出专利权评价报告"中"2 个月"的作出时限有较大意见，希望能进一步缩短评价报告作出时间。

（三）评价报告质量有待提高

对于评价报告的制作质量仍存在一些争议，主要集中在创造性评价标准上。第一，对于创造性的评价，审查员有一定的自由裁量空间，因此并不排除极少数审查员掌握的标准确实比较高。第二，在评价创造性时，对实用新型相关技术领域和相近技术领域的把握出现偏差。第三，由于我国长期以来对实用新型专利的授权都采用初审制度，尽管《专利法》及其细则中对实用新型的创造性有所描述，但却远远达不到具体的、可执行的程度，对于"实质性特点和进步"的把握，《专利审查指南（2010）》仅在实用新型专利无效程序中作出了规定，但是未在评价报告制作程序中给出实用新型创造性的审查标准。

因此，需要加强对实用新型授权实质条件，特别是创造性标准的研究，以弥补现有规定中此部分的不足，为审查员提供更加明确、详尽的审查标准，也可以更好地保证标准执行一致。另外，由于专利权评价报告是对实用新型专利权是否有效的预先判断，其结论越接近无效决定，表明质量越高。因此，也需要研究评价报告创造性的把握，与无效程序中的实用新型创造性标准更好地统一。

第二章 实用新型专利的创造性审查

第一节 我国实用新型专利创造性审查的相关规定

实用新型专利创造性审查,包括创造性的概念、创造性的审查原则、审查基准以及不同类型发明的创造性判断等内容,应参照发明专利申请创造性审查的相关内容。

一、实用新型专利创造性的概念

《专利法》第二十二条第三款规定:"创造性,是指与现有技术相比,该发明具有突出的实质性特点和显著的进步,该实用新型具有实质性特点和进步。"

二、实用新型专利创造性的审查

《专利审查指南(2010)》第四部分第六章中规定:"在实用新型专利创造性的审查中,应当考虑其技术方案的所有特征,包括材料特征和方法特征。"

三、实用新型专利创造性的判断基准

按照《专利法》规定,实用新型专利创造性的标准应当低于发明专利创造性的标准。两者在创造性判断标准上的不同,主要体现在现有技术中是否存在"技术启示"。在判断现有技术中是否存在技术启示时,发明与实用新型

存在区别,这种区别体现在下述两个方面。

1. 现有技术领域

对于实用新型专利而言,一般着重考虑该实用新型专利所属的技术领域。但是现有技术中给出明确的启示,例如现有技术中有明确的记载,促使本领域的技术人员到相近或者相关的技术领域寻找有关技术手段的,可以考虑其相近或者相关的技术领域。

2. 现有技术数量

对于实用新型专利而言,一般情况下可以引用一项或者两项现有技术评价其创造性,对于由现有技术通过"简单地叠加"而成的实用新型专利,可以根据情况引用多项现有技术评价其创造性。

第二节 其他国家(地区)关于
实用新型专利创造性的审查[1][2]

一、德国

德国《实用新型法》第 1 条第 1 款规定,实用新型保护新的、具有创造性步伐(erfinderischer Schritt)并可用于产业应用的发明创造。该条款对实用新型的"三性"提出了总体要求。在创造性标准方面,《实用新型法》规定实用新型必须满足创造性步伐的要求,立法者在此采用"创造性步伐"的概念以区别于《专利法》第 1 条中规定的"创造性活动"(erfinderische Tätigkeit)。但是,《实用新型法》中并没有对"创造性步伐"的概念给出进一步的规定。在德国发明《专利申请审查指南》有关创造性的要求中,明确了"创造性活动是专利法的一个重要指标,将专利与实用新型区别开来,而

---

[1] 实用新型专业委员会一般课题,Y060306《实用新型的创造性审查标准研究》,2007 年。
[2] 实用新型专业委员会一般课题,Y140303《实用新型引入"明显不具备创造性审查"的可行性论证》,2014 年。

实用新型仅需要较低的创造性即可保护"。❶针对《实用新型法》作出的官方解释中曾经提到,选择与《专利法》不同的概念在于表明对实用新型的创造性要求较低,而采用"创造性步伐"的概念在于表明,一项获得实用新型保护的发明创造的前提之一是需要具有一定的"发明质量"(Erfindungsqualität)。

在现有技术方面,德国《实用新型法》中对现有技术的范围作了较窄的定义,其在某种程度上也可以理解为是对创造性要求的降低。根据《专利法》第3条第1款第2项,在作为申请之日前通过书面描述、口头描述使用或其他方式使公众可以获知的所有知识都属于现有技术。然而,根据《实用新型法》第3条第1款第2项,《实用新型法》意义上的现有技术只包括书面表述及通过在该法所适用的地域(指本国)内的使用而为公众所知的技术。因此,与《专利法》中的已有技术相比,诸如报告、广播或电视等口头公开、以其他方式公开以及在国外的使用公开都不属于实用新型法中的现有技术。此外,根据《专利法》第3条第2款,在先申请、在后公开的专利申请也被视为现有技术,可以作为判断新颖性而非创造性的基础。但在实用新型法中不包括这种视为现有技术的范围。❷

在判断创造性的主体方面,有学者根据德国联邦法院的判例,认为实用新型在创造性判断时,判断主体的技术水平比发明中的较低。德国《专利法》第4条明确规定"创造性活动"是指"相对于现有技术对普通技术人员来说是非显而易见的",在《实用新型法》中并没有出现"所属领域技术人员"的概念。实用新型创造性判断的主体与专利创造性判断中的"本领域技术人员"是不同的,实用新型意义上的"本领域技术人员"的技术水平比专利低,这在一定程度上有利于对实用新型创造性进行判断。❸但是,一件德国联邦法院的判例认为实用新型与发明的创造性区别是微小的,并否认了实用新型创

---

❶ Guidelines for the Examination Procedure, 2004. 3. 1.

❷ Markus Breuer. Der erfinderische Schriff im Gebrauchsmusterrecht [M]. 李永红, 译. GRUR 01/1997 S. 11.

❸ 方婷, 等. 简析实用新型和发明创造性标准的区别 [J]. 中国发明与专利, 2012 (1): 98-101.

造性低，甚至可以显而易见的观点。该判例明确了实用新型必须具有一定的发明高度，即实用新型不能成为"容纳所有不能获得专利保护的技术方案的收容器"。那些看来显而易见但普通技术人员根据常识以及对现有技术惯常的理解不能直接得到的方案不能认为具备了"创造性步伐"。否则，除权利人外其他所有从事工商业活动的人都不得使用这样的方案。这样的权利扩充对于受宪法保护享有交易自由的第三者是不适当的。[1] 该判例表明，在司法实践中，德国实用新型创造性的要求正在发生变化，有逐步同专利创造性要求相一致的趋势。

二、日本

日本《实用新型法》第 3 条第 2 款规定："实用新型申请注册前，拥有该设计所属技术领域中的一般知识者，基于前款各项记载的设计可以极其容易地（very easily）得出设计时对该设计不能进行实用新型注册。"该条款将实用新型的创造性归结为"极其容易"得出。

而专利的创造性标准规定在日本《专利法》第 29 条第 2 款中："专利申请前，具有该发明所属技术领域中的一般知识者，基于前款各项中所列的发明，已经能够容易（easily）得出发明时，不受同款规定所限，此发明不能取得专利。"因而发明专利的创造性归结为"容易"得出。

字面上，日本将实用新型和发明的创造性标准区分为"极其容易"和"容易"，即一项技术如果能"容易"得出，但不是"极其容易"得出时，该技术不符合发明的创造性标准，但符合实用新型的创造性标准。从字面表述来看，实用新型的创造性标准低于发明的创造性标准，但对于如何界定"极其容易"与"容易"的界限，并没有给出统一的可操作的标准。

---

[1] 李永红. 如何定义实用新型创造性高度？——从德国联邦法院近期的一份判决引发的思考 [J]. 中国专利与商标，2008（1）：24-28.

实践中，合理判断是否"极其容易"具有如下参考标准：[1]

（1）虽达不到发明的创造性标准，但若超过同行根据公知技术当然可以想到的程度（显而易见），该实用新型具有创造性。

（2）实用新型的技术领域分为直接所属领域和间接所属领域。在直接领域中有新颖性，但在间接领域中无新颖性时，则实用新型无创造性；只有在间接领域中也有新颖性时，实用新型才具有创造性。

在创造性判断过程中考虑公知常识的认定方面，日本的相关法规中采用的是技术常识这一概念。在日本特许厅颁布的《发明实用新型审查指南》中对技术常识进行了明确定义：技术常识是指从业者普遍知道的技术（包含公知技术、惯用技术）或者能够从经验法则明确的事项。进一步地公知技术是指在本技术领域普遍知道的技术，例如，与此有关，存在相当多的公知文献，或在产业界知晓，或按照无须列举的程度而熟知的技术。此外，惯用技术是指公知技术以及经常使用的技术。除了这些定义，还对与技术常识相类似的概念，例如对设计事项和经验法则进行了进一步规定。日本特许厅在审查实践中要求审查员在审查意见通知书中引用的本领域技术常识应当是确凿的；在对技术常识的举证上，规定如果审查员使用了技术常识，那么应当尽可能提供支持文献，特别是在发展较快的技术领域，有必要列举出多篇对比文件来加以证明。通常在审查实践中，如果审查员能够根据自身的技术背景、对技术的了解程度和以往的审查经验，确定某一技术特征为技术常识，那么无须列举证据；反之，如果审查不能确定的话，就必须要通过检索来验证，检索的对象一般是专利文献。当至少有三篇对比文件描述了这一技术时，就可以认定这一技术属于技术常识的范畴。

---

[1] 吉藤幸朔. 专利法概论 [M]. 宋永林，魏启学，译. 北京：专利文献出版社，1990：377-378.

三、韩国

根据韩国《专利法》第 2 条的规定，发明是指利用了自然法则的技术思想的高度创新（highly advanced creation）；根据其《实用新型法》第 2 条，设计是指利用了自然法则的技术思想的创新（creation）。可见，韩国的"发明"和"设计"在定义上刻意体现了二者在创造性高度上的差异。

在关于创造性的具体规定中，《实用新型法》第 4 条规定：

（1）适于工业上实用的，对产品的形状、构造或者其结合所提出的发明创造可以授予实用新型，但有下列情形之一的除外：

（i）在实用新型申请日前，在韩国或者外国已被公众知悉或者实施的发明创造；

（ii）在实用新型申请日前，记载于韩国或者外国出版物上的发明创造，或者依据总统令公众可以通过电子通信线路获知的发明创造。

（2）尽管发明创造符合第 1 款规定，实用新型申请前，该发明创造所属技术领域的普通技术人员基于第 1 款规定的任一发明创造可以容易地作出（could easily have been made），也不能对该实用新型注册。

实用新型法第 4 条第 2 款的主旨是，对于发明创造所属技术领域的普通技术人员能够容易作出的实用新型不予注册。其与韩国《专利法》第 29 条第 2 款对发明的创造性要求使用了相同的描述，文字表述上并不存在明显的差别，即均以本领域技术人员根据现有技术是否"容易"（easily）得到为标准。

总体来看，韩国认可实用新型的创造性要低于发明的创造性，但无明确的实践判断基准。

四、澳大利亚

澳大利亚的创新专利体系是一种类似实用新型的制度❶，其作为标准专利

---

❶ 澳大利亚于 2017 年 8 月决定废除创新专利制度。

（对应发明专利）的补充。澳大利亚在一套《专利法》内规定了标准专利与创新专利的要求。其中，《专利法》第7条对标准专利和创新专利的新颖性、创造性分别给出了规定，二者新颖性要求是相同的。

在创造性方面，《专利法》第7条第4款规定：创新专利需要具有创新性步骤（innovative step）。创新专利与现有技术相比应当具有创新性步骤，即对发明的功能必须作出实质性的贡献；而标准专利必须具有创造性，即要求该发明与现有技术相比必须是非显而易见的。创新专利不要求发明必须是非显而易见的，因此，创新专利的创新性要求低于标准专利的创造性要求。在对创新性进行实质审查时，应当判断创新专利与现有技术的区别是否作出实质性贡献。

按照澳大利亚审查指南的规定，在判断创新专利的创新性时，可考虑的因素包括：与现有技术的区别是否为发明创造带来了有益效果？区别特征是否具有技术贡献或功能贡献？区别特征是否是发明创造的关键方面？且在创新性的判断过程中，对于多项现有技术能否结合的判断侧重于判断多项现有技术是否可被所属领域技术人员当作"单一来源"来看待，并判断现有技术的组合变化是否对技术方案的工作方式产生实质性贡献。此外，在对创新性进行实质审查时，只依赖于公开出版物，不考虑公开使用性的现有技术，但在复审和异议程序中则可以考虑使用公开。

澳大利亚专利局[1]认为，由于创新步骤（实用新型的创造性）要求的发明水平高于发明的新颖性评述中的"新"的水平，创新步骤的评价不仅要求是新的，而且要求不同于所知晓的只是表面或微小或外围的差别。这种变化必须在发明起作用方面具有实际显著性，以致该变化对于发明作用产生了"实质性贡献"。然而，不同于标准专利，创新专利的权利要求不要求必须是非显而易见的。因此，创新步骤要求的创造性贡献低于满足标准专利的创造性步骤。

---

[1] Australian Patent Office. Australian Patent Office Manual of Practice and Procedures ［EB/OL］. www.austlii.edu.au.

五、中国台湾

1993年版台湾地区所谓的"专利法"第19条规定：发明是"指利用自然法则之技术思想之高度创作"；第97条规定：新型是"谓对物品之形状、构造或装置之创作或改良"，即相较于实用新型专利，发明应当具备一定的发明高度。

2003年修订后，台湾地区"专利法"第21条规定：发明是"指利用自然法则之技术思想之创作"；第93条规定：新型是"指利用自然法则之技术思想，对物品之形状、构造或装置之创作"。如此修订后，发明与实用新型的定义仅在保护主题上存在区别，取消了有关发明高度的规定。但是，2003年版台湾地区"专利法"在创造性标准上，对新型与发明的规定有明显区别。关于发明专利规定为：运用申请前既有之技术或知识，而为熟悉该项技术者所能轻易完成时，不得依法申请取得发明专利。而关于实用新型规定为：但为其所属技术领域中具有通常知识者依申请前之先前技术显能轻易完成时，仍不得依法申请取得新型专利。即发明创造性规定是"所能轻易完成"，而新型的创造性规定是"显能轻易完成"，仅一字之差。

2014年再次修订后，台湾地区"专利法"删除了对新型创造性的规定，即目前台湾地区已经不再区别发明和新型在创造性判断上的差异，两者创造性判断标准相同。

第三节　实用新型专利创造性审查的基础

一、保护范围的确定

我国《专利法》第五十九条第一款规定："发明或者实用新型专利权的保

护范围以其权利要求的内容为准,说明书及附图可以用于解释权利要求的内容。"因此,在认定权利要求的保护范围时,不是严格以权利要求记载的文字的字面含义为准,而是根据权利要求书记载的技术方案和说明书及其附图记载的内容,以理解权利要求限定的技术方案为基础,合理地确定权利要求的保护范围。相对于严格依据权利要求字面含义确定其保护范围,通过说明书及其附图解释权利要求内容,以确定权利要求的保护范围,说明书及其附图可以对权利要求书字面含义所限定的保护范围作出扩大或者缩小的解释。后者的做法确定的权利要求的保护范围与专利申请人作出的技术贡献相适应,是比较合理的做法。

下面以一个案例来说明权利要求保护范围的确定。

例如:"具有宽视野的潜水面罩"实用新型专利的第3817号无效决定

该实用新型申请日为2001年2月22日,授权公告的权利要求1内容为:一种具有宽视野的潜水面罩,其特征在于,其构成包括一副框、一镜面、一面罩及一主框;副框:其框缘配合镜面的框缘,其夹掣镜面及面罩而与主框结合成一体;镜面:是由正向镜片与两侧的侧向镜片以粘合方式结合而成;面罩:具有与镜面外缘结合框缘,该框缘并可置入主框的框槽内;主框:具有与面罩、镜面的外缘、副框的框缘结合的框槽,其与副框可结合成一体。

其说明书记载的技术方案为:潜水面罩包括一副框10、一镜面20、一面罩30和一主框40,副框10设置于镜面20的前方,通过扣件等方式与主框40结合成一体,两者之间夹住镜面20及面罩30的框缘31。镜面20包括正向镜片21及其两侧的侧向镜片22、23,正向镜片21与侧向镜片22、23间通过粘接剂等结合,使水液不能由其通过。面罩30设置于镜面20后方,为透明材料制成,面罩30的框缘31与镜面20的边缘24配合,并结合在主框40的框槽41内。主框40上设置框槽41及若干结合扣件42,框槽41上提供副框10、镜面20及框缘31的置入,并结合扣件42与副框10的扣件结合,使潜水面罩结合成一稳固状态。

其说明书附图1、附图2如图2-1所示。

第二章 实用新型专利的创造性审查

附图 1

附图 2

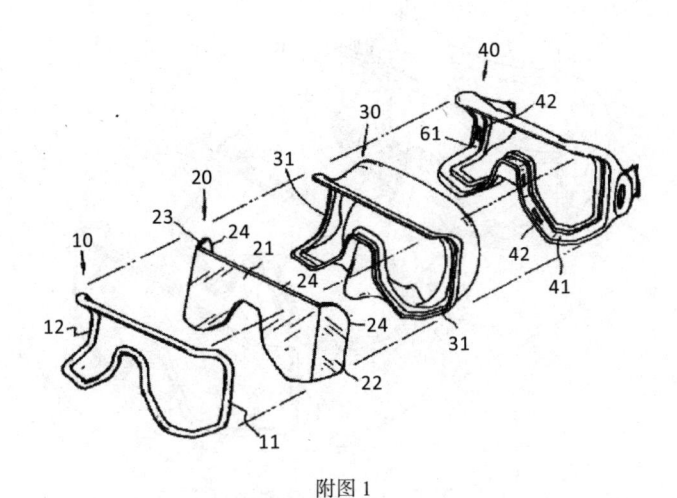

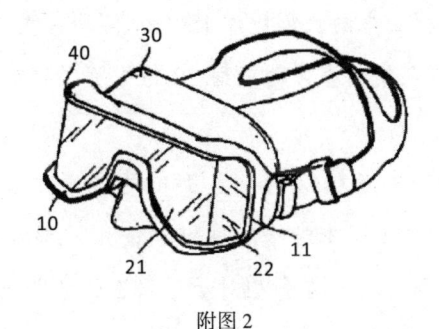

图 2-1 本专利附图

无效程序中,复审委员会合议组依据证据 2(中国专利:授权公告号 CN2269365Y,授权公告日:1997 年 12 月 3 日),认定该实用新型权利要求 1 相对于证据 2 不具有新颖性。证据 2 的说明书第 2 页中记载"该镜片装置 10 具有一与框架 20 大致相同的构型,该镜片装置包括一连续的弧形镜片 12"。

其说明书附图 1 如图 2-2 所示。

· 033 ·

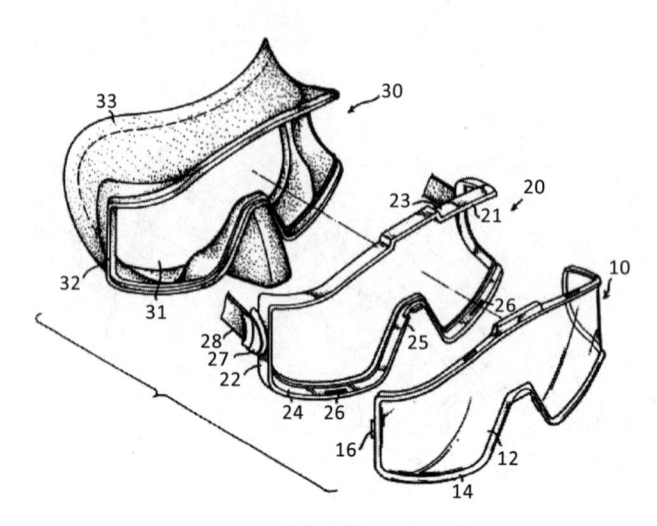

图 2-2　证据 2 附图

专利权人认为证据 2 中的弧形镜片 12 与本实用新型专利权利要求 1 中的镜面 20 并不相同：本实用新型中的镜面 20 为平面，而证据 2 中的镜片 12 为弧形。

无效决定中认为：本专利权利要求 1 中的"镜片"并未被限定为"平面"，"镜片"这一技术术语本身不能排除"镜片"形状为"曲面"的情况，故不能认为"拱形曲面"是本专利相对于证据 2 的区别技术特征。由此可见，该无效决定在划定本专利权利要求 1 的保护范围时，是依据权利要求字面含义确定保护范围，并未考虑技术方案本身的实际情况。

该专利权人对无效决定不服提起行政诉讼，经过一审，上诉至北京市高级人民法院，北京市高级人民法院于 2003 年 11 月 26 日作出了终审判决[（2003）高行终字第 38 号行政判决]。北京市高级人民法院认为：通过说明书及附图的文字说明和解释，加之附图示意，本专利的权利要求中所述"镜片"系平面镜片。同时判令专利复审委员会对该无效宣告请求重新作出审查决定。

专利复审委员会根据已生效的终审判决，重新成立合议组，对上述无效宣告请求重新进行审查。于 2005 年 11 月 11 日作出了第 7848 号无效决定，其中认定：本专利权利要求1中的镜片为平面镜片。并据此认定：证据2所公开的技术方案与本专利权利要求1所限定的技术方案的不同之处在于，本专利权利要求1中的镜面是由3个平面镜片以粘合的方式形成的，而在证据2所公开的技术方案中，其镜片为一个连续的弧形镜片。因此，证据2所公开的技术方案与本专利权利要求1所限定的技术方案不同，故本专利权利要求1所限定的技术方案相对于证据2所公开的技术方案具有新颖性。

由此可见，在确定权利要求保护范围时，不宜机械地依据权利要求字面含义确定其保护范围，而是应当结合说明书记载的内容综合考虑专利权人作出的技术贡献，合理地确定权利要求的保护范围。

二、不属于实用新型保护客体的特征的认定

《专利法》第二条第三款规定："实用新型，是指对产品的形状、构造或者其结合所提出的适于实用的新的技术方案。"关于方法、材料的改进不属于实用新型的保护客体。但是，实用新型权利要求限定的技术方案也可以包含已知方法或材料特征。

在实用新型的无效程序和侵权诉讼程序中会出现区别技术特征为材料或方法特征的情况。

《专利审查指南（2010）》第四部分第六章第4节中规定："在实用新型专利创造性的审查中，应当考虑其技术方案中的所有技术特征，包括材料特征和方法特征。"

北京市高级人民法院颁布的《专利侵权判定指南（2017）》第22条规定："实用新型专利权利要求中包含非形状、非构造技术特征的，该技术特征对确定专利权的保护范围具有限定作用。非形状、非构造技术特征，是指实用新型专利权利要求中记载的不属于产品的形状、构造或者其结合等的技术特征，如用途、制造工艺、使用方法、材料成分（组分、配比）等。"

由此可见，在确权和侵权诉讼程序中，对于包含材料/方法特征的实用新

型权利要求的保护范围,在确权和侵权程序中的标准是一致的,即都要考虑材料/方法特征。但对于包含材料/方法特征的实用新型权利要求,与现有技术相比其区别技术特征仅在于材料/方法特征时,该权利要求是否属于实用新型的保护客体,则存在一定的争议。下面通过两个案例进行讨论。

例如:涉及"阻隔式防火保温板"实用新型的无效案

该案权利要求1内容为:一种阻隔式防火保温板,由聚苯板及贴于其两面的水泥基聚合物防火砂浆外层组成;其特征在于,在聚苯板的两面均分别开有两组隔离槽:A组隔离槽和B组隔离槽;A组隔离槽为一组互相平行的隔离槽,与聚苯板两侧的夹角均形成锐角;B组隔离槽也是一组互相平行的隔离槽,B组隔离槽与A组隔离槽交叉布置,在A组隔离槽和B组隔离槽之间形成了一个个的网格状隔离块;并且,聚苯板一面的A组隔离槽和B组隔离槽与聚苯板另一面的A组隔离槽和B组隔离槽相互错开排列,使两面的隔离块也呈相互错开状;在聚苯板两面所有的A组隔离槽和B组隔离槽中都填充有水泥基聚合物防火砂浆。

其技术方案为:阻隔式防火保温板,聚苯板1外侧两面贴合有水泥基聚合物防火砂浆外层2,聚苯板1两面开设有两组隔离槽3-1、3-2,隔离槽与聚苯板1两侧的夹角均为锐角,隔离槽内填充水泥基聚合物防火砂浆。

其说明书附图1、附图2如图2-3所示。

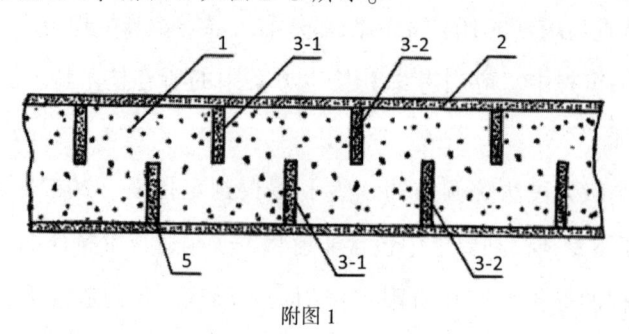

附图1

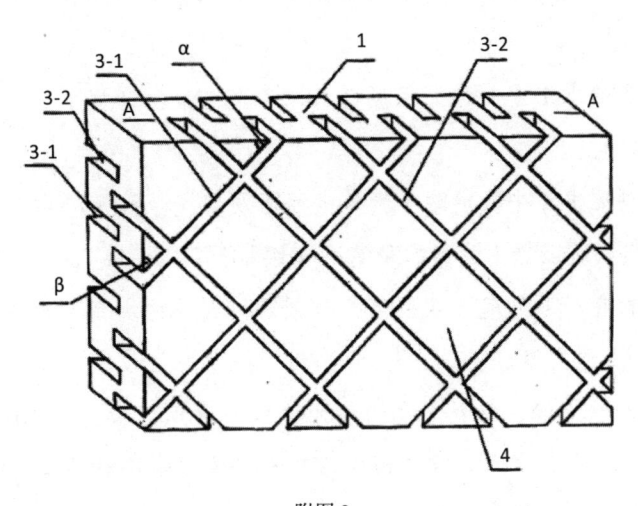

附图2

图2-3 本专利附图

在无效程序中，无效证据1为中国专利文献（授权公告号：CN201924475U，授权公告日：2011年8月10日）。

其技术方案为：隔离式防火保温板，包括B级材料保温板体1，保温板体1为一整体，其上下两面加工有纵向、横向直线沟槽2，板体上面4的纵向沟槽与下面的纵向沟槽错位排列设置，沟槽内设置有A级材料。

其说明书附图1如图2-4所示。

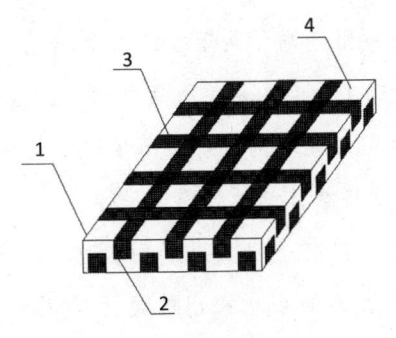

图2-4 证据1附图

将该实用新型的权利要求1与证据1公开的内容相对比，其区别技术特征在于：

（1）权利要求1中的防火保温板本体为聚苯板，证据1公开的是保温板体使用B级材料；

（2）权利要求1中限定贴于聚苯板两面及填充于隔离槽中的为水泥基聚合物防火砂浆，而证据1公开的是使用A级材料；

（3）权利要求1限定A组隔离槽与聚苯板两侧的夹角均形成锐角，证据1中没有公开上述内容。

2013年9月26日，针对名称为"阻隔式防火保温板"第201120251086.7号实用新型专利提出的无效宣告请求，专利复审委员会作出第21476号无效宣告请求审查决定（下面简称被诉决定），该被诉决定结论为维持本专利有效。无效请求人不服该决定，向北京市第一中级人民法院提起行政诉讼。

北京市第一中级人民法院作出了（2014）一中知行初字第1097号行政判决，认为本案的焦点问题是：本专利是否符合《专利法》第二十二条第二款的规定。

本专利权利要求1请求保护一种阻隔式防火保温板，证据1也记载了一种隔离式防火保温板。本专利权利要求1与证据1的区别在于：

（1）权利要求1明确限定防火保温板本体为聚苯板，而证据1公开的是保温板体使用B级材料；

（2）权利要求1明确限定贴于聚苯板两面及填充于隔离槽中的为水泥基聚合物防火砂浆，而证据1公开的是使用A级材料；

（3）权利要求1限定A组隔离槽与聚苯板两侧的夹角均形成锐角，而附图1中直线沟槽分别与保温板体的两个侧边平行。

实用新型专利相对于现有技术具备新颖性和创造性的技术特征应当是对产品的形状、构造或者其结合所提出的适于实用的新的技术方案，而不应当仅是材料的区别乃至改进。虽然实用新型专利的权利要求中可以包含已知材料的名称，如不锈钢杯、记忆合金制成的心脏导管支架等，但其中的已知材料部分并不构成该专利相对于现有技术具备新颖性和创造性的有效区别特征。例如，相对于现有技术的金属杯，一个申请实用新型专利的不锈钢杯能够具备新颖性或者创造性的原因一定在于杯子的形状、构造或者其结合方面的区别或者改进，而不仅在于杯子的材质采用了已知金属材料——不锈钢。

关于被诉决定认定的上述区别特征1和2，虽然相对于证据1中"A级材料"和"B级材料"的概念而言，本专利权利要求1限定的"水泥基聚合物防火砂浆"和"聚苯板"为下位概念，但这些均属于已知材料的名称。被诉决定认定的上述区别特征1、2均不构成本专利相对于现有技术具备新颖性的有效区别特征。对于区别特征3，无效请求人主张属于本领域惯用技术手段的直接置换，但被诉决定对此未予评述，无从审查其评述的合法性。

综上，被诉决定关于本专利权利要求1相对于证据1存在上述区别特征1和区别特征2，且证据1不能破坏上述区别特征的新颖性的认定错误，予以纠正。在此基础上，专利复审委员会对无效请求人关于本专利从属权利要求2~6的争议也需要重新进行审查。

综上所述，北京市第一中级人民法院依照《中华人民共和国行政诉讼法》第五十四条第二项第一目之规定，作出如下判决："一、撤销被诉决定；二、专利复审委员会重新作出审查决定。"

国家知识产权局专利复审委员会（以下简称专利复审委员会）、本案专利权人因实用新型专利权无效行政纠纷一案，不服北京市第一中级人民法院（2014）一中知行初字第1097号行政判决，向北京市高级人民法院提起上诉。

北京市高级人民法院作出了（2014）高行终字第1853号判决，该院认为：

根据上诉人的上诉主张，本案二审焦点问题是：本专利权利要求1相对于证据1是否符合《专利法》第二十二条第二款的规定。

本专利权利要求1请求保护一种阻隔式防火保温板，证据1也记载了一种隔离式防火保温板。本专利权利要求1的前序部分和特征部分均载明了

"水泥基聚合物防火砂浆"和"聚苯板"材料等。由此，专利复审委员会认定，本专利权利要求1与证据1的区别在于：

（1）权利要求1明确限定防火保温板本体为聚苯板，而证据1公开的是保温板体使用B级材料；

（2）权利要求1明确限定贴于聚苯板两面及填充于隔离槽中的为水泥基聚合物防火砂浆，而证据1公开的是使用A级材料；

（3）权利要求1限定A组隔离槽与聚苯板两侧的夹角均形成锐角，而附图1中直线沟槽分别与保温板体的两个侧边平行。

专利权人对上述认定均无异议，并认可上述区别1、2为材料特征。

实用新型专利不保护材料本身的改进，并不意味着实用新型专利的权利要求不可以包含材料特征。如果只是从现有技术已有的材料中选择特定的一种或几种材料作为产品的构成，这是允许的。在实用新型专利新颖性审查中，应当考虑其技术方案中的所有技术特征，包括材料特征和方法特征，而不应将整个技术方案中的部分技术特征进行割裂评述。因此，本专利权利要求1的"水泥基聚合物防火砂浆"和"聚苯板"材料可以作为技术特征与证据1进行比较。原审法院关于"本专利权利要求1的区别技术特征1和2均不构成现有技术具备新颖性的有效区别特征"的认定不当，予以纠正。专利复审委员会、专利权人的相关上诉主张，本院予以支持。

在进行实用新型新颖性判断时，首先应当判断涉案专利申请的技术方案与对比文件的技术方案是否实质上相同，如果专利申请与对比文件公开的内容相比，其权利要求所限定的技术方案与对比文件公开的技术方案实质上相同，所属技术领域的技术人员根据两者的技术方案可以确定两者能够适用于相同的技术领域，解决相同的技术问题，并具有相同的预期效果，则认为两者为同样的实用新型。

专利复审委员会、专利权人均主张证据1中的"A级材料"和"B级材料"的公开并不影响本专利权利要求1中"水泥基聚合物防火砂浆"和"聚苯板"的新颖性。根据查明的事实，本专利的发明目的在于解决防火保温板的结实程度不够、火焰燃烧路径问题，根据说明书及权利要求书记载，该问题通过"斜槽设计""隔离槽"等手段予以克服，未记载本专利权利要求1的技术特征1、2对该产品的形状、构造及其结合产生任何影响、解决任何技术问题及达到何种预期效果。而且，本专利权利要求1的前序部分即公开了技术特征1、2，一般而言，实用新型前序部分为其与最接近现有技术或抵触申请共有的必要技术特征，而本专利的上述技术特征1、2并未作为影响产品形状、构造及其结合的应予保护的区别技术特征予以明确或记载。本专利系实用新型，虽然判断其新颖性时应考虑其技术方案中的所有技术特征，以防止对产品的形状、构造及其结合产生影响的材料特征被直接排除，不利于对技术方案的整体评价，但这并不意味仅从文字或概念上比较两个技术方案的材料的表述异同，而放弃对产品的形状、构造及其结合或者发明目的、内容的考虑。本专利权利要求1与证据1比较，就权利保护客体或整体技术方案而言，本专利权利要求1中"水泥基聚合物防火砂浆"和"聚苯板"未作任何贡献，其与证据1中的"A级材料"和"B级材料"实质上是相同的。因此，被诉决定关于本专利权利要求1的技术特征1和2相对于附图1具有新颖性的认定结论错误，应予纠正。专利复审委员会、专利权人仅以上位概念与下位概念的关系主张本专利权利要求1具有新颖性，缺乏依据，本院不予支持。

由此可见，在本案例中的一审法院的判决的观点在于：由于实用新型只保护形状、构造或者其结合的技术方案，其相对于现有技术构成的区别技术特征也应当是产品的形状、构造或者其结合的特征，当实用新型专利权利要求中的方法/材料特征相对于现有技术构成了区别技术特征时，则不应考虑该材料特征的限定作用。二审法院的判决的观点在于：虽然实用新型只保护形状、构造或者其结合的技术方案，但是在判断新颖性创造性时确定权利要求的保护范围的时候，要考虑权利要求中写入的材料/方法特征，具体到本案，认为该专利不具备新颖性的理由是构成区别技术特征的材料相对于证据1中的材料实质上是相同的。

实用新型专利权评价报告案例评析：创造性评价

再例如：涉及"一种药浸柳枝接骨外固定架"的专利侵权诉讼案

该实用新型的权利要求书内容为：一种药浸柳枝接骨外固定架，其特征在于用药浸草柳枝条经纬方向编织成一个固定架，在固定架的两侧至少置有一对搭扣。

其说明书中表述：现有技术中，骨科外固定架使用石膏绑住骨伤部位，使伤骨不受颠动，以达到及时接骨的目的。这种石膏作接骨外固定架有很多缺点：石膏较重、不透气，绑在伤骨部位既增加病人劳累感，又增加病人的痛苦感，而且有的患者还会出现皮肤过敏的炎症；石膏本身没有活血化瘀的药疗作用，病人在接骨养伤期间，由于长期不运动，一旦石膏拆除后，伤骨部位会有一段时期活动不自如；石膏使用不方便，价格又昂贵，拆除后的废石膏会污染环境。因此，随着社会的发展，再继续使用这种石膏作接骨外固定架就显得落后了。

本实用新型的目的是设计一种重量轻、透气、不会产生皮肤过敏现象、本身具有活血化瘀功能、使用方便、不会污染环境的价格低、制造方便的药浸柳枝接骨外固定架。

其技术方案为：用药浸草柳枝条经纬方向编织成一个固定架，在固定架的两侧至少置有一对搭扣。使用时按人体骨伤的不同部位，采用不同形态的固定架。将固定架置放于骨伤产位后用搭扣扣紧，固定架就能起到固定伤骨位置的作用。

药浸柳枝接骨外固定架的重量是石膏的五分之一，很轻巧，使用时透气、病人使用该装置接骨养伤不觉劳累，也不会使患者出现皮肤过敏的现象，此外柳枝本身在编织固定架前浸没于活血化瘀的中药中，由于柳枝条本身结构疏松，中药易被吸收，药浸过的柳枝条接触人体后，中药渐渐挥发其药性，对人体活血化瘀起到一定的药疗作用。固定架的成本仅是石膏的三分之一，废固定架的处理方便，不会引起环境污染。

说明书附图中的标记为：固定架11、21、31、41、51，一对搭扣12、22、32、42、52（见图2-5）。

·042·

第二章 实用新型专利的创造性审查

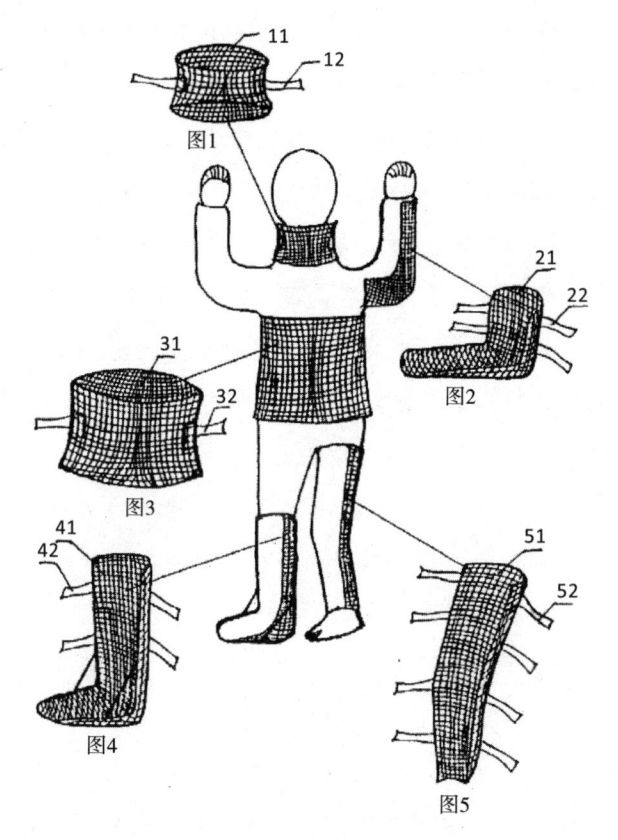

图 2-5 本专利附图

本专利的专利权人起诉上海高宇医疗器材厂生产的产品侵犯了其实用新型专利权。

本案当事人的主要争议焦点是上海高宇医疗器材厂产品的技术特征是否覆盖了该实用新型专利的技术特征。根据该实用新型专利的权利要求书记载的内容,药浸柳枝接骨外固定架特征部分为"用药浸草柳枝条经纬方向编织成一个固定架,在固定架的两侧至少置有一对搭扣"。该专利说明书对于药浸处理的解释是:该实用新型的目的之一是本身具有活血化瘀功能。柳枝条本身结构疏松,中药易被吸收,药浸过的柳枝条接触人体后,中药渐渐挥发其药性,对人体活血化瘀起到一定的药疗作用。故药浸处理是争议专利的必要技术特征之一。由于专利权人在一审庭审中承认上海高宇医疗器材厂的产品

· 043 ·

未经过药浸处理，故该厂产品的技术特征并未全面覆盖系争专利的技术特征。上海高宇医疗器材厂生产、销售争议产品并不构成对专利权人的专利权的侵害。据此，一审法院依照《专利法》第五十六条第一款之规定，作出如下判决：专利权人的诉讼请求不予支持。

专利权人不服一审判决，向上海市高级人民法院提起上诉。上海市高级人民法院作出了终审判决。上海市高级人民法院（以下简称二审法院）认为：二审中，上诉人与被上诉人上海高宇医疗器材厂均未向二审法院提供新的证据材料。因此二审法院认定原审判决认定的事实属实。

上诉人（专利权人）上诉的主要理由是：第一，原审法院对实用新型保护客体范围认识不当。在确定实用新型专利权利要求的必要技术特征时，只能有形状、构造及其结合方面的技术特征，非形状、构造及其结合的特征不应该成为实用新型专利权利要求的必要技术特征。从涉案专利权利要求及说明书可以判断，药浸处理实际上是一种工艺步骤，经过药浸处理的柳枝条仍然是柳枝条，而柳枝条是产品构成材料。"药浸"与否只会引起产品构成材料上的变化，不会引起产品形状、构造或者其结合的变化。无论系争产品是否经过药浸，只要其形状和/或构造与涉案实用新型专利相同，都会落入涉案实用新型专利的保护范围。第二，药浸对于涉案专利而言是非必要的。即使药浸被认为是涉案实用新型专利权利要求中的一项技术特征，也只是一项非必要的技术特征。涉案实用新型专利的根本目的在于设计一种良好接骨固定效果的接骨外固定架，构造才是涉案实用新型专利的新颖性和创造性之所在，而药浸的存在与否并不影响涉案实用新型专利的新颖性和创造性，也不影响涉案实用新型专利作为一种接骨固定架产品所应该具有的接骨的性能和效果。故在确定涉案专利的保护范围时，应当将"药浸"这一技术特征略去。

被上诉人上海高宇医疗器材厂辩称，原审法院认定事实清楚，适用法律正确。"药浸"是涉案专利的一项必要技术特征。

二审法院经审理后认定：实用新型是指对产品的形状、构造或者其结合所提出的适于实用的新的技术方案。但实用新型专利技术方案并非只能由形状、构造或者其结合方面的技术特征构成。实用新型专利技术方案中既可以有形状、构造或者其结合方面的技术特征，也可以有非形状、构造或者其结合方面的技术特征，只要这些技术特征所共同限定的技术方案是具有确定形状或者构造的产品，该种产品就可以成为实用新型专利所保护的客体。涉案实用新型专利是由经"药浸"处理的柳枝条编织成的接骨外固定架，"药浸"是非形状、构造或者其结合方面的技术特征，该技术特征不会引起涉案实用新型专利在形状、构造或者其结合方面发生变化。但"药浸"仍是涉案实用新型专利的一项必要技术特征，并与其他技术特征一起共同构成了涉案实用新型专利技术方案，共同限定了涉案实用新型专利权保护的范围。上诉人认为非形状、构造及其结合的特征不应该成为实用新型专利权利要求的必要技术特征，并进一步认为原审法院对实用新型保护客体范围认识不当的上诉理由不能成立。

根据涉案实用新型专利说明书的解释，涉案实用新型专利的目的并不只在于设计一种良好接骨固定效果的接骨外固定架，而且还要使该接骨外固定架具有活血化瘀的功能。涉案实用新型专利正是通过"药浸"技术手段，让药浸过的柳枝条接触人体，中药渐渐挥发其药性，从而实现使人体活血化瘀的功能。因此，"药浸"应当是涉案实用新型专利的一项必要技术特征，而并非是一项非必要的技术特征。更进一步，专利权利要求的独立权利要求中记载的技术特征均应是必要技术特征，认定一项记载于独立权利要求中的技术特征为非必要技术特征并无法律依据。"药浸"记载于涉案实用新型专利的独立权利要求中，故应为涉案实用新型专利的必要技术特征。上诉人关于药浸对于涉案专利而言是非必要技术特征的上诉理由不能成立。

最终，二审法院认定上诉人的上诉请求与理由没有事实和法律依据。依照《中华人民共和国民事诉讼法》第一百五十三条第一款第（一）项、第一百五十八条之规定，判决驳回上诉，维持原判。

在该案例中，该实用新型的权利要求1相对于被诉侵权人的产品，具有区别技术特征"药浸"，即专利权人的接骨外固定架使用的柳枝条是药浸处理过的，而被诉侵权人的接骨外固定架未经药浸处理。专利权人认为根据专利法对实用新型保护客体的规定，"药浸"不属于对形状、构造的限定，不应纳入权利要求的保护范围，在这种情况下，被诉侵权人的产品落入了专利权人的权利要求保护范围，侵犯了其专利权。一审法院认为："药浸"是本专利的必要技术特征，应纳入权利要求的保护范围，故被诉侵权产品未落入本专利权利要求保护范围，不构成侵权。专利权人不服一审判决，向上海市高级人民法院提出上诉。上海市高级人民法院经审理维持原判。

如果被侵权人的产品属于现有技术，则本实用新型的权利要求所要求保护的技术方案相对于现有技术具有的区别技术特征为"药浸"，而该区别技术特征是对柳枝条的组分的限定，相对于现有技术，本专利权利要求保护的技术方案对现有技术作出的贡献在于物质组分，因此该权利要求保护的技术方案存在不属于实用新型保护客体的嫌疑。但是在一、二审程序中，由于诉讼请求未涉及该内容，一、二审程序的法院未对该问题进行审理。

由上述两个案例可知，在后续确权和侵权程序中，写入权利要求中的所有技术特征都被考虑，包括方法和材料特征。但是，专利法规定实用新型只保护形状、构造或者其结合的技术方案，因此在初步审查程序中要判断写入权利要求的方法和材料特征是否为新方法和新材料，如果是新方法和新材料，会认为其不属于实用新型专利的保护客体而将其删除。但是，如果初步审查中未将不符合客体要求的特征删除，而在作出专利权评价报告时，发现这些特征实际上不是对已知材料和方法的限定。此时，对这些方法和材料特征，应当认定其不属于实用新型保护客体而不予以考虑，不纳入权利要求的保护范围。

第三章 创造性审查典型案例

【案例 3-1】 塑料浮雕卫浴柜

案情介绍

本专利涉及一种塑料浮雕卫浴柜，授权公告文本中权利要求 1 如下：

1. 一种塑料浮雕卫浴柜，包括柜体面板，其特征在于：所述的柜体面板包括基层，所述的基层为热塑性塑料层、热固性塑料层或橡胶层，所述的基层上一体成型有浮雕结构。

附图如图 3-1 所示。

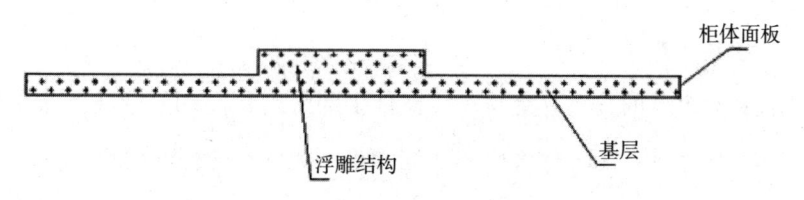

图 3-1　本专利附图

国家知识产权局于 2013 年 8 月 8 日作出专利权评价报告，在评价报告中引用了对比文件 1（公告号：CN201529010U；公告日：2010 年 7 月 21 日）对权利要求 1 进行创造性评价。

对比文件 1 的附图如图 3-2 所示。

实用新型专利权评价报告案例评析：创造性评价

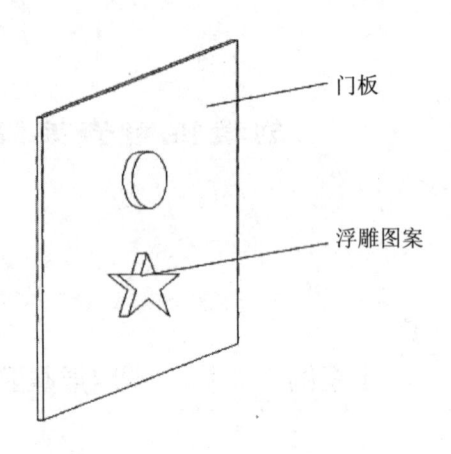

图 3-2 对比文件 1 附图

评价报告中指出：对比文件 1（CN201529010U）公开了一种饮水机：一种饮水机的门板，其也可以是储物柜一类的功能柜的门板，在门板 21 上设有浮雕图案 22，门板材料是塑料，浮雕图案 22 与门板 21 一体成型，即浮雕图案 22 是在塑料门板上直接压制或雕刻而成的。由于塑料按其受热后性质的不同可以分为热固性塑料和热塑性塑料两种，对比文件 1 中公开了门板为塑料，并且浮雕图案 22 是在塑料门板上直接压制而成的，则已经隐含公开了该塑料为热固性塑料或热塑性塑料。

该权利要求 1 的技术方案与对比文件 1 的区别是：（1）本专利是一种卫浴柜，而对比文件 1 为一种可应用于储物柜一类的功能柜的门板；（2）面板基层为橡胶层。而对于本领域技术人员来说，将对比文件 1 中的储物柜的门板应用于卫浴柜已解决柜体面板开裂等问题是很容易想到的，并且用橡胶代替塑料制作面板也是一种公知的材料替换，且均没有产生任何预料不到的技术效果。因此在对比文件 1 的基础上结合本领域常用技术手段得到本专利权利要求 1 的技术方案，对于本领域技术人员而言是显而易见的。权利要求 1 所保护的技术方案不具备实质性特点和进步，不具备《专利法》第二十二条第三款所规定的创造性。

评价报告请求人关于涉及的对技术领域问题进行如下意见陈述：

本实用新型专利是一种卫浴柜，而对比文件1为一种饮水机，对比文件1与本实用新型专利所属行业差别大。卫浴家具类对产品的造型和浮雕花纹的精致程度以及柜体表面处理后达到的效果要高于饮水机，因此，对比文件1与本实用新型专利技术领域不同，本实用新型专利具有实质性特点和进步，具有创造性。

专利权评价报告复核意见认为：对比文件1与本实用新型专利属于相近技术领域。对比文件1中公开了一种饮水机柜，也是一种塑料材质的柜子，应用于防潮防水的使用环境，这与该卫浴柜使用环境相同，而且均是常用的家用物品，因此其与本实用新型专利领域相近，对比文件1中存在明显的技术启示，指引所属技术领域人员将相近领域的技术应用到卫浴柜中。

焦点问题

本专利保护一种塑料浮雕卫浴柜，对比文件1公开了一种饮水机柜，二者是否属于相近的技术领域，能否根据对比文件1来评述本专利权利要求1的创造性。

案情分析

本专利权利要求1包括三个并列的技术方案，分别是包含特征"基层为热塑性塑料层""基层为热固性塑料层""基层为橡胶层"的技术方案，对比文件1隐含公开了饮水机门板的塑料为热固性塑料或热塑性塑料，因此，本专利权利要求1中包含特征"基层为热塑性塑料层""基层为热固性塑料层"的技术方案与对比文件1的区别仅在于领域的差异：本专利保护的是一种浴室柜，对比文件1公开的是一种饮水机。显然，饮水机所属领域不是本专利浴室柜所属的技术领域。

《专利审查指南（2010）》第四部分第六章第4节中就现有技术的领域作出了如下规定：对实用新型专利而言，一般着重于考虑该实用新型专利所属的技术领域。但是现有技术中给出明确的启示，例如现有技术中有明确的记载，促使本领域的技术人员到相近或者相关的技术领域寻找有关技术手段的，可以考虑其相近或者相关的技术领域。

而《专利审查指南（2010）》中关于技术领域的定义中提到了国际专利分类，国际专利分类的主要目的是便于技术主题的检索，不是针对发明"三性"的认定和评述，对同一件申请，国际专利分类会从其功能或应用，或其解决技术问题的主次等多角度给出多个分类号，不能仅依据国际专利分类的异同判断是否属于所属技术领域、相近或者相关技术领域。

《专利审查指南（2010）》中关于现有技术领域的规定应当是在审查员已经完成检索过程，启动评判"三性"环节，对最接近的现有技术和本申请所属技术领域的认定。如果实用新型与现有技术的产品在应用和功能两方面都彼此一致，则可以认定这二者属于"所属的技术领域"。如果在应用和功能两方面中仅有一方面一致，则需要从实用新型要解决的技术问题出发，判断本领域技术人员能否根据现有技术状况到相应的功能领域或应用领域的现有技术中进行检索，获得解决方案，即现有技术中是否给出了明确的启示，指引本领域技术人员在相应功能领域或应用领域寻求解决方案，该启示既包括指南中举例指出的明确的记载，也包括相同功能或应用领域存在相同技术问题的情形。

根据本专利说明书中介绍，本专利是要解决塑料卫浴柜造型单一、立体浮雕花纹简单、雕刻花纹的卫浴柜易出现开裂、断裂、表面处理技术很难应用或应用效果很差的问题。本领域普通技术人员在面对上述问题时，首先会在现有技术中寻求解决方案，其中包括浴室柜所属的技术领域，也包括与之相近或相关的技术领域。上述问题的原因在于浴室柜所处的潮湿的使用环境，从本专利要解决的技术问题出发，本领域普通技术人员会特别在使用环境相同的技术领域中寻求解决方案，因为相同的潮湿环境会存在相同的技术问题，从而对使用环境相同的家具门板领域的一些现有技术进行检索是很自然的，而饮水机与浴室柜同属家具这一领域，二者均涉及防水防潮的使用环境，因此，对比文件1应当视为与本专利相近的技术领域，可以用来评价本专利的创造性。

创造性分析建议

所属技术领域的判断不能仅依据国际专利分类的异同，如果实用新型专利保护的技术方案与现有技术公开的技术方案具有相同的应用和功能，那么可以认为该现有技术的技术领域属于该实用新型专利的"所属的技术领域"。如果两者在应用和功能两方面仅有一方面一致，应当从实用新型要解决的技术问题出发，判断本领域技术人员能否根据现有技术状况到相应的功能领域或应用领域中进行检索并获得解决方案，即现有技术中是否给出了明确的启示，如果相同功能或应用领域存在相同技术问题，则应当认为存在明确的启示，可以考虑到相近或者相关技术领域寻找现有技术。

【案例3-2】 用于交通工具的遮光装置

案情介绍

本专利涉及一种用于交通工具的遮光装置，授权公告文本中权利要求1如下：

1. 一种用于交通工具的遮光装置，设有液晶板和可将液晶板与交通工具连接的连接部件，其特征在于：设有交流信号发生器，输出有效值随输入电压变化，并加到液晶板电极上的交流控制电压；设有光电转换电池，用于向交流信号发生器输入随外界光强度变化的光强传感信号，同时向交流信号发生器提供直流工作电压。

国家知识产权局作出的专利权评价报告中引用对比文件1（CN201203720Y），对上述权利要求1的创造性进行评价，具体评述内容摘录如下：

权利要求1保护一种用于交通工具的遮光装置，对比文件1（CN201203720Y）是最接近的现有技术，其公开了一种全自动电控变色液晶太阳镜，具体公开了如下内容：包括液晶镜片（相当于本专利的液晶板），控制模块（相当于本专利的交流信号发生器）的控制电压输出端与液晶镜片的电极电连接，用于向液晶镜片施加控制电压，控制模块采用数字集成的CPU芯片，CPU芯片输出的控制电压是幅度随输入电压幅值变化的交变电压（相当于本专利的输出有效值随输入电压变化，并加到液晶板电极上的交流控制电压），所述的光电转换电池（相当于本专利的光电转换电池）的电压输出端与控制模块电压输入端连接，用于向控制模块输入随光强变化的传感信号（相当于本专利的用于向交流信号发生器输入随外界光强度变化的光强传感信号），同时向控制模块供电（相当于本专利的向交流信号发生器提供直流工作电压）。该权利要求所保护的技术方案与对比文件1所公开内容相比，区别技术特征在于：本专利的遮光装置用于交通工具并设有可将液晶板与交通工具连接的连接部件，其所要解决的技术问题是使交通工具上的遮阳板能够根据阳光强度自动调节透光率，对比文件1中的太阳镜能够实时随外界光强变化而改变镜片透光率，二者均是遮阳之用，使用环境相同，并且均是涉及用于控制光源强度的液晶的电路装置，二者属于相近的技术领域，将对比文件1中的太阳镜应用到交通工具上从而设置连接部件使液晶板与交通工具连接属于本领域技术人员的常规技术选择，本领域技术人员在面对所述技术问题时，有动机对对比文件1所述的技术方案进行改进，将其应用到交通工具上并结合本领域的公知常识从而得到权利要求1所要求保护的技术方案，其没有产生预料不到的技术效果，所以，权利要求1所要求保护的技术方案对本领域技术人员来说是显而易见的，不具有实质性特点和进步，不符合《专利法》第二十二条第三款有关创造性的规定。

本专利原理图如图3-3所示，对比文件1原理图如图3-4所示。

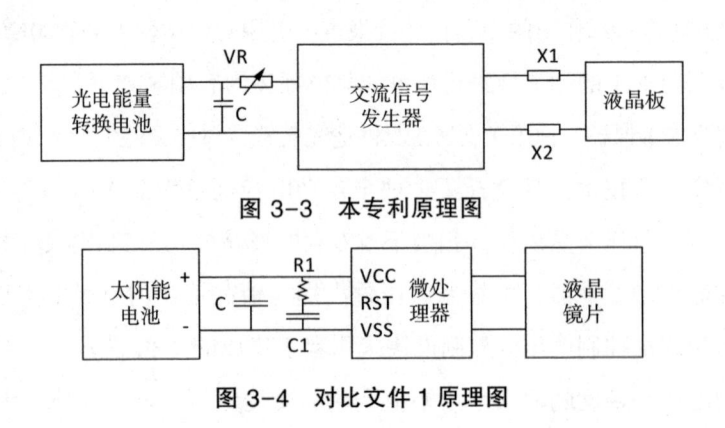

图3-3 本专利原理图

图3-4 对比文件1原理图

焦点问题

本专利提供一种可以根据阳光强度自动调节透光率，而且结构简单、体积小、功耗低，不需外接电源的用于交通工具的遮光装置。对比文件提供一种能实时随外界光强变化而改变镜片透光率的全自动电控变色液晶太阳镜。本案例的焦点问题在于本专利和对比文件是否属于相近或者相关的技术领域。

案情分析

《专利审查指南（2010）》第四部分第六章无效宣告程序中实用新型专利审查的若干规定部分规定：对于实用新型专利而言，一般着重于考虑该实用新型专利所属的技术领域。但是现有技术中给出明确的启示，例如现有技术中有明确的记载，促使本领域的技术人员到相近或者相关的技术领域寻找有关技术手段的，可以考虑其相近或者相关的技术领域。

根据《专利审查指南（2010）》对实用新型技术领域的规定，相近或者相关的技术领域只有在现有技术给出明确的启示时才考虑。一般而言，当实用新型所属技术领域里的现有技术已经明确建立起了与其他领域的一种关系时，才会促使本领域技术人员去其他技术领域寻找解决技术问题的手段，其他的技术领域才能给出启示；或者其他领域的现有技术已经明确建立了与本领域的"桥梁"关系时，此时的其他领域的该现有技术属于本领域技术人员应当掌握的现有技术范畴，其也能促使本领域技术人员去该其他技术领域寻找解决技术问题的手段。而对于其他领域的现有技术虽然也能解决相同的技术问题，但当其与本领域缺少"桥梁"关系时，根据《专利审查指南（2010）》的规定，其不属于给出启示的情形。

具体到本案例而言，虽然本申请和对比文件要解决的技术问题相同，均是解决遮阳的问题，技术方案的原理也类似，即通过电信号控制液晶板实现透光率的变化。但是其应用的技术领域跨度较大，本申请是应用在交通工具上，而对比文件是一种太阳镜。交通工具领域技术人员在解决交通工具遮阳问题时，通常在交通工具的技术领域寻找相关现有技术，交通工具领域的现有技术中在没有明确指引和启示相关的技术可能在太阳镜中使用，同时太阳镜领域中的现有技术也没有明确其遮阳技术可以应用到交通工具的情况下，这两个技术领域之间就缺少"桥梁"关系，不属于相近或者相关的技术领域。因此，不会促使交通工具技术领域的技术人员到太阳镜领域中寻找现有技术。

创造性分析建议

判断创造性时，应当尽量还原发明创造的过程，从本领域技术人员的角度出发，寻找解决技术问题的手段，避免事后诸葛亮的做法。虽然有些实用新型专利保护的技术方案和现有技术公开的技术方案要解决的技术问题类似，技术方案的原理也类似，但是由于应用领域不同，作为本领域技术人员在实际解决技术问题的时候，并不能直接想到在跨度较大的技术领域中寻找有关技术方案，并将其运用到本领域中，这样的现有技术不应当被认为是和该实用新型专利具有相近或者相关的技术领域，在进行创造性判断时也不应引用这样的现有技术作为对比文件。

【案例3-3】 多火电弧打火机

案情介绍

本专利涉及一种多火电弧打火机，授权公告文本中权利要求1如下：

1. 一种多火电弧打火机，包括有外壳（1）、电路板（2）、电池（3）、升压线圈（4）、电弧发生头（5）和开关组件（6），其特征在于，所述电弧发生头包括有绝缘瓷杯（51）和设置在绝缘瓷杯上的至少两组电弧头（52），每组电弧头由正、负两根金属导线或两片金属片构成，所述的正、负两根金属导线或两片金属片均通过高温导线与升压线圈连接（见图3-5）。

第三章 创造性审查典型案例

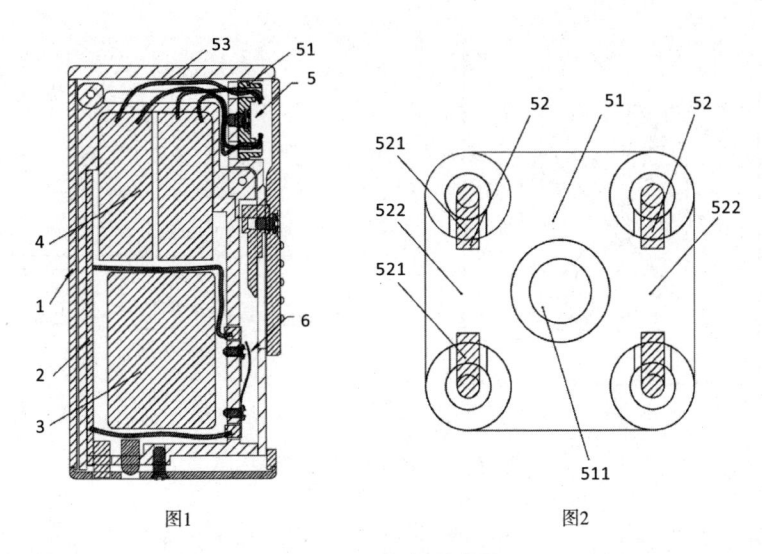

图1　　　　　　　　　　　　图2

图 3-5　本专利附图

国家知识产权局于 2015 年 3 月 25 日作出专利权评价报告，在评价报告中引用了对比文件 1（公告号：CN103363544A，公告日：2013 年 10 月 23 日）及对比文件 2（公开号：EP1557636A1，公开日：2005 年 7 月 27 日）对权利要求 1 进行创造性评价。

对比文件 1 附图如图 3-6 所示，对比文件 2 附图如图 3-7 所示。

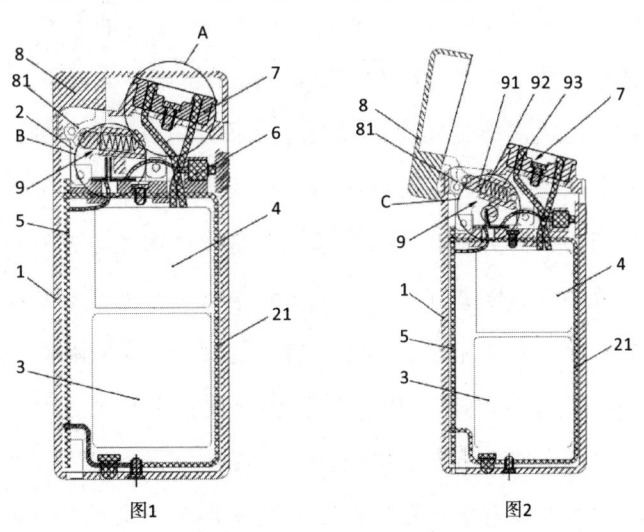

图1　　　　　　　　　　　　图2

图 3-6　对比文件 1 附图

· 055 ·

图1

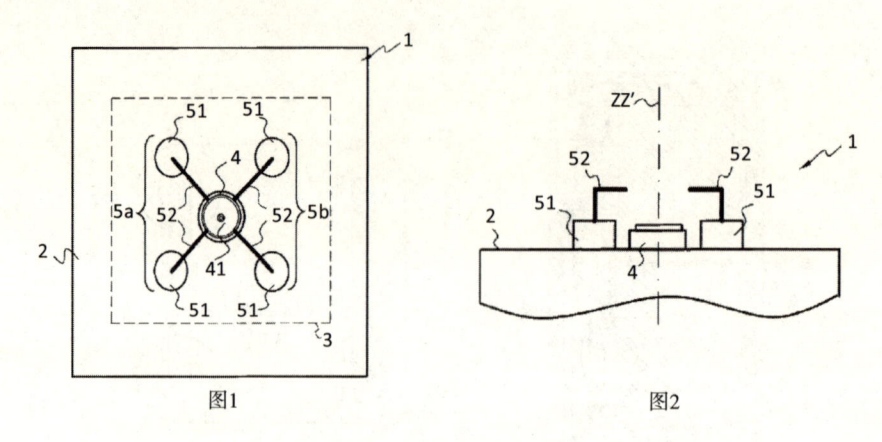

图2

图 3-7 对比文件 2 附图

评价报告中指出：该专利权利要求 1 保护一种多火电弧打火机，对比文件 1 公开了一种电弧点烟器，并具体公开了以下内容：该电弧点烟器包括有机体 1、电路板 5、可充电电池 3、升压线圈 4、电弧发生点火头 7 和点火钮 6（相当于本专利中的外壳、电路板、电池、升压线圈、电弧发生头和开关组件）。电弧发生点火头 7 包括有绝缘座 71 和两组高温电线 72，而采用绝缘瓷杯作为打火机的绝缘座是本领域技术人员惯常采用的技术手段（相当于本专利中的电弧发生头包括有绝缘瓷杯和设置在绝缘瓷杯上的至少两组电弧头）。权利要求 1 保护的技术方案与对比文件 1 公开的技术方案相比，其区别在于：每组电弧头由正、负两根金属导线或两片金属片构成，所述的正、负两根金属导线或两片金属片均通过高温导线与升压线圈连接。基于上述区别技术特征可以确定权利要求 1 实际解决的技术问题是通过增加电弧的发生区来扩大打火机的点火范围。对比文件 2 公开了一种焰火表演的点火系统，并具体公开了以下内容：该点火系统的电弧发生装置包括有绝缘的陶瓷 51，两组电极 5a、5b 均设置在绝缘的陶瓷 51 中，两组电极 5a、5b 均通过电力电缆与变压器电性连接。对比文件 2 给出了将包括有绝缘的陶瓷和设置在绝缘的陶瓷上的两组电极构成的电弧发生装置应用于对比文件 1 的启示，而每组电弧头由正、负两根金属导线或两片金属片构成是本领域技术人员的公知常识。因此，在对比文件1的基础上结合对比文件2和本领域技术人员的公知常识得到本专利权利要求1保护的技术方案对本领域技术人员是显而易见的。因此，权利要求1保护的技术方案不具有实质性特点和进步，不具备《专利法》第二十二条第三款规定的创造性。

评价报告请求人在意见陈述中认为对比文件2中设置多组电极的目的是防止简单带电弧点火装置的发生器产生缺陷导致点火装置失灵，保证有一组电极产生电弧，从而引燃喷射器，使其产生火焰，本专利则是通过设置多组电极扩大点火范围，其目的和作用并不相同，并无技术启示。

专利权评价报告复核意见认为：本专利权利要求1保护的技术方案相对于对比文件1的区别技术特征为"具有至少两组电弧头，每组电弧头由正、负两根金属导线或两片金属片构成"，因而可以确定权利要求1实际解决的技术问题是如何扩大打火机的点火范围。对比文件2公开了一种焰火表演点火系统，其具体公开了采用两组电极进行点火的方案，解决了点火安全、可靠的技术问题。对比文件2设置两组电极的目的是解决对燃料进行可靠、稳定点火的问题，其并没有给出扩大点火范围的技术启示。本领域的技术人员在对比文件1的基础上，没有启示与对比文件2相结合来评价权利要求1的创造性。

焦点问题

本专利涉及一种多火电弧打火机，其解决的是扩大点火范围的问题，对比文件2涉及一种焰火表演的点火系统，其解决的是确保点燃的技术问题，对于本领域技术人员来说，对比文件2是否给出了技术启示结合对比文件1来评述权利要求1的创造性。

案情分析

判断对比文件2是否给出了明确的技术启示，首先从技术领域来分析。本专利涉及一种多火电弧打火机，分类号为F23Q 3/00（利用电火花的点火器），对比文件2公开了一种焰火表演的点火系统，分类号包括F23D11/00（燃烧器）、F23Q 3/00（利用电火花的点火器），均涉及F23Q 3/00这一大组。

但是本专利权利要求1通过设置至少两组电弧头，解决的技术问题是使电弧发生区较多，扩大点火范围，对比文件2设置多组电极，其目的是防止电弧点火装置的发生器产生缺陷致点火装置失灵，保证点火安全稳定。两者的应用领域并不相同，也就是说，对比文件2和本专利文件相比，并不同时具有相同的功能领域和应用领域，即并不属于相同的技术领域。

在创造性的评判过程中，对于所属技术领域的现有技术，毫无疑问是应该考虑的，对于相近、相关技术领域，就要判断现有技术中是否有明确的技术启示了。对于什么是明确的技术启示，《专利审查指南（2010）》中是以举例的方式说明的，即"现有技术中有明确的记载，促使本领域的技术人员到相近或者相关的技术领域寻找有关技术手段"的情况。

对于"现有技术中有明确的记载，促使本领域的技术人员到相近或者相关的技术领域寻找有关技术手段"，应当理解为在"促使"之前，本领域技术人员尚未涉足相近或者相关的技术领域。也就是说，促使的因素应该是来源于相近或相关技术领域之外，从而促使的因素只能是来源于所属技术领域。基于"明确的记载"的要求，从对《专利审查指南（2010）》的理解上来说，该技术启示对于本领域技术人员来讲应当是明示，而不是暗示的情况。

本专利采用了电弧打火装置，其中使用了两组电极，解决的是能够扩大点火范围的技术问题，针对电弧打火功能的改进促使所属领域技术人员关注电弧打火装置领域中的技术发展，以寻找更好的替代手段。当在电弧打火装置领域获得对比文件后，若对比文件中的相应结构解决的技术问题也是扩大点火范围的问题，则所属领域技术人员用对比文件中的多组电极替换本专利中的两组电极，以对本专利公开的多火电弧打火机进行改进，应该被认为是在有明确技术启示的情况下进行的，应当认为不具有创造性。而对比文件2并不属于相同的技术领域，并且解决的技术问题也不相同，显然和对比文件1结合来评述本专利权利要求1的创造性并不合适。

另一种情况，当现有技术给出了产品的改进方向，但没有给出具体的改进措施时，将促使本领域技术人员沿该方向到相近或相关领域寻找具体的技术手段。也就是在获得最接近的现有技术即对比文件 1 后，对于存在的区别技术特征，本领域技术人员到相近或相关领域继续进行检索，如果检索到的对比文件公开了相应的区别技术特征并且解决了相同的技术问题，则认为亦存在明确的技术启示，可以结合评述创造性。

创造性分析建议

进行创造性评价要充分考虑其技术领域以及是否存在明确的技术启示。对于同时具有相同功能领域和应用领域的，认定属于所属技术领域，当仅有功能领域或应用领域一致时，应当判断本领域技术人员能否根据现有技术到相应的功能领域或应用领域中寻找并获得解决相应技术问题的手段，如果相同功能或应用领域存在相应技术手段并解决了相应的技术问题，则应当认为存在明确的技术启示，属于相近或者相关技术领域。

【案例 3-4】 冷藏设备远程测温系统

案情介绍

本专利涉及一种冷藏设备远程测温系统，授权公告文本中权利要求 1 如下：

1. 冷藏设备远程测温系统，其特征在于：包括测温模块（A）、中转模块（B）、远程服务器（C），所述中转模块（B）通过无线电通信方式接收一个或一个以上的测温模块（A）测取到的温度数据，所述中转模块（B）通过无线网络通信方式发送测温模块（A）测取的温度数据到远程服务器（C），所述远程服务器（C）接收一个或一个以上的中转模块（B）中转的温度数据。

无效请求人提出无效请求时提供了公告号为 CN201611343U 的专利公布文本作为证据 1。

专利权人在无效阶段未对权利要求 1 进行修改。

国家知识产权局专利复审委员会作出的无效宣告请求审查决定，认为权利要求1相对于证据1（CN201611343U）不具备创造性，决定的理由摘录如下：

证据1公开了一种基于WSN的海参养殖水质监测系统，其中包括用于采集温度参数的数据采集节点，相当于本专利的测温模块；用于接收数据采集节点传输的经过处理的数据的路由中继节点和现场控制中心，相当于本专利的中转模块；用于接收现场控制中心所传输的数控的远程监控平台，相当于本专利的远程服务器；数据采集节点包括zigbee模块，在养殖现场实现无线通信提供数据给路由中继节点，相当于本专利中中转模块通过无线电通信方式接收来自测温模块的温度数据；路由中继节点将数据发送给现场控制中心，然后传输给远程监控平台，其中现场控制中心与远程监控平台之间的通信采用了GPRS模式，相当于公开了本专利中远程服务器通过无线网络通信方式接收一个或一个以上的中转模块中转的温度数据。由此可见，本专利权利要求1与证据1相比，其区别技术特征在于：本专利要求保护的是一种冷藏设备远程测温系统。

对于本领域技术人员而言，本专利的冷藏设备远程测温系统和证据1的水质监测系统，都是利用了无线通信方式对多个地点的信息进行采集的系统，并且证据1同样也采集了温度数据，在数据采集、传输、监测的流程相同的情况下，根据证据1所公开的内容得到本专利这样的技术方案，对于本领域技术人员而言是容易想到的，无须付出任何创造性劳动。

因此，在证据1公开内容的基础上，结合本领域常识，本专利权利要求1不具备创造性，不符合《专利法》第二十二条第三款的规定。

焦点问题

本专利是一种冷藏设备远程测温系统，证据1是一种海参养殖水质检测系统，虽然两者同样实现了远程测温的功能，实现的功能相同，但两者的应用领域却不相同，可否用证据1评价本专利的创造性。

案情分析

本专利涉及冷藏设备远程测温系统，尤其涉及冷藏设备分布范围广的远程测温。根据其说明书中的记载，其要解决的技术问题是提供一种方便使用，不需在测温点布置网线或数据线，分布范围广的冷藏设备远程测温系统。

对比文件1公开了一种基于WSN的海参养殖水质检测系统，涉及养殖水体的水质监控技术，特别涉及一种用于对海参养殖的养殖水域的多参数水质指标进行实时自动监测和远程监测的水质监测系统，其要解决的技术问题是节能地实现对海参养殖领域水质多参数的实时、自动和远程监测。

本专利与对比文件1相比，区别技术特征在于：本专利要求保护的是一种冷藏设备远程测温系统，而对比文件是海水养殖系统的检测设备。

《专利审查指南（2010）》第四部分第六章第4节中就现有技术的领域作出了如下规定：对实用新型专利而言，一般着重于考虑该实用新型专利所属的技术领域。但是现有技术中给出明确的启示，例如现有技术中有明确的记载，促使本领域的技术人员到相近或者相关的技术领域寻找有关技术手段的，可以考虑其相近或者相关的技术领域。

就本案而言，本专利应用于一种冷藏设备，对比文件1应用于海参养殖水质检测系统，两者虽然同样实现了远程测温的功能，但其应用的领域不同，冷藏领域的实用新型本领域技术人员无任何明确的启示到海水养殖领域去寻找同样功能的现有技术，但在没有明确记载技术启示的前提下，该对比文件不能评价本实用新型专利的创造性。

创造性分析建议

进行创造性评价时应正确判断是否属于相同或相近技术领域。如果实用新型与现有技术的产品在应用和功能两方面都彼此一致，则可以认定这二者属于"所属的技术领域"。如果在应用和功能两方面中仅有一方面一致，则属于相近或者相关的技术领域。对于所属技术领域的现有技术，毫无疑问是应该考虑的。对于相近或者相关技术领域，还要判断现有技术中是否有明确的技术启示。

【案例 3-5】 多缸固液分离压滤机

案情介绍

本专利涉及一种多缸固液分离压滤机，授权公告文本中权利要求 1 如下：

1. 一种多缸固液分离压滤机，包括板架、液压驱动系统、液压缸，其特征在于：其液压缸包括一个主液压缸和至少两个副液压缸；主液压缸安装在板架的中心部位，副液压缸围绕主液压缸在板架靠近其边缘均布。

附图如 3-8 所示。

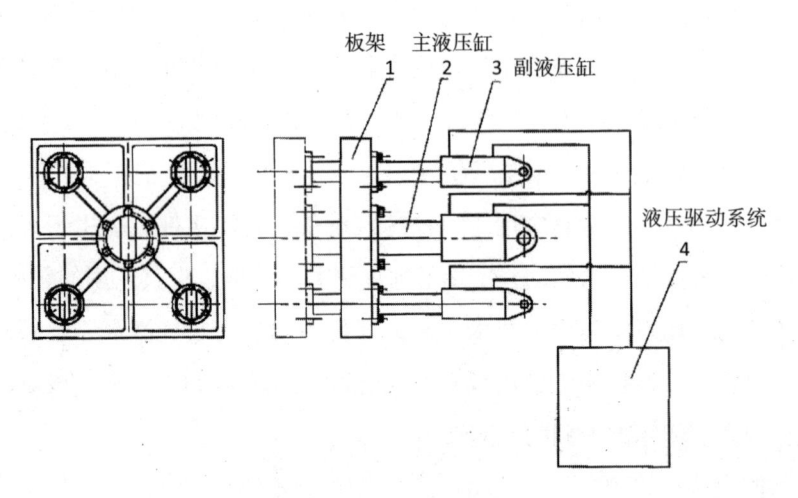

图 3-8 本专利附图

国家知识产权局于 2005 年 10 月 10 日作出检索报告，在检索报告中引用了对比文件 1 和对比文件 2（公告号：CN2175079Y；公告日：1994 年 8 月 24 日）对权利要求 1 进行创造性评价。

最接近的现有技术是一篇非专利文献，该对比文件 1 介绍了煤矿中使用的压滤机的发展趋势，其中提到：与头板相连的液压缸，由于滤板大，仅压在中心，显得四周压力不足，尺寸也太大，所以改用多缸结构。

该文提出了改用多缸结构的技术方向，但并没有给出具体的布置方式，而对比文件2公开了一种集成板模压机，该模压机的推板与5个液压缸连接，由附图可见，5个液压缸均匀布置，其中一个在中间，其余四个在四角，其与本专利的液压缸布置形式相同。

附图如图3-9所示。

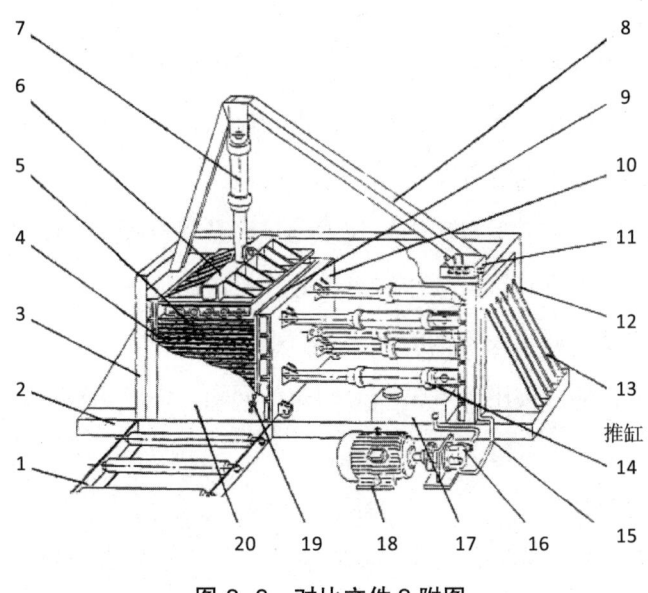

图3-9 对比文件2附图

因此，检索报告采用对比文件1和对比文件2结合评述了本专利权利要求1的创造性。

检索报告请求人认为：对比文件2是一种模压机，而本专利是一种多缸固液分离压滤机，本专利的液压缸布置形式在国内外的压滤机产品上从未出现过，正是本专利的多缸布置形式，解决了传统压滤机对大面积滤板压紧密封过程中动作缓慢并且施力不均的问题，具备创造性。

焦点问题

本专利保护一种多缸固液分离压滤机，对比文件2公开了一种集成板模压机，对比文件 2 能否与对比文件 1 结合来评述本专利权利要求 1 的创造性。

案情分析

《专利审查指南（2010）》第四部分第六章第 4 节中就现有技术的领域作出了如下规定：对实用新型专利而言，一般着重于考虑该实用新型专利所属的技术领域。但是现有技术中给出明确的启示，例如现有技术中有明确的记载，促使本领域的技术人员到相近或者相关的技术领域寻找有关技术手段的，可以考虑其相近或者相关的技术领域。

最接近的现有技术（对比文件 1）介绍了煤矿中使用的压滤机的发展趋势，其中提到：与头板相连的液压缸，由于滤板大，仅压在中心，显得四周压力不足，尺寸也太大，所以改用多缸结构。

该文献与该实用新型属于同一技术领域，其提出了一种改进方向，即改用多缸结构，但并没有给出具体的布置方式，由此促使所属技术领域的技术人员到液压机械领域寻找具体的手段。而在液压机械领域，对比文件 2 公开了采用多缸的具体结构用于解决压力均布的问题，则应该被认为两者的结合是在有明确技术启示的情况下进行的。

创造性分析建议

"现有技术中有明确的记载，促使本领域的技术人员到相近或者相关的技术领域寻找有关技术手段"只是对"明确的启示"的列举，"明确的启示"还可能包括其他情况。本案例即为所属技术领域与相关技术领域的技术方案的结合，这种情况下往往需要来自于所属技术领域的"促使"。关于技术启示除了指南中明确规定的"现有技术中有明确的记载，促使本领域的技术人员到相近或者相关的技术领域寻找有关技术手段"的情况，当现有技术给出了某产品的改进方向，但没有给出具体的改进措施时，将促使本领域技术人员沿该方向到相关领域寻找具体的技术手段，应当被认为是明确记载类型。

【案例3-6】 无冷桥复合风管卡式法兰型材

案情介绍

本专利涉及一种无冷桥复合风管卡式法兰型材，授权公告文本中权利要求1如下：

1. 无冷桥复合风管卡式法兰型材，由铝合金材料制成的法兰外壁（10）与PVC材料制成的法兰内壁（3）组装构成无冷桥连接，其特征在于法兰外壁（10）上端设有插接槽（7），插接槽（7）内设有限位卡（5），法兰外壁（10）与插接槽（7）连接部位设有加强孔（9），插接槽（7）的上端向外方向设有连接槽（8）；法兰内壁（3）上端设有两个楔形插接榫（4），两插接榫（4）上设有卡槽；法兰外壁与法兰外壁连接部位以下的空隙形成一个卡管槽（2）。

本专利的附图如图3-10所示。

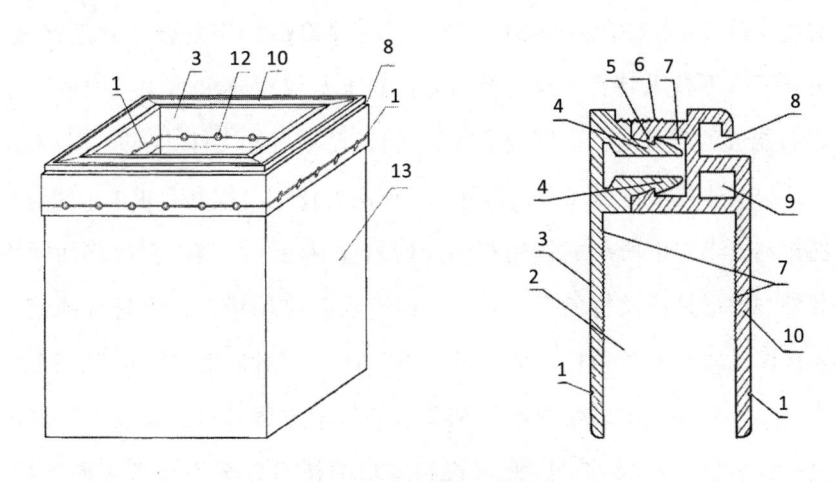

图3-10 本专利附图

国家知识产权局作出的专利权评价报告中引用了两篇对比文件（对比文

件1：CN101328999A；对比文件2：CN201206692Y）对上述权利要求1的创造性进行评价，具体评述内容摘录如下：

权利要求1保护一种无冷桥复合风管卡式法兰型材，对比文件1（CN101328999A）是最接近的现有技术，公开了一种复合型无冷桥风管用法兰（该法兰采用卡接方式），并公开了以下技术特征：法兰由铝合金材料制成的外边框1'（相当于本权利要求的法兰外壁）与工程塑料制成的内边框2'（相当于本权利要求的法兰内壁）插装（相当于本权利要求的组装）构成无冷桥连接，外边框1'上端设有外卡槽12'（相当于本权利要求的插接槽），外卡槽12'内设有限位卡，外边框1'与外卡槽12'连接部位设有加强孔，外卡槽12'的上端向外方向设有连接槽4'；内边框2'上端设有两个连成一体的插接部分（根据图4所示插接部分形状可以毫无疑义地确定，插接部分相当于本权利要求的插接榫），两插接部分上设有卡槽；外边框1'与外边框1'连接部位以下的空隙形成一个卡管槽5'。

权利要求1与对比文件1的区别技术特征为：(1) 法兰内壁是由PVC材料制成的；(2) 插接榫的形状为楔形。

对比文件2（CN201206692Y）公开了一种铝塑共挤复合风管连接法兰，具体公开了以下技术特征：法兰片2（相当于本权利要求的法兰内壁）是由PVC材料制成的。可见，区别技术特征（1）已被对比文件2公开，且对比文件2公开的上述技术特征在对比文件2中所起的作用与权利要求1中相应技术特征在权利要求1中所起的作用相同，均为选取法兰材料以提高隔热隔冷效果。此外，楔形是插接榫的常见形状，结合实际应用场合，合理选择使用楔形的插接榫，属于本领域技术人员的基本技能。在对比文件1的基础上结合对比文件2和公知常识以获得该权利要求的技术方案，对所属技术领域的技术人员来说是显而易见的，因此该权利要求的技术方案不具备实质性特点，因而不具备《专利法》第二十二条第三款规定的创造性。

评价报告涉及的对比文件1的相关附图如图3-11所示。

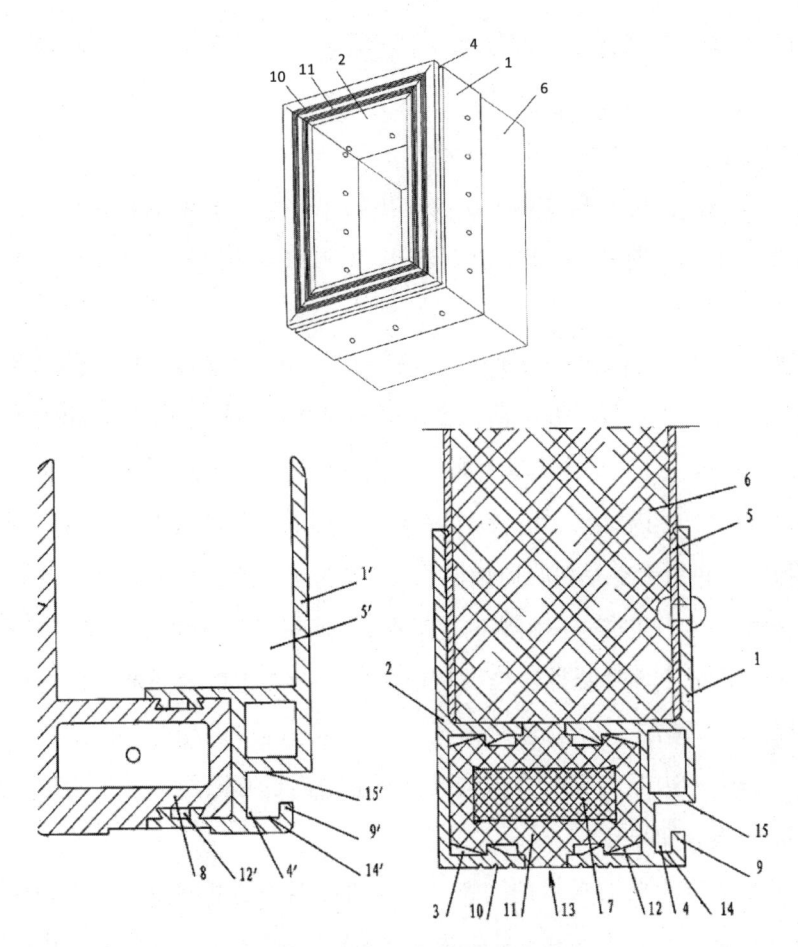

图 3-11 对比文件 1 附图

无效请求人提出无效请求时提供了公告号为 CN101328999A（即评价报告的对比文件 1）的专利公布文本作为证据 1。

专利权人在无效阶段对权利要求 1 进行了修改，增加了技术特征"法兰内壁可以直接卡入法兰外壁"，并将明显笔误"法兰外壁与法兰外壁连接部位以下"修改为"法兰外壁与法兰内壁连接部位以下"，修改后的权利要求 1 如下：

1. 一种无冷桥复合风管卡式法兰型材，由铝合金材料制成的法兰外壁与 PVC 材料制成的法兰内壁组装构成无冷桥连接，其特征在于：法兰外壁上端设有插接槽，插接槽内设有限位卡，法兰外壁与插接槽连接部位设有加强孔，插接槽的上端向外方向设有连接槽；法兰内壁上端设有两个楔形插接榫，两插接榫上设有卡槽；法兰内壁可以直接卡入法兰外壁；法兰外壁与法兰内壁连接部位以下的空隙形成一个卡管槽。

国家知识产权局专利复审委员会作出的无效宣告请求审查决定，在评述权利要求1不具备创造性时只用了证据1（CN101328999A），决定的理由摘录如下：

经查，证据1（CN101328999A）公开了一种复合型防火无冷桥风管用法兰，其中公开了法兰包括采用铝合金制成的四边形的外边框1'（相当于本专利的法兰外壁），外边框内套装有采用工程塑料制成的四边形的内边框2'（相当于本专利的法兰内壁），外边框1'朝里的表面的前部环绕地设有开口朝里的外卡槽12'（相当于本专利的插接槽），内边框朝外的表面的前部环绕地设有采用工程塑料与内边框一体制成的连接板8，连接板8与外卡槽12'插装相连，外边框前端的外表面环绕外边框设有连接槽4'，外边框的后部与内边框的后部之间设有卡管槽5'，卡管槽的槽宽与管道管壁的厚度相等。该法兰的四个边由外边框和内边框组成的型材构成，外卡槽内设有限位卡，外边框与外卡槽连接部位设有加强孔。

将权利要求1所要求保护的技术方案与证据1公开的技术内容相比，两者的区别在于：（1）本专利的法兰内壁由PVC材料制成，而证据1中内边框由工程塑料制成；（2）两者的插接结构不同，本专利法兰内壁上端设有两个楔形插接榫，两插接榫上设有卡槽，而证据1的内边框上端设置的是两个与外边框上的梯形凸起卡合的梯形凹槽。通过上述区别技术特征可以确定本发明实际要解决的技术问题是：制造法兰内壁的材料的选择，以及内边框只能沿着垂直于纸面的方向插入外边框，而不能沿左右方向插入，安装不方便。

关于上述区别技术特征（1），合议组认为：PVC材料和工程塑料均为常见材料，两者的性能和用途均为本领域技术人员所熟知，在证据1公开了内边框由工程塑料制成的情况下，选择PVC材料替换工程塑料来制造法兰内壁对于本领域技术人员而言不需花费创造性劳动，且这种材料替换也并未带来预料不到的技术效果。

关于上述区别技术特征（2），合议组认为：证据1中还公开了另一种插接结构，其中外边框和内边框通过插装板13相连，插装板13的两端分别与外边框的外卡槽12和内边框的内卡槽3插装相连。从证据1附图3可以看到，插装板13两端的上、下部分别设有楔形插接部，楔形插接部上均设有与内、外边框上的限位卡卡合的卡槽，并且基于证据1中公开的这种结构，本领域技术人员能知悉该结构可以实现左右方向的插接，因此，证据1已经给出了可以通过楔形插接部与卡槽的插接接合实现内、外边框左右方向插接的技术启示，虽然证据1中的上述上、下楔形插接部的末端是连接在一起的，而本专利是两个分开的楔形插接榫，但是将卡入卡槽中实现定位的插接榫的插接端设计为分开的自由端是一种常规设计形式，本领域技术人员可以根据实际情况选择使用这种常规设计，并且其技术效果也是可以预料到的，不需要花费创造性劳动。

因此，基于证据1中公开的技术内容获得权利要求1所要求保护的技术方案对于本领域技术人员而言是显而易见的，权利要求1所要求保护的技术方案相对于证据1不具备实质性特点和进步，不符合《专利法》第二十二条第三款有关创造性的规定。

焦点问题

本专利的专利权评价报告与无效决定中使用了相同的对比文件1，对于权利要求1的区别技术特征的认定也完全一致：(1) 法兰内壁是PVC材料；(2) 插接榫的具体结构。不同点在于对上述区别技术特征是否属于公知常识的认定。

专利权评价报告认为区别技术特征（1）已被对比文件2公开，将区别技术特征（2）认定为公知常识。无效宣告审查决定认为区别特征（1）属于公知常识，而对于区别特征（2），则举证对比文件1的另一实施例引入技术启示，在此基础上结合公知常识进行评述。两者的区别在于哪个区别技术特征可以直接认定为公知常识，哪个区别技术特征需要新证据引入技术启示。

案情分析

本专利权利要求 1 相对于对比文件 1（证据 1）的区别技术特征有两个：（1）法兰内壁是 PVC 材料；（2）插接榫的具体结构。由于在对实用新型进行创造性评述时引用的对比文件一般不超过两篇，本案中，上述两个区别技术特征没有同时被另一存在技术启示的对比文件公开，因此不能直接评价权利要求 1 不具备创造性。此时可以考虑引入公知常识来判断权利要求 1 是否具备创造性，即：如果其中一个区别技术特征属于公知常识，而另一个区别技术特征被第二篇对比文件公开且给出了技术启示，则可在这两篇对比文件的基础上结合公知常识评价权利要求 1 的创造性。

本案中，从结构的复杂程度、特征的数量以及对本专利的贡献上来说，区别技术特征（2）较为复杂，特征数量也较多，对本专利的技术贡献也较大；在对比文件 1 已经公开了内边框由工程塑料制成的情况下，区别技术特征（1）选择 PVC 材料替换工程塑料来制造法兰内壁对于本领域技术人员而言属于公知常识。因此，在创造性判断时，对于区别技术特征（1）无须举证，而对于区别技术特征（2）则需要举证引入技术启示，再结合公知常识进行评述。

对比文件 1（证据 1）提供了多个具体实施例，其中一个具体实施例公开了类似于本专利权利要求 1 的插接榫的具体结构，本领域技术人员在此基础上不需要创造性劳动即可获得本专利的插接榫结构，因此在证据 1 的两个具体实施例相结合的基础上再结合公知常识，可以评价权利要求 1 不具备创造性。

创造性分析建议

在对实用新型进行创造性评述时引用的对比文件，一般不超过两项现有技术，若权利要求相对于对比文件 1 存在多个区别技术特征，在评价权利要求的创造性过程中既需要引用另一对比文件（或另一实施例），又需要结合公知常识进行评述时，对于相对简单的、能够认定为很公知的技术特征无须举证，可直接认定为公知常识，对于相对复杂的、作出实质性技术贡献的技术特征，则需要证据引入一定的技术启示，再结合公知常识进行评述。

【案例3-7】 电容式触控板的触控图形结构

案情介绍

本实用新型专利涉及一种电容式触控板的触控图形结构，现有技术中虽然揭露了可用来感测使用者触碰触控面板的功能，但这些先前专利技术大都是采用两个电容感应层，其间以一隔绝材料予以分隔以形成电容效应的结构设计。在采用此类结构设计的触控面板时，虽然都可以达到电容式触控感应的功能，但整个触控面板的结构厚度较厚，不利于轻薄的要求。同时，在实施该传统的电容式触控板结构时，其必须在基板的上下表面形成不同的电容感应层，再以例如基板贯孔、贯孔导电层、电路布线的电路连接工艺将各个相关导电单元予以连接，故在工艺方面较为繁杂。本实用新型提供一种电容式触控板的薄型触控图形结构，以解决现有技术中触控板厚度较厚及工艺复杂的缺陷。

其授权公告文本中权利要求1如下：

1. 一种电容式触控板的触控图形结构，形成在一基板的基板表面上，其特征在于，该触控图形结构包括有：

多个第一轴向导电群组，每一个第一轴向导电群组由多个第一轴向导电单元所组成，各个第一轴向导电单元以第一轴向等距间隔设置在该基板的基板表面，且在相邻的第一轴向导电群组之间与相邻的第一轴向导电单元之间的区域各定义出一个第二轴向导电单元配置区。

多个第一轴向导线，一一地连接于该第一轴向导电群组的多个相邻的第一轴向导电单元之间，以将同一个第一轴向导电群组中的各个第一轴向导电单元予以连接。

多个绝缘覆层，一一地覆设于各个第一轴向导线的表面。

多个第二轴向导电群组，每一个第二轴向导电群组由多个第二轴向导电单元所组成，各个第二轴向导电单元以第二轴向等距间隔设置在该基板的基板表面，且各个第二轴向导电单元——地配置在该第二轴向导电单元配置区。

多个第二轴向导线,——地连接于该第二轴向导电群组的各个相邻的第二轴向导电单元之间,以将同一个第二轴向导电群组中的各个第二轴向导电单元予以连接,且各个第二轴向导线横越过对应的第一轴向导线上的绝缘覆层的表面,其中各个第一轴向导电单元及第二轴向导电单元是以透明的导电材料所制成的。

本专利附图如图 3-12 和图 3-13 所示。

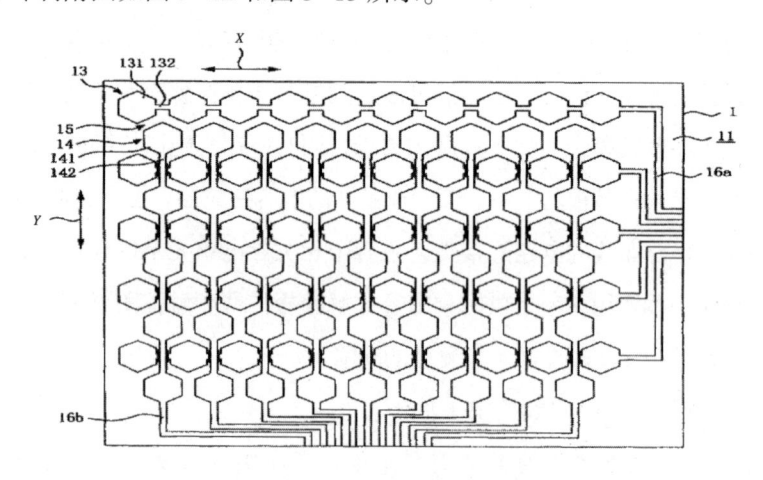

图 3-12 本实用新型平面图

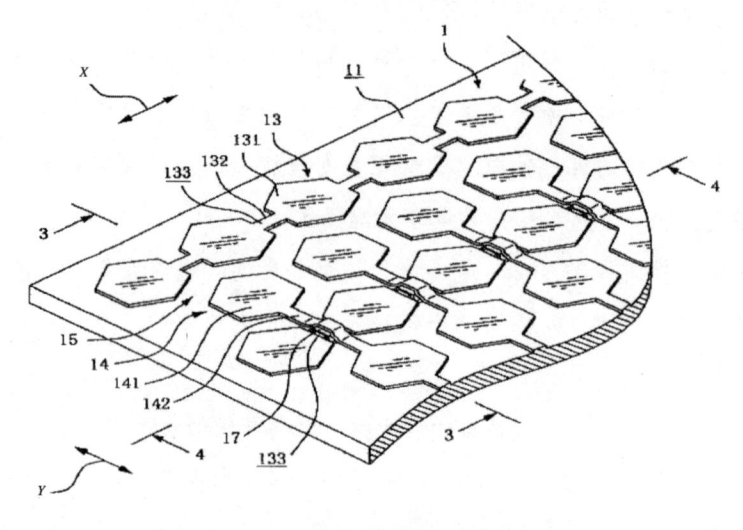

图 3-13 本实用新型局部立体图

对比文件1（US6188391B1）公开了一种双层电容式触控垫，用以解决个人计算机上的四层印制电路的电容触控垫成本较高的问题。对比文件1具体公开了以下技术特征：一种电容式触控垫，包括印制电路板，该印制电路板的上部为第一层，该层上包括有若干水平感应电极与若干垂直感应电极，在水平感应电极与垂直感应电极交会处设有绝缘层，若干水平方向导线连接水平方向感应电极，若干垂直方向导线连接垂直方向感应电极。水平电极是由常规电路印制材料制成的，例如铜。垂直电极由传导油墨制成，例如碳墨。

对比文件1（附图见图3-14）与本实用新型专利相比存在区别技术特征："第一轴向导电单元以及第二轴向导电单元是以透明的材料制成的""第一轴向导线以及第二轴向导线是以透明的材料制成的"，但该特征已被对比文件2（US6137427A）公开：导电元件包括导电电极以及导线，导电元件可以由三氧化二铟制成，而三氧化二铟为制造透明导电单元的导电材料，且在该对比文件中所起的作用与其在本发明中所起的作用相同，均为使其不可见。

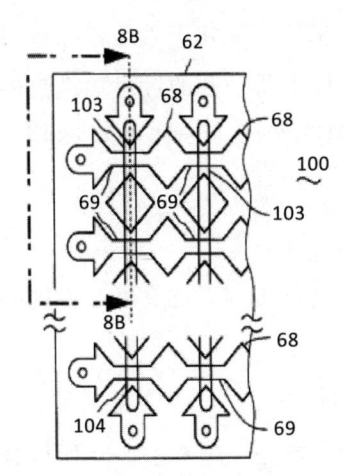

图 3-14 对比文件1结构示意图

焦点问题

对比文件1与对比文件2是否可结合评价本实用新型专利权利要求1的创造性。

案情分析

本实用新型专利涉及一种电容式触控板的触控图形结构,对比文件1涉及一种触控垫指示器件。第一,对本领域技术人员而言,已知的是触控垫与触控板具有不同的用途:触控板又被称为触控面板,是直接贴附在显示器屏幕上的输入装置,为了不影响显示效果,要求触控板为完全透明的;而触控垫则不然,触控垫又被称为触摸板,或触摸鼠标,是笔记本式计算机上的标准配置,由一块能够感应手指运行轨迹的压感板和两个按钮组成,触控垫是非透明的。因此本实用新型专利与对比文件1并不属于相同的技术领域。

第二,对比文件1的改进点在于,采用将丝网印刷碳墨图案和阻焊层将传统触控垫的四层印制电路变为两层,其中水平轴向 X 电极为金属线迹,典型材料为铜,垂直轴向为导电墨,如碳墨。显然,碳墨电极、铜电极、阻焊层都是不透明的材料,不可能用于显示屏上。

第三,触控板对透明度要求极高,以至于不可以认为将对比文件1中的碳墨电极和金属电极替换成透明电极是容易想到的公知常识等。对比文件2虽然公开了触摸屏中可以采用三氧化二铟这样的低可视性导电元件,但本领域技术人员缺乏将对比文件1所公开的针对触摸垫的改良转用于触摸板的动机,也就是说,缺乏将对比文件2与对比文件1进行结合的动机。

第四,触控板与触控垫在器材尺寸、制作工艺、精度要求上也存在区别,因此也不属于相近的技术领域。

基于上述原因,对比文件1与对比文件2不能够结合评价本实用新型专利的创造性。

创造性分析建议

在进行创造性评述时,首先,应考虑本专利与对比文件是否属于同一技术领域,在判断技术领域是否相同时应当结合考虑技术方案的应用范围、适用条件是否相同。其次,将权利要求保护的技术方案作为一个整体进行考虑,而不应将技术方案中的各技术特征与发明目的以及所起到的技术效果等割裂开,而仅进行简单机械的特征对比,应考虑该技术特征在整体技术方案中起到的作用，以及是否有技术启示教导将该技术特征应用在本技术方案中，从而整体把握发明构思，做好创造性的审查工作。

【案例3-8】 具有独立控温的变温子间室的冰箱

案情介绍

本实用新型专利涉及一种具有独立控温的变温子间室的冰箱，现有技术中为了实现冷藏、保鲜、冰温和冷冻等跨越冷藏与冷冻温区的多项功能，需要设置变温子间室。目前，变温子间室通常独立设置或设置在冷冻室之中。如果变温子间室采用独立设置则降低了冰箱容积利用率，如果变温子间室设置在冷冻室中，则其温度会受到冷冻室的严重影响，导致其温度非常难以控制。另外，目前的变温子间室都不具有独立的温度控制功能。

本实用新型提供一种具有独立控温的变温子间室的冰箱，通过变温子间室中对应的传感器和控制阀可对变温子间室进行精确的温度控制，从而从本质上解决了多温区冰箱制冷系统复杂的难题。另外，本实用新型将变温子间室设置在冷藏室中，能够大大地提高冰箱的容积利用率，从而节约成本。

其授权公告文本中权利要求1如下：

1. 一种具有独立控温的变温子间室的冰箱，其特征在于，包括：

冷藏室；

变温子间室，所述变温子间室嵌入在所述冷藏室内；

位于所述冷藏室和变温子间室后侧的出风道和回风道，其中，所述出风道通过第一控制阀与所述冷藏室相通，所述出风道通过第二控制阀与所述变温子间室相通，所述回风道分别与所述冷藏室的回风口和所述变温子间室的回风口相连；

分别位于所述冷藏室和变温子间室内的第一温度传感器和第二温度传感器，用于分别检测所述冷藏室和变温子间室的温度；

控制器，所述控制器与所述第一控制阀、第二控制阀、第一温度传感器和第二温度传感器相连，根据用户对所述冷藏室和所述变温子间室的温度设定值，以及所述第一温度传感器和第二温度传感器的温度检测值调整所述第一控制阀和/或第二控制阀以控制所述冷藏室和/或变温子间室的温度。

本专利附图如图 3-15 和图 3-16 所示。

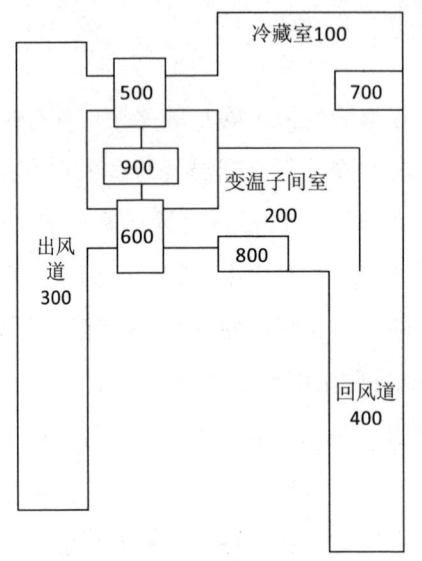

图 3-15 本实用新型示意图　　图 3-16 本实用新型结构图

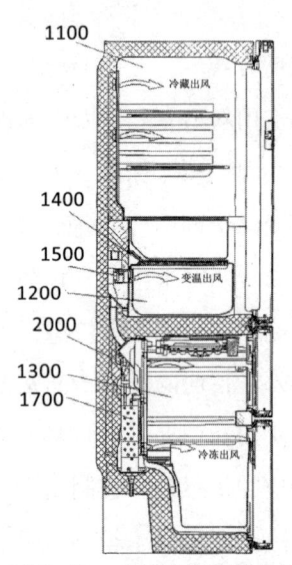

对比文件 1（公告号：CN101413747A，公告日：2009 年 4 月 22 日）涉及一种改进的具有变温室的冰箱，解决的技术问题是：提供一种改进的具有变温室的冰箱，实现一个内部温度可以在较大的范围内变化并且不会在冷冻室侧出现结霜现象的可调节温度的间室，其具体公开了：冰箱，包括冷藏室 3；变温室（相当于本专利的变温子间室），所述变温室嵌入在所述冷藏室 3 内；位于所述冷藏室和变温子间室后侧的进风口（相当于本专利的出风道）和回风口（相当于本专利的回风道），其中，所述进风口通过电动风门 2（相当于本专利的第一控制阀）与所述冷藏室相通，所述进风口通过电动风门 11（相当于本专利的第二控制阀）与所述变温室相通，所述回风口分别与所述冷藏室的回风口和所述变温室的回风口相连；位于所述变温室的温度传感器 4，

用于检测变温子间室的温度；控制部分（相当于本专利的控制器），所述控制部分与所述电动风门 11、温度传感器 4 相连，根据用户对所述变温室的温度设定值，以及所述温度传感器的温度检测值调整所述电动风门 11 以控制所述变温室的温度。

权利要求 1 的技术方案相对于对比文件 1（附图见图 3-17）的区别特征为：控制器还与控制冷藏室温度的第一控制阀相连，且冷藏室内设有用于检测其温度的第一温度传感器，根据用户对冷藏室的温度设定值，以及第一温度传感器的温度检测值调整第一控制阀以控制所述冷藏室的温度。基于上述区别特征可以确定，权利要求 1 相对于对比文件 1 来说实际要解决的技术问题是：控制器、第一控制阀和设于冷藏室内的温度传感器连接形成控制装置，对冷藏室的温度进行控制。而在冰箱的技术领域，在冷藏室内设置温度传感器检测冷藏室的温度，并将其作为调整信号通过控制器控制进风控制阀门的开启来达到控制冷藏室温度的效果是本领域内常用的技术手段，是一种常规选择，不需要付出创造性的劳动；并且这种常规选择也没有带来预料不到的技术效果。因此，在对比文件 1 的基础上结合本领域的常规选择得到权利要求 1 的技术方案，对本领域的技术人员来说是显而易见的，因此，权利要求 1 不具备实质性特点和进步，不具备《专利法》第二十二条第三款所规定的创造性。

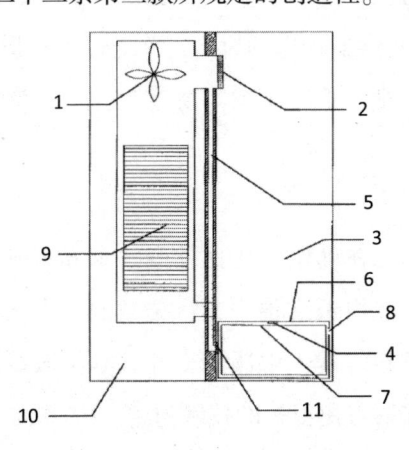

图 3-17 对比文件 1 附图

焦点问题

本案的焦点问题在于如何客观准确地判断采用技术方案所解决的技术问题。

案情分析

根据本专利说明书的记载，本专利所要解决的技术问题是"通过变温子间室中对应的传感器和控制阀可对变温子间室进行精确的温度控制，从而从本质上解决了多温区冰箱制冷系统复杂的难题。另外，将变温子间室设置在冷藏室中，能够大大提高冰箱的容积利用率，从而节约成本"，虽然对比文件1解决的技术问题是"提供一种改进的具有变温室的冰箱，实现一个内部温度可以在较大的范围内变化并且不会在冷冻室侧出现结霜现象的可调节温度的间室"，但本实用新型专利与对比文件1存在的区别技术特征在于控制器还与控制冷藏室温度的第一控制阀相连，且冷藏室内设有用于检测其温度的第一温度传感器，根据用户对冷藏室的温度设定值，以及第一温度传感器的温度检测值调整第一控制阀以控制所述冷藏室的温度。基于上述区别特征可以确定，权利要求1相对于对比文件1来说实际要解决的技术问题是：控制器、第一控制阀和设于冷藏室内的温度传感器连接形成控制装置，对冷藏室的温度进行控制。但由于对比文件1中的技术方案包括"变温室设置在冷藏室内""变温室内设置有温度传感器和电动风门，并通过主控板等实现变温室的温度的精确控制"等技术特征，上述结构本身客观上已经解决了本专利所要解决的技术问题。

创造性分析建议

在创造性的评价中，在确定对比文件中技术方案或技术特征所要解决的技术问题时不应仅限于在申请文件中文字记载的技术问题，还应当考虑其技术方案或技术特征能够在客观上解决的，并且本领域技术人员能够根据该技术方案或技术特征所能够直接得知的技术问题。

【案例 3-9】 水钻磨抛机的间歇摆动机构

案情介绍

本专利涉及一种水钻磨抛机的间歇摆动机构，授权公告文本中权利要求 1 如下：

1. 一种水钻磨抛机的间歇摆动机构，包括有机座、转盘（7）和主轴（6），所述机座上具有上料工位、研磨工位和抛光工位，所述转盘（7）上设有与上述各个工位对应的机械手，所述转盘（7）安装在所述主轴（6）上，其特征在于：该间歇摆动机构上还设有凸轮（3），所述主轴（6）上连接有连杆（4），所述连杆（4）与摆臂（5）连接，所述摆臂（5）的另一端与凸轮（3）的偏心点连接，所述凸轮（3）与动力源连接。

国家知识产权局于 2013 年 7 月 9 日作出的专利权评价报告，其中引用了两篇对比文件（对比文件 1：CN102717317A；对比文件 2：CN202147201U）对本专利权利要求 1 的创造性进行评价。

评价报告中指出：对比文件 1（CN102717317A）是最接近的现有技术，其中公开了一种水钻磨抛机的间歇摆动机构，并公开了如下技术特征：这种水钻磨抛机的间歇摆动机构，包括机座 6、转盘斗、主轴 3，所述机座 6 上具有上料工位 12、冷却工位 13、研磨工位和抛光工位 16，所述转盘斗上设有与上述各个工位对应的机械手 5，所述转盘斗安装在所述主轴 3 上；所述主轴 3 上还固定套接摆臂 2（相当于本专利权利要求 1 中连杆）。

该权利要求 1 的技术方案与对比文件 1 的区别技术特征为：该间歇摆动机构上还设有凸轮，所述连杆与摆臂连接，所述摆臂的另一端与凸轮的偏心点连接，所述凸轮与动力源连接。

该区别技术特征所要解决的技术问题是实现转动平稳和减少回摆。对比文件 2（CN202147201U）公开了一种采用下置凸轮驱动磨块摆动的抛光磨头，其具体公开了一种采用凸轮进行传动打磨的技术手段，从而实现磨块摆动平稳流畅的技术效果；因此，对比文件2给出了将凸轮传动结构应用于对比文件1以解决本专利权利要求1技术问题的技术启示，而采用连杆和摆臂的连接机构属于机械领域的惯用技术手段，因此，在对比文件1的基础上，结合对比文件2和本领域的惯用技术手段的除本专利权利要求保护的技术方案，对于本领域技术人员来说是显而易见的，其不具有实质性特点和进步，不具备《专利法》第二十二条第三款规定的创造性。

评价报告请求人在提出专利权评价报告更正请求时关于涉及技术启示问题进行如下意见陈述：

对比文件2与本专利的虽然均为一种传动机构，但其结构和本专利中的结构不同，本专利中，凸轮的动作是带动转盘做来回摆动的动作，因此，各部位要连接在一起，故不能设置为平面凸轮，而对比文件2是通过平面凸轮的运动轨迹使磨块与瓷砖保持接触，实现抛光的目的，因此，对比文件2中的凸轮所起的作用与本专利中凸轮所起的作用是不同的，二者技术手段不同，并且二者的摆臂和凸轮之间的连接关系不同，本专利中摆臂和凸轮只要保持接触就可以，不用连接。

专利权评价报告复核意见认为：

本专利相关凸轮带动转盘来回摆动的传动方式与对比文件2公开的通过平面凸轮的运动轨迹使磨块与瓷砖保持接触的技术内容不同，对比文件2未给出将其结合于对比文件1以获得本专利权利要求1技术方案的技术启示。

焦点问题

本专利与对比文件1相比，主要区别特征在于通过设置凸轮机构实现摆动机构的间歇摆动，进而实现转动稳定的技术效果，而对比文件2的技术方案中，也采用了凸轮机构，该凸轮机构解决了磨块摆动不稳的技术问题。

本案的焦点问题在于，凸轮机构作为机械技术领域的一种常规技术手段，对于本领域技术人员而言，对比文件2是否给出了将其采用的凸轮机构应用于对比文件1以解决本专利所要解决的技术问题的技术启示。

案情分析

本专利提供了一种水钻磨抛机的间歇摆动机构，现有技术中水钻磨抛机通过转盘的转动来实现各磨抛工位间的转换，转盘的转动通过气缸推动连杆和轴承来实现，但由于转盘转动的惯性作用，转盘容易回摆，使得转动不稳定。本专利采用如下技术手段"间歇摆动机构上还设有凸轮，所述连杆与摆臂连接，所述摆臂的另一端与凸轮的偏心点连接，所述凸轮与动力源连接"，解决了转盘容易回摆的技术问题，使得转动更加稳定，换位更加精确（见图3-18）。本专利中的凸轮机构有如下作用和效果：1）连接动力源和摆臂，达到传动的目的；2）利用凸轮的特性，即偏心转动，将摆臂连接于凸轮的偏心点，进而带动转盘做间歇摆动，达到转动稳定的效果。

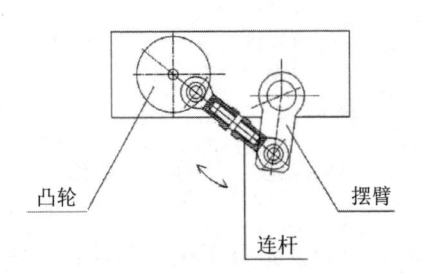

图 3-18 本专利附图

本专利与对比文件1相比，主要区别特征在于将凸轮连接于动力源，进而通过凸轮、连杆和摆臂带动主轴转动，主轴带动转盘转动，由于摆臂连接在凸轮的偏心点上，因而可以带动转盘做间歇摆动，达到转动稳定，换位精确，而且不存在回摆现象的技术效果。

对比文件2公开了一种采用下置凸轮驱动磨块摆动的抛光磨头，其具体公开了如下技术手段：磨块摆动机构组件包括通过旋转轴安装在磨头旋转安装座的磨块安装座、与磨块安装座连接且设有滚轮的连杆机构以及工作端面向上且与滚轮接触的下置承托式凸轮；该下置承托式凸轮具有向上的多波工作端面，该多波工作端面用于驱动滚轮上下运动。所述磨块安装座下面安装有磨块。上述连杆机构包括与磨块安装座固定连接的摆动销柱、用于安装滚轮的滚轮轴及铰接于摆动销柱与滚轮轴之间的连杆。上述下置承托式凸轮转动时，其工作端面带动滚轮上下移动，进而带动连接机构驱动磨块安装座及磨块摆动（见图3-19）。

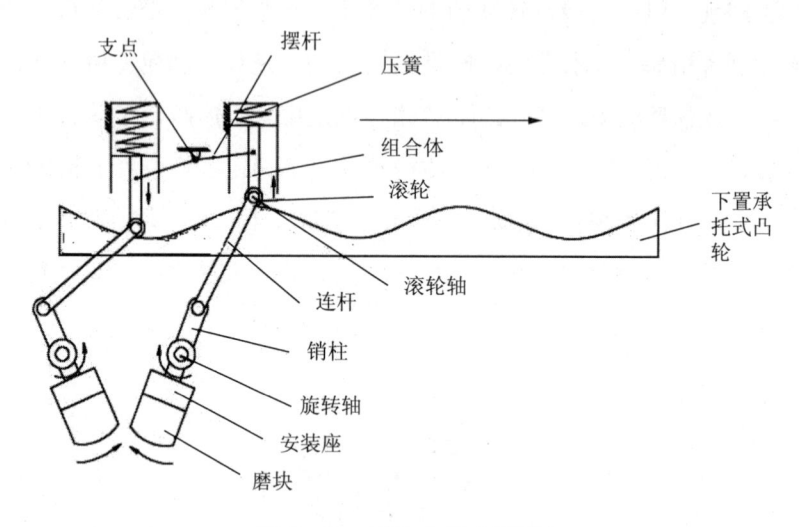

图 3-19　对比文件2附图

可见，在对比文件2中的技术方案中，承托式凸轮在转动的过程中，滚轮沿凸轮的起伏边缘做上下滚动，进而通过连杆和销柱带动磨块摆动，由于凸轮边缘上下起伏的作用，使得磨块摆动平稳流畅，解决现有采用上置凸轮驱动磨块因摆杆间隙而产生的振动问题。

《专利审查指南（2010）》规定，判断要求保护的技术方案对于本领域技术人员而言是否显而易见，要确定现有技术在整体上是否存在某种技术启示，即现有技术中是否给出将上述区别技术特征应用到该最接近现有技术以解决其技术问题的启示。遵从以上判断准则，在判断现有技术是否存在技术启示时，需要遵循整体原则，即对现有技术进行整体考量，具体到本专利，主要应当对需要结合的现有技术进行整体考量，即对比文件2是否给出了技术启示的整体考量。

以下在整体考量的原则基础上，判断对比文件2是否具有结合的技术启示。

运用三步法进行创造性判断：第一步，确定对比文件1为最接近现有技术；第二步，本专利相对于最接近现有技术（对比文件1），二者区别在于本专利采用了凸轮结构，可确定本专利实际要解决的技术问题是解决转动不稳定的问题；第三步，基于整体考量原则判断对比文件2是否存在某种技术启示，给出将上述区别技术特征应用到最接近现有技术以解决其存在的技术问题的启示。

对比文件2公开了一种抛光磨头，与本专利属于同样的技术领域；但经过进一步分析，对比文件2虽然也利用了凸轮机构在旋转过程中具有间隙输出的特性，但本专利与对比文件2相比，具有如下的区别：1）二者凸轮结构不同，本专利为一种偏心凸轮，对比文件2中凸轮为一种下置式承托凸轮，属于盘形凸轮；2）二者作用不同，本专利的偏心凸轮通过机械连接关系起到了传动作用，对比文件2中的承托凸轮没有通过连接进行传动；3）二者达到类似技术效果所采用的技术手段不同，本专利采取将从动部件连接于凸轮偏心点实现间歇平稳输出动力打磨装置转动稳定减少回摆的目的，而对比文件2利用凸轮边缘起伏实现转动稳定的效果。因此，本领域技术人员无法从对比文件2中获知通过将从动部件连接于凸轮偏心点进行打磨达到打磨装置转动平稳减少回摆的技术效果。基于此，本领域技术人员没有动机将对比文件2中的凸轮结构应用于对比文件1而得到本专利的技术方案。可见，不存在将对比文件2结合于对比文件1的技术启示，本专利相对于对比文件1和对比文件2具备创造性。

创造性分析建议

实用新型创造性评述中，对于是否具有结合启示的判断，应当遵循整体原则，从现有技术的技术领域、技术手段、技术手段所要解决的技术问题和实现的技术效果整体进行考量。进一步地，不能将技术手段从现有技术的整体技术方案中割裂出来，认为相同技术手段必然会解决相同技术问题或实现相同技术效果；同样，在现有技术和本专利解决了相同技术问题或实现相同技术效果时，也不能在不考虑二者所采用技术手段的基础上，认为二者具有相同的发明构思理念。

综上，是否存在结合的技术启示，关键在于对现有技术的整体进行判断考量，将技术手段置于整个发明构思的方案中，判断该技术手段在整体发明构思中客观上所实现的技术效果或解决的技术问题是否存在技术启示。

【案例3-10】 铁路敞车车门缝堵漏条

案情介绍

本专利涉及铁路敞车车门缝堵漏条，授权公告文本中权利要求如下：

1. 一种铁路敞车车门缝堵漏条，其特征在于：所述铁路敞车车门缝堵漏条为一长条形状，其横截面为一大头和一小头的组合形状，采用橡塑类材料制作。

2. 根据权利要求1所述的铁路敞车车门缝堵漏条，其特征在于：所述横截面为一锥形和一螺母形组合；也可以为三角形、凸台形或者椭圆形。

3. 根据权利要求2所述的铁路敞车车门缝堵漏条，其特征在于：所述橡塑类材料可以是橡胶、橡塑、聚氨酯或聚氯乙烯中的任意一种。

4. 根据权利要求1所述的铁路敞车车门缝堵漏条，其特征在于：所述铁路敞车车门缝堵漏条长度不小于车门长度或高度。

本专利附图如图3-20、图3-21所示。

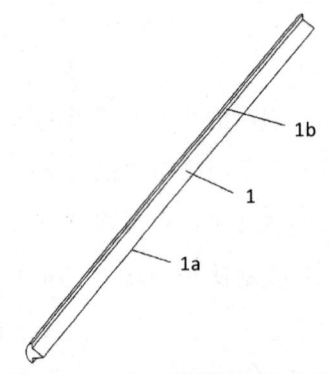

图3-20 本实用新型的立体图 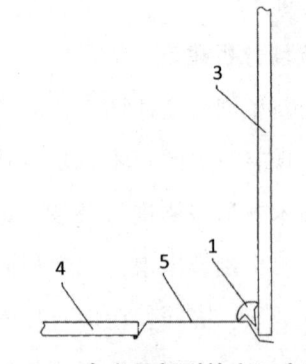   图3-21 本实用新型的实际应用图

1—长条形状 1a—小头 1b—大头 3—车门 4—连接部 5—车厢

国家知识产权局于2013年1月9日作出的专利权评价报告中引用了两篇对比文件（对比文件1：CN201021288Y；对比文件2：JP昭和50-98534U）对上述权利要求的创造性进行评价，具体评述内容摘录如下：

权利要求1保护一种铁路敞车车门缝堵漏条，对比文件1（CN201021288Y）公开了一种铁路敞车车门密封装置，包括密封橡胶管（相当于本实用新型中的铁路敞车车门缝堵漏条），并具体公开了以下技术特征（见图3-22）：该铁路敞车车门的密封橡胶管1为一长条形状，采用橡胶材料（相当于本实用新型中的橡塑类材料）制作。

权利要求1与对比文件1的区别技术特征在于：该堵漏条的横截面为一大头和一小头的组合形状。基于上述区别技术特征，权利要求1相对于对比文件1所要解决的技术问题是：提供一种形状上便于贴合和密封的堵漏条。对比文件2（JP昭和50-98534U）公开了一种堵漏条，并具体公开了以下技术特征（见图3-23）：该堵漏条的横截面为一大头和一小头的组合形状。

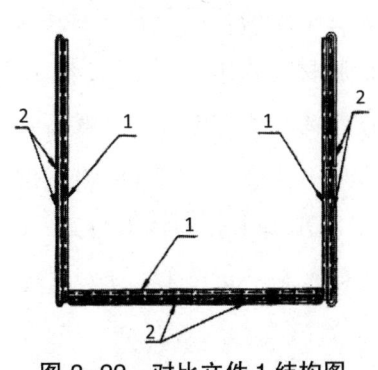

图3-22 对比文件1结构图
1—密封橡胶管 2—U形圆钢

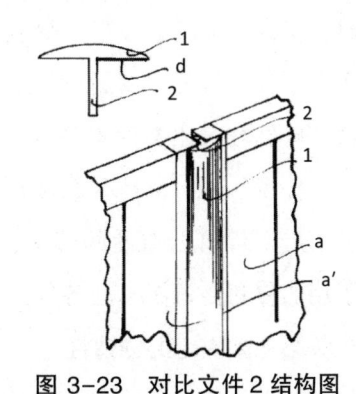

图3-23 对比文件2结构图
1—带状板 2—凸条 d—粘结剂 a、a'—防雨门板

由此可见，上述区别技术特征已经被对比文件2公开，且其在对比文件2中所起的作用与其在本实用新型中为解决其技术问题所起的作用相同，都是为了便于贴合和密封。因此，为了更好地实现贴合和密封，本领域技术人员有动机在对比文件1的基础上结合对比文件2以得出权利要求1所保护的技

方案，即在对比文件1的基础上结合对比文件2得出该权利要求的技术方案对于本领域技术人员来说是显而易见的。因此，权利要求1不具有实质性特点和进步，因而不具备《专利法》第二十二条第三款规定的创造性。

权利要求2是权利要求1的从属权利要求，其附加技术特征是：所述横截面为一锥形和一螺母形组合；也可以为三角形、凸台形或者椭圆形。对比文件2公开了以下技术特征：该堵漏条的横截面为一条形和一螺母形组合。可见，上述附加技术特征的一部分已经被对比文件2公开；并且对于本领域技术人员来说，为了便于安装，本领域技术人员能够想到将条形设置为便于插入的锥形，并不需要付出创造性的劳动，且未能取得预料不到的技术效果。而在对比文件2所给出的堵漏条横截面形状的基础上，本领域技术人员也能够想到设置其形状为三角形、凸台形或者椭圆形，并不需要付出创造性的劳动，且未能取得预料不到的技术效果。因此，当其引用的权利要求1不具备创造性时，权利要求2不具备《专利法》第二十二条第三款规定的创造性。

权利要求3是权利要求2的从属权利要求，其附加技术特征是：所述橡塑类材料可以是橡胶、橡塑、聚氨酯或聚氯乙烯中的任意一种。对比文件1公开了以下技术特征：密封橡胶管1是由橡胶材料制作的。可见，上述附加技术特征已经被对比文件1公开。并且，设置堵漏条为橡塑、聚氨酯或聚氯乙烯中的任意一种，也是本领域技术人员所采用的一种本领域的惯用技术手段，并不需要付出创造性的劳动，且未能取得预料不到的技术效果。因此，当其引用的权利要求2不具备创造性时，权利要求3也不具备《专利法》第二十二条第三款规定的创造性。

权利要求4是权利要求1的从属权利要求，其附加技术特征是：所述铁路敞车车门缝堵漏条长度不小于车门长度或高度。而为了对敞车的车门缝进行更细致、全面的密封，本领域技术人员能够想到设置铁路敞车车门缝堵漏条的长度不小于车门长度或高度，并不需要付出创造性的劳动，且未能取得预料不到的技术效果。因此，当其引用的权利要求1不具备创造性时，权利要求4也不具备《专利法》第二十二条第三款规定的创造性。

2013年3月4日无效宣告请求人对本专利提出无效宣告，并提供了公告号为CN201021288Y（评价报告之对比文件1）、JP昭和50-98534U（评价报告之对比文件2）的专利文献公布文本作为证据1和证据2。

针对该无效宣告请求，国家知识产权局专利复审委员会成立合议组进行审查，并于2013年7月5日作出了维持专利权有效的无效宣告请求审查决定书，并针对无效宣告请求人提供的证据1和证据2对权利要求1~4的创造性进行了评述。决定的理由摘录如下：

经查，证据1公开了一种铁路敞车车门密封装置，在现有铁路敞车车门上增设一套密封装置，主要体现在车门关闭时起密封作用。铁路敞车车门密封装置由形状为U形的圆钢2和密封橡胶管1构成，在U形的圆钢2其中的一个圆钢外部加装密封橡胶管1。铁路敞车车门密封装置加设在敞车侧墙护板及地板上三个部位，将两侧的圆钢2与敞车侧墙护板固定连接，底部的圆钢2与地板连接，使敞车车门关闭时由硬接触变成软接触。当敞车侧墙护板与车门门板局部变形时，橡胶管软接触密封装置仍起密封作用，可以大大减少甚至杜绝由于敞车侧墙护板变形和车门门板变形引起的漏料现象。

由证据1公开的上述内容可知，证据1中的密封装置是由U形圆钢和密封橡胶管1共同构成的，橡胶管1不能单独使用，其套设在U形圆钢2中的一个圆钢外部，在使用时事先将密封装置设置在敞车车门上，在车门关闭时使橡胶管1变形防止门缝的出现，从而起密封作用。而本专利的铁路敞车车门缝堵漏条是在车门关闭出现门缝后塞入车门缝隙从而起到堵漏的作用，因此，合议组认为由于证据1中的橡胶管1对敞车车门的堵漏方式与本专利并不相同，因此证据1中的橡胶管1并不相当于本专利的铁路敞车车门缝堵漏条。

证据2公开了一种挡风雨器具，涉及消除关闭防雨门板、拉窗时产生的间隙，其中在带状板1的板面3上设置有凸条2，如果在防雨门板e的端面安装挡风雨条器具，而在该挡风雨条器具设置有凸条2的任意一个板面3上预先涂布有粘结剂d，使得在关闭防雨门板时凸条2加入到防雨门板a和a′的端面，则在扣上防雨门板时防止灰尘、风雨等进入房屋内。

由证据2公开的内容可知：首先，证据2的挡风雨器具用于房屋门窗的密封，并非用于铁路敞车车门的堵漏。其次，证据2的挡风雨器具是通过粘结剂预先粘结在门窗上的，在关闭门窗时防止缝隙的出现从而实现密封，而并非在形成缝隙之后再插入到缝隙中进行堵漏，虽然请求人强调证据2的权利要求1没有限定具有粘结剂，因此证据2也可在门窗形成缝隙后直接插入缝隙进行堵漏，但合议组认为，证据2的说明书中仅记载了挡风雨器具通过粘结剂安装在门窗上，在关闭门窗后利用消除缝隙进行密封的技术方案，从证据2的中文译文所记载的内容中并不能直接、毫无疑义地得出证据2的挡风雨器具在门窗形成缝隙后直接插入缝隙进行堵漏的技术方案，因此证据2的挡风雨器具虽然具有一大头（即带状板1）和一小头（即凸条2）的形状，但其并不相当于本专利的铁路敞车车门缝堵漏条。

由此可见，证据1、2所涉及的产品其工作原理均与本专利不同，证据1、2均没有公开本专利的铁路敞车车门缝堵漏条，证据1、2之间也不存在相互结合从而获得本专利权利要求1技术方案的技术启示，因此权利要求1相对于证据1、2的结合具有实质性的特点和进步，具备《专利法》第二十二条第三款规定的创造性。

由于独立权利要求1具备创造性，因此其从属权利要求2~4同样具备《专利法》第二十二条第三款规定的创造性。

无效请求人不服专利复审委员会作出维持专利权有效的上述决定，遂向北京市第一中级人民法院提起诉讼，请求撤销该决定。

北京市第一中级人民法院审理认为，将本专利权利要求1与证据1相比，其区别技术特征仅在于堵漏条的横截面为一头大一头小的组合形状。该区别技术特征已经被证据2公开，本领域技术人员无须付出创造性劳动即可结合证据1和证据2以实现本专利权利要求1所要求保护的技术方案，故本专利权利要求1相对于证据1和证据2的结合不具备《专利法》第二十二条第三款规定的创造性。在此基础上，鉴于专利复审委员会认定本专利从属权利要求2~4具备创造性的前提是本专利权利要求1具备创造性，而法院已认定本专利权利要求1不具备创造性，故专利复审委员会应当就本专利权利要求2~4是否具备创造性重新予以评述。综上，专利复审委员会作出的无效决定认定事实错误，适用法律错误，依法予以撤销。

针对该判决，专利权人不服，并向北京市高级人民法院提起上诉，请求撤销北京市第一中级人民法院判决并维持专利复审委所作出的无效宣告决定。专利权人主要上诉理由为：北京市第一中级人民法院对本专利权利要求1相对于证据1的区别技术特征认定错误，本专利权利要求1所述铁路敞车车门缝堵漏为一长条形状且采用橡塑类材料制作，该技术内容构成本专利权利要求1相对于证据1的区别技术特征；本专利具有创造性。

北京市高级人民法院审理认为，证据1公开了一种铁路敞车车门密封装置，该密封装置由形状为U形的圆钢和密封橡胶管构成，其中的"U形"即相当于本专利权利要求1所述的"长条形状"，并且其已经公开了本专利权利要求1中记载的"橡塑类材料"。因此，专利权人关于原审法院对本专利权利要求1相对于证据1的区别技术特征认定错误的上诉理由缺乏事实依据，本院不予支持。将本专利权利要求1与证据1相比，二者区别仅在于本专利权利要求1还限定了堵漏条的横截面为一头大一头小的组合形状。证据2中挡风雨器具的横截面也是一头大一头小的组合形状，也是为了便于贴合和密封，因此证据2公开了前述区别技术特征，本领域技术人员无须付出创造性劳动即可结合证据1和证据2并得到本专利权利要求1所要求保护的技术方案。因此，原审法院认定本专利权利要求1不具备创造性是恰当的，同时鉴于专利复审委员会认定本专利从属权利要求2~4具备创造性的前提是本专利权利要求1具备创造性，故在法院认定权利要求1不具备创造性的基础上，原审法院判决专利复审委员会重新审查本专利权利要求2~4是否具备创造性是恰当的。专利权人有关本专利具有创造性的上诉理由缺乏依据，本院不予支持。

据此，北京市高级人民法院作出终审判决：本专利权利要求1不具备创造性，专利复审委员会应当就本专利权利要求2~4是否具备创造性重新予以评述。

根据北京市最高人民法院的终审判决，专利复审委员会认同国家知识产权局 2013 年 1 月 9 日作出的专利权评价报告，重新作出了宣告本专利权利要求 1~4 全部不具备创造性的无效宣告请求决定书。

焦点问题

对于结构相同但技术领域和工作原理不同的技术特征，能否认定给出了解决相应技术问题的技术启示，并用于评述实用新型的创造性。

案情分析

本专利的专利权评价报告、无效宣告请求审查决定以及法院判决中使用了相同的对比文件（证据），但对于权利要求 1 相对于对比文件 1 的区别技术特征的认定以及对比文件 2 是否公开了该区别技术特征三者意见不完全一致。

专利权评价报告和法院判决意见是一致的，都认为权利要求 1 相对于对比文件 1 的区别技术特征是"堵漏条的横截面为一大头和一小头的组合形状"，且对比文件 2 公开了该区别技术特征，本领域技术人员无须付出创造性劳动即可结合对比文件 1 和对比文件 2 并得到本专利权利要求 1 所要求保护的技术方案。无效宣告请求审查决定与专利权评价报告和法院判决意见不同，认为对比文件 1 和 2 所涉及的产品虽然具有相同的结构，但由于技术领域和工作原理均与本专利不同，因此均没有公开本专利的铁路敞车车门缝堵漏条，对比文件 1 和 2 之间也不存在相互结合从而获得本专利权利要求 1 技术方案的技术启示。

本案中，权利要求 1 相对于对比文件 1 存在区别技术特征：堵漏条的横截面为一大头和一小头的组合形状，对比文件 2 公开了与本专利权利要求 1 中堵漏条具有相同的形状"一大头和一小头"的挡风雨器具，虽然该挡风雨器具用于房屋门窗的密封，且通过粘结剂预先粘结在门窗上，在关闭门窗时防止缝隙的出现从而实现密封，并非用于铁路敞车通过直接插入车门缝隙进行堵漏，但本领域的技术人员在面对对比文件 1 中解决铁路敞车车门密封堵漏的技术问题时，有动机将对比文件 2 中可起到相同堵漏密封效果的挡风雨器具应用到对比文件 1 中，改进最接近的现有技术对比文件 1，从而得到本专利的技术方案。即现有技术给出了将对比文件1和对比文件2相结合得到本专利权利要求1技术方案的技术启示。因此，权利要求1相对于对比文件1和2不具备创造性。

创造性分析建议

判断发明或实用新型对本领域的技术人员来说是否显而易见，要确定的是现有技术整体上是否存在某种技术启示，即现有技术中是否给出将该发明或者实用新型的区别技术特征应用到最接近的现有技术以解决其存在的技术问题的启示，这种启示会使本领域的技术人员在面对相应的技术问题时，有动机改进最接近的现有技术并获得该发明或者实用新型专利技术。当上述区别技术特征为公知常识或为与最接近的现有技术相关的技术手段，或者为另一份对比文件披露的相关技术手段，且该技术手段在该对比文件中所起的作用与该区别技术特征在要求保护的发明或者实用新型中为解决相关技术问题所起的作用相同时，通常可以认定存在相应的技术启示。

【案例3-11】 饺子机的脱模装置

案情介绍

本专利涉及一种饺子机的脱模装置，授权公告文本中权利要求1如下：

1. 一种饺子机的脱模装置，包括拨料盘（1），其特征是：还包括支撑套（2）和轴承（3），拨料盘（1）、支撑套（2）和轴承（3）同轴，轴承（3）的内圈套在支撑套（2）上并与支撑套（2）过盈配合，轴承（3）的外圈嵌在拨料盘（1）内并与拨料盘（1）过盈配合，拨料盘（1）外缘均布有顶齿。

本专利附图如图3-24所示。

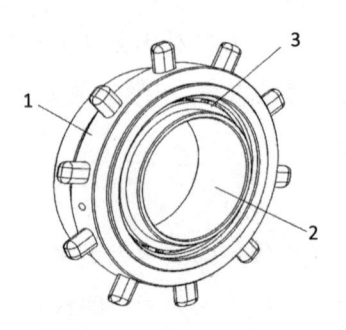

图 3-24　本专利附图

国家知识产权局作出的专利权评价报告中列出了 CN201557496U、CN201085003Y、GB349068A 等多篇 A 类对比文件，并且引用了对比文件 1（CN201557496U）对上述权利要求 1 的具备创造性进行评价，具体评述内容摘录如下：

对比文件 1（CN201557496U）公开了一种自动碾切辊的燕饺包馅机，其中，该燕饺包馅机的脱模结构如下：输送带 3 的一端边缘处安装有上下排列的一对碾切辊 7，碾切辊通过转轴带动旋转，所述一碾切辊外圆周上设有内凹三角形模具一 71，另一碾切辊外圆周上设有内凹三角形模具二 72，并在碾切辊的内部安装有顶料凸轮 721 和顶料杆 722，在顶料杆 722 的顶端还安装有弹簧 723，所述内凹三角形模具一 71 及内凹三角形模具二 72 相对应设置；使用时，将轧制好的燕饺皮上下两张呈长带状置于输送带 3 上，并进入输送带 3 上的中槽（图中未示）向前输送，在两张燕饺皮中间注入馅料，前进到一对碾切辊 7 上的内凹三角形模具一 71 和内凹三角形模具二 72 上，其中内凹三角形模具一 71 和内凹三角形模具二 72 由顶料凸轮 721 带动，分别做间歇运动，经模具切压成形后，由顶料杆 722 间歇将成形后的燕饺顶出模具外，并滑落至斜坡式出口 9。

对比文件 1 附图如图 3-25 所示。

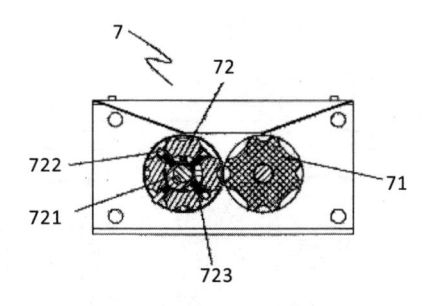

图 3-25　对比文件 1 附图

权利要求 1 的技术方案与对比文件 1 的区别技术特征在于：脱模装置包括拨料盘、支撑套和轴承，拨料盘、支撑套和轴承同轴，轴承的内圈套在支撑套上并与支撑套过盈配合，轴承的外圈嵌在拨料盘内并与拨料盘过盈配合，拨料盘外缘均布有顶齿。上述区别特征也没有被其他现有技术所公开，也不属于本领域的公知常识，又不能从现有技术中得到启示而得出，而采用这些特征解决了现有技术中饺子脱模装置传动复杂、装配麻烦的技术问题，实现了直接由模具带动脱模动作，不再需要专用的脱模传动机构，从而得到简化结构、降低加工成本、安装和清理方便的技术效果，因此权利要求 1 具有实质性特点和进步，具备《专利法》第二十二条第三款规定的创造性。

本专利具有同日发明申请，评价其创造性时则采用了评价报告中出现的 A 类对比文件，即对比文件 2（CN201085003Y）、对比文件 3（GB349068A）评述了权利要求 1 不具备创造性。具体评述如下：

权利要求 1 要求保护一种饺子机的脱模装置。对比文件 2（CN201085003Y）公开了一种饺子机的脱模装置，并具体公开了以下技术特征：该脱模装置包括光模顶出块 17，还包括光模小轴 9 和轴承，光模顶出块 17、光模小轴 9 和轴承同轴，轴承内圈套在光模小轴 9 上。

对比文件 2 附图如图 3-26 所示。

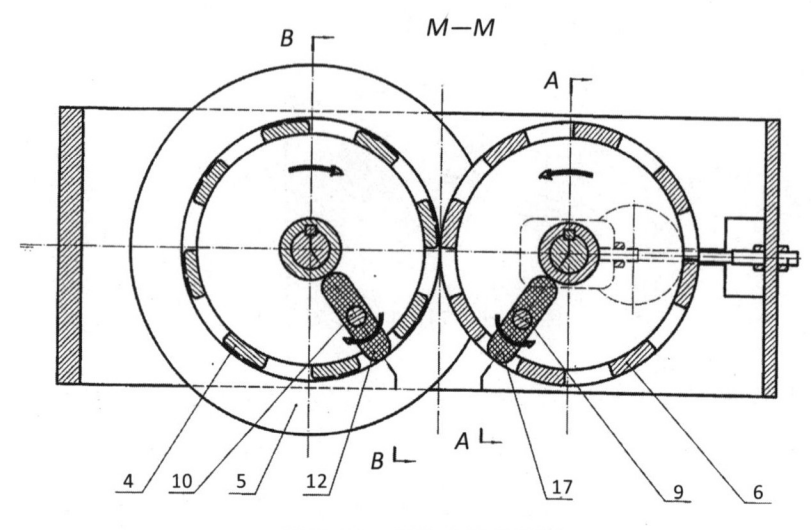

图 3-26　对比文件 2 附图

对比可见，权利要求 1 相对于对比文件 2 的区别技术特征是：①权利要求 1 中的脱模装置包括拨料盘，拨料盘外缘均布有顶齿；②轴承的内圈固定在支撑套上，轴承的外圈嵌在拨料盘内；轴承的内圈与支撑套过盈配合，轴承的外圈与拨料盘过盈配合。由此可见，权利要求 1 要求保护的技术方案实际解决的技术问题是：如何使脱模装置的零件同轴及固定脱模装置。

对比文件 3（GB349068A）公开了一种面团脱模装置，并具体公开了以下技术特征：该脱模装置包括凸轮 31（即本申请中的拨料盘）和均布的活塞 37（即本申请中的顶齿）。且该技术特征在对比文件 3 中的作用与其在本发明中为解决其技术问题所起的作用相同，都是为了顶出型腔中的食品。本领域技术人员根据设备的结构，为了简化脱模装置，可以容易地使顶齿均布在拨料盘上（对应于区别技术特征①）。

对比文件 3 附图如图 3-27 所示。

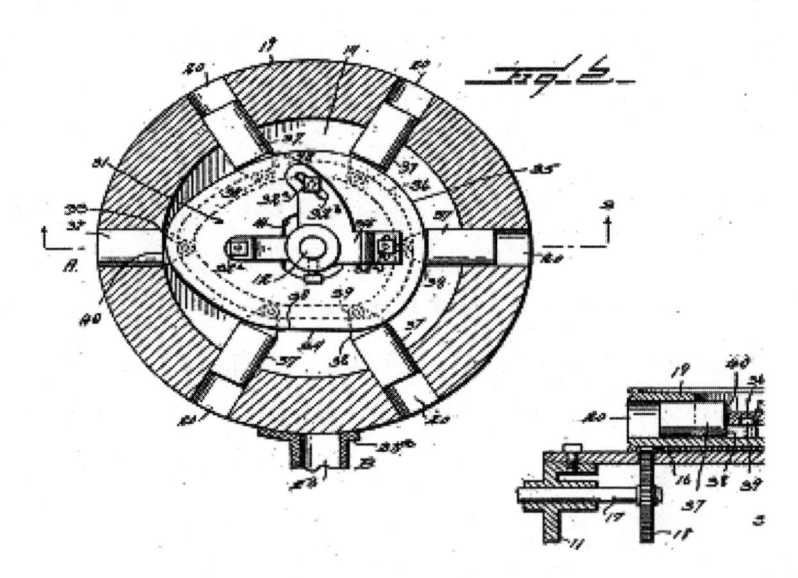

图 3-27　对比文件 3 附图

对比文件 2 公开了轴承内圈套在光模小轴上，在此基础上，本领域技术人员为了将脱模装置固定在墙板上，可以容易地将光模小轴设置成支撑套，并使轴承内圈套在支撑套上，并可预期其技术效果。而将轴承的外圈嵌在拨料盘内，是本领域技术人员为了使拨料盘与支撑套同轴的同时又能够转动而自然会采用的常规技术手段。将轴承的内圈与支撑套过盈配合，轴承的外圈与拨料盘过盈配合，是本领域技术人员在配合时的常规技术手段（对应于区别技术特征②）。

由此可以认为现有技术中存在上述启示，这种启示会使本领域技术人员在面对上述技术问题时，有动机在对比文件 2 的基础上结合对比文件 3 以及所述领域的常规技术手段得到权利要求 1 要求保护的技术方案，因此，权利要求 1 要求保护的技术方案相对于现有技术是显而易见的，不具有突出的实质性特点和显著的进步，因而不具备创造性，不符合《专利法》第二十二条第三款的规定。

焦点问题

本专利评价报告和同日发明申请均列出了对比文件 CN201557496U、

CN201085003Y、GB349068A，但专利评价报告将其均列为 A 类对比文件，同日发明申请则将对比文件 CN201085003Y、GB349068A 作为 Y 类对比文件。本专利评价报告选取了对比文件 1（CN201557496U）作为最接近现有技术的对比文件，而同日发明申请则选取了对比文件 2（CN201085003Y），虽然二者选取的作为最接近现有技术的对比文件不同，但对于权利要求 1 与现有技术的区别的认定一致，即：①脱模装置包括拨料盘，拨料盘外缘均布有顶齿；②轴承的内圈固定在支撑套上，轴承的外圈嵌在拨料盘内；轴承的内圈与支撑套过盈配合，轴承的外圈与拨料盘过盈配合。评述的不同点在于，本专利评价报告认为对比文件 1 不存在与其他对比文件结合的动机，而同日发明申请则在对比文件 2 基础上结合对比文件 3，给出了权利要求 1 不具备创造性的审查意见。

案情分析

本案中，权利要求 1 要求保护一种饺子机的脱模装置。同日发明申请的评述认为，作为最接近的现有技术，对比文件 2（CN201085003Y）公开了一种饺子机的脱模装置，其所采用的技术手段主要为：光模顶出块 17、光模小轴 9 和轴承同轴，以及轴承内圈套在光模小轴 9 上，权利要求 1 相对于对比文件 2 的区别技术特征是：（1）权利要求 1 中的脱模装置包括拨料盘，拨料盘外缘均布有顶齿；（2）轴承的内圈固定在支撑套上，轴承的外圈嵌在拨料盘内；轴承的内圈与支撑套过盈配合，轴承的外圈与拨料盘过盈配合。

针对上述区别技术特征（1），本领域技术人员在对比文件 2 的基础上，首先，需根据不同设备的结构以及顶出腔内食品的技术构思，对脱模装置进行简化和改进，才能得出顶齿均布在拨料盘上的脱模结构；其次，对比文件 1（CN201557496U）公开了一种自动碾切辊的燕饺包馅机，对比文件 3（GB349068A）公开了一种面团脱模装置，对比文件 1 和对比文件 3 的技术方案与本实用新型专利均差异较大，但有类似的技术构思，即同样为了顶出型腔中的食品，对比文件 1 中公开了包括顶料凸轮 721、顶料杆的脱模结构，对比文件 3 中公开了凸轮 31 和均布的活塞 37 的脱模结构，对比文件 1 和对比文件 3 公开的脱膜结构均与本专利申请的脱模结构类似，因此本领域技术人员就区别技术特征（1）而言，需要在对比文件2以及本领域常规技术手段的基础上，进一步结合对比文件1或对比文件3，得出拨料盘上均布顶齿的脱模结构。

针对区别技术特征（2），对比文件2仅公开了轴承内圈套在光模小轴上，本领域技术人员还需根据其技术能力，进行如下几个步骤：考虑到为了方便将脱模装置固定在墙板上，首先，将光模小轴设置成支撑套，并使轴承内圈套在支撑套上；其次，根据本领域常规技术手段，同时将轴承的内圈与支撑套过盈配合，轴承的外圈与拨料盘过盈配合。

由此可见，在对比文件2的基础上，即使引入了另一篇对比文件，仍需多次结合根据本领域技术人员能力或公知常识，方能得出权利要求1的技术方案。

创造性分析建议

实用新型创造性定义为"实质性特点和进步"，其与发明专利创造性的高度不同，评述实用新型的创造性时，如果权利要求相对于最接近对比文件存在多个区别技术特征，使得本领域技术人员需在其技术能力基础上，引入另一对比文件之后还需多次结合公知常识才能得出其技术方案，则不应轻易得出权利要求不具备创造性的结论。

【案例3-12】 用于汽车的可个性定制图案无损加装的迎宾灯

案情介绍

本专利涉及一种用于汽车的可个性定制图案无损加装的迎宾灯，授权公告文本中权利要求1如下：

1. 一种用于汽车的可个性定制图案无损加装的迎宾灯，其特征在于：包括一个灯筒（1）以及设置在灯筒（1）内能够插拔更换的图案投影组件（2）。

本专利附图如图3-28所示。

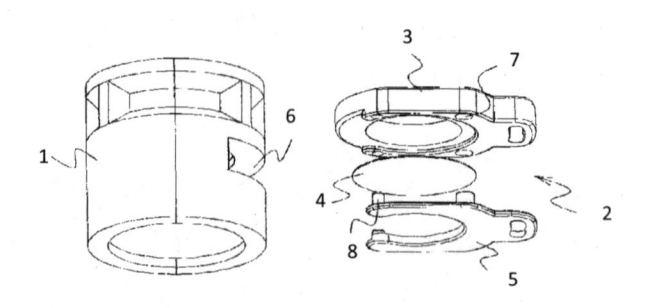

图 3-28 本专利附图

国家知识产权局作出的专利权评价报告中引用了两篇对比文件（对比文件1：CN201983155U；对比文件2：CN202196261U）对上述权利要求1的创造性进行评价，具体评述内容摘录如下：

专利权利要求1保护一种用于汽车的可个性定制图案无损加装的迎宾灯，对比文件1（CN201983155U）公开了一种车用迎宾投影灯，并具体公开了：该迎宾投影灯包括投影模块12，其中投影模块12包括座体125（即灯筒），图案单元124（即灯筒内设置的图案投影组件）可以为图案胶片，可于其上印刷一图形Logo、文字或两者的组合（即可个性定制图案）。

对比文件1附图如图3-29所示。

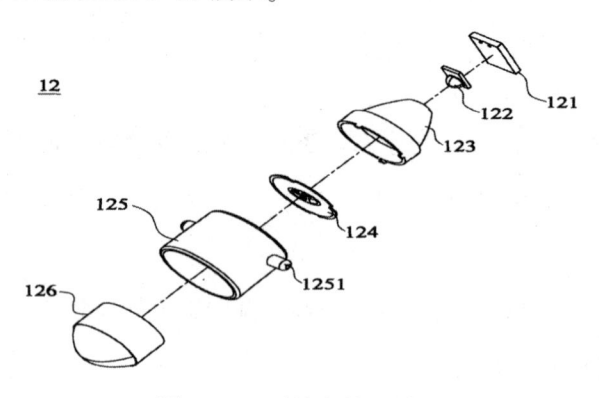

图 3-29 对比文件1附图

该权利要求1与对比文件1相比的区别在于：图案投影组件能够插拔更换，实现无损加装。而对比文件1中没有上述设置，仅通过将图案单元124

(其可以是图案胶片）直接固定在灯筒内，不能够方便地更换图案。

针对上述区别技术特征，对比文件2（CN202196261U）公开了一种投影机，并具体公开了一种能够方便更换投影图案的结构：其根据不同的投影卡上幻灯片的图像不同，能够投影不同的图像；投影卡3上设有幻灯片31，在投影卡插入外壳2（即灯筒）上的插卡口21时，投射影像。由上述说明，本领域技术人员能够确定，对比文件2中正是通过设置在外壳2（即灯筒）内能够插拔更换的投影卡（即图案投影组件）来实现更换投影图案功能的。

对比文件2附图如图3-30所示。

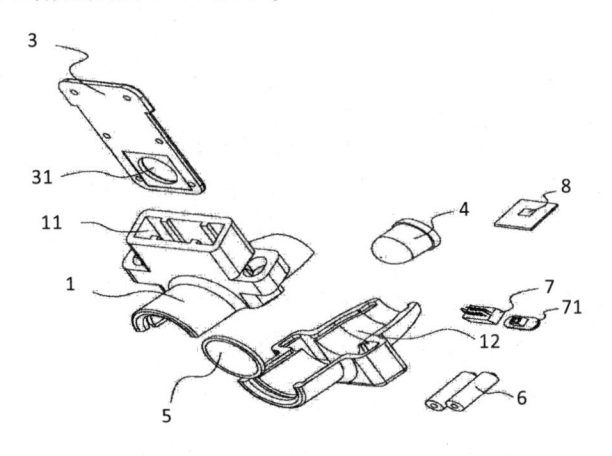

图 3-30　对比文件 2 附图

由此可见，区别技术特征中的上述特征已经被对比文件2公开，且这些特征在对比文件2中所起的作用与其在该权利要求中所起的作用相同，都是提供一种方便更换投影图案的机构，即对比文件2给出了将上述特征用于对比文件1时解决问题的启示，当本领域技术人员需要更换投影的图案时，在对比文件2的启示下，很容易想到在座体125上设置能够插拔更换的图案投影组件来代替图案单元124，从而实现无损加装。由此可见，在对比文件1的基础上结合对比文件2得出该权利要求所保护的技术方案，对本领域的技术人员来说是显而易见的，因此该权利要求所保护的技术方案不具有实质性特点和进步，因而不具备创造性。

无效请求人提出无效请求时提供了公告号为 CN201983155U、CN202196261U（即分别为评价报告之对比文件 1 和 2）的专利公告文本作为证据认定权利要求 1 不具备创造性。

国家知识产权局专利复审委员会作出的无效宣告请求审查决定摘录如下：

本专利权利要求 1 请求保护一种用于汽车的可个性定制图案无损加装的迎宾灯，对比文件 1 公开了一种车用迎宾投影灯，二者同属于车用迎宾灯技术领域。对比文件 1 公开了如下技术内容：该车用迎宾灯 1 包括一外壳体 11、一投影模块 12、一光源模块 13、一分隔片体 14 及一灯罩 15，其中投影模块 12 设置在外壳体 11 的内侧，并具有一个第一电路基板 121、一个第一发光单元 122、一个第一透镜单元 123、一图案单元 124、一座体 125 及一个第二透镜单元 126，第一透镜单元 123 设于该第一电路基板 121 与该座体 125 之间，图案单元 124 设于该第一透镜单元 123 及该座体 125 之间，该座体 125 为一空心圆柱体，该第二透镜单元 123 则装设于该座体 125 的另一侧。

基于对比文件 1 公开的上述内容可知，其投影模块 12 中的座体 125 相当于本专利权利要求 1 中的筒体。但是在对比文件 1 中无论图案单元 124 还是图案单元与投影模块的组合，都不涉及插拔更换的技术问题，对比文件 1 仅用于解决投影个性定制图案的问题，如投影车种的 1090。因此，本专利权利要求 1 与对比文件 1 公开的内容相比，其区别技术特征至少包括：该图案投影组件能够插拔更换。

对比文件 2 公开了一种便携投影机，并具体公开了如下技术内容：该便携投影机主要包括主机体 1、外壳 2 及投影卡 3，其中主机体 1 设置于外壳 2 内，主机体 1 上设置有插装投影卡 3 的插卡槽 11 及与该插卡槽 11 相互交叉的光线通道 12，所述投影卡 3 上设有幻灯片 31；在投影卡 3 插入插卡槽 11 时，所述幻灯片 31 位于光线通道 12 上，光线会经过幻灯片 31，投射出幻灯片 31 上的影像，并经主机体 1 上的透镜 5 放大后射到外界的墙壁、地面或其他投射位置，产生幻灯片 31 上的影像。

合议组认为：首先，对比文件 2 是一种幻灯片投影机，对于这种投影机而言，幻灯片的切换属于其固有属性，是其本身必须具备的功能；而对比文件1是迎宾投影灯，其虽然也通过投影的方式形成某种图案，但使用过程中并不必须对所投影的图像胶片进行切换，可见，二者适用的领域不同，在对比文件1并不涉及更换图案单元的情况下，本领域技术人员仅基于对比文件2公开的固有功能所需要的插拔结构，不能得到技术启示对不必须进行投影图像胶片切换的投影灯结构进行改进。其次，就结构方面而言，对比文件1中的投影模块12的整体结构并非可插拔的设计，其透镜单元、图案单元124与座体125在使用中需组合固定在一起，而对比文件2的结构与对比文件1差异较大，所以仅获知对比文件2中"可插拔更换"的构思，在不付出创造性的劳动对其结构进行改变的情况下，本领域技术人员无法得到可实用的能够插拔更换图案投影组件的车用迎宾投影灯。因此，对比文件1和2之间并不存在结合的技术启示。对于请求人的上述意见，合议组不予支持，本专利权利要求1相对于对比文件1和对比文件2的结合具备创造性，符合《专利法》第二十二条第三款的规定。

焦点问题

本专利的专利权评价报告与无效决定中使用了相同的对比文件，对于权利要求1的区别技术特征的认定也完全一致，问题在于：对比文件2是否给出将区别技术特征应用到该最接近的对比文件1以解决其存在的技术问题的启示。

案情分析

专利权评价报告认为对比文件2公开的技术方案与本专利保护的技术方案属于相近的技术领域，并且给出了将区别技术特征应用到最接近的对比文件1以解决其存在的技术问题的启示，可以与对比文件1结合评价其创造性。无效宣告审查决定认为从对比文件2仅获知了"可插拔更换"的构思，在不付出创造性的劳动对其结构进行改变的情况下，本领域技术人员无法得到可实用的能够插拔更换图案投影组件的车用迎宾投影灯，对比文件1和2之间并不存在结合的技术启示。

本案中，权利要求1相对于对比文件1存在区别技术特征：图案投影组

实用新型专利权评价报告案例评析：创造性评价

件能够插拔更换。首先，对比文件2是一种幻灯片投影机，而对比文件1是迎宾投影灯，虽然都是通过投影的方式形成某种图案，但使用过程中，幻灯机必然存在对所投影的图像胶片进行切换的功能，而迎宾投影灯并非如此，可见，二者适用的技术领域有所不同；其次，对比文件1公开了投影模块整体结构并非可插拔的设计，其透镜单元、图案单元124与座体125在使用中需组合固定在一起，并不涉及更换图案单元，而对比文件2的幻灯机结构与对比文件1的投影模块结构差异较大，且仅给出了幻灯机投影具备插拔结构这一固有功能的技术构思，在此情况下，本领域技术人员仅基于对比文件2公开的固有功能所需要的插拔结构，不能得到技术启示对不必须进行投影图像胶片切换的投影灯结构进行改进。因此，在创造性判断时，专利权评价报告采用对比文件2来结合来判断区别技术特征不具备创造性，显然是不妥的。

创造性分析建议

为了判断对比文件是否给出了技术启示，需要考察对比文件的技术领域、公开的技术手段以及该技术手段在整体技术方案中所起的作用，仅在获得部分技术特征的发明构思的情况下，并不存在结合的技术启示。

【案例3-13】 矸石充填支护支架

案情介绍

本专利涉及一种矸石充填支护支架，授权公告文本中权利要求1和2如下：

1. 一种矸石充填支护支架，包括护帮、顶梁、立柱、四杆机构、底座、刮板运输机和夯实机构，护帮铰接于顶梁前端，护帮与顶梁之间铰接有护帮千斤顶，底座上铰接有前连杆和后连杆，上连杆的上端铰接于顶梁上，上连杆、前连杆、后连杆和底座互相铰接构成四连杆机构，其特征在于：该液压支架还设有后顶梁，后顶梁前端、顶梁后端和上连杆上端通过一个销轴铰接在一起，后顶梁中部与底座之间设有后立柱，在后顶梁后部设有沿前后方向的滑槽，该滑槽中设有后溜，后溜下方悬挂有刮板运输机，后溜与后顶梁之间设有后溜千斤顶，底座后端铰接有挡矸座，所述夯实机构铰接于挡矸座上。

2. 如权利要求1所述的矸石充填支护支架，其特征在于：所述夯实机构包括铰接于挡矸座上的上摆动夯实机构和下摆动夯实机构，上摆动夯实机构设于下摆动夯实机构上方，上摆动夯实机构包括上摆梁、套设于上摆梁内的上摆动夯矸梁、上摆梁千斤顶和上摆动夯矸梁千斤顶，上摆梁千斤顶铰接于上摆梁与挡矸座之间，上摆动夯矸梁千斤顶铰接于上摆梁和上摆动夯矸梁之间，下摆动夯实机构包括下摆梁、套设于下摆梁内的下摆动夯矸梁、下摆梁千斤顶和下摆动夯矸梁千斤顶，下摆梁千斤顶铰接于下摆梁与挡矸座之间，下摆动夯矸梁千斤顶铰接于下摆梁和下摆动夯矸梁之间。

本专利附图如图3-31所示。

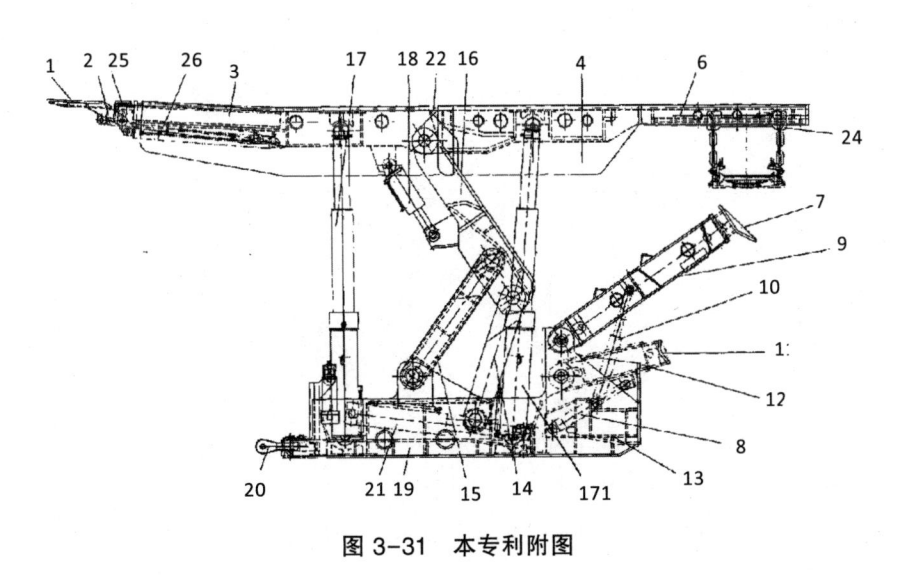

图3-31 本专利附图

国家知识产权局作出的专利权评价报告中引用了两篇对比文件（对比文件1：CN201306176Y；对比文件2：DE2921671A1）对上述权利要求1和2的创造性进行评价，具体评述内容摘录如下：

权利要求1保护一种矸石充填支护支架。对比文件1（CN201306176Y）为最接近的现有技术，其公开了一种带夯实机构的填充支护液压支架，并公开了如下技术内容：一种带夯实机构的填充支护液压支架（相当于权利要求1中的"一种矸石充填支护支架"），包括护帮1、顶梁3、立柱19、四连杆机构（相当于权利要求1中的"四杆机构"）、底座16、填充运输机和夯实机构，护帮1铰接于顶梁3前端，护帮1与顶梁3之间铰接有护帮千斤顶2，底座16上铰接有前连杆9和后连杆10，上连杆8的上端铰接于顶梁3上，上连杆8、前连杆9、后连杆10和底座16互相铰接构成四杆机构，在顶梁3的后端设置有尾梁4，在尾梁4的后部设置有前后方向的滑槽，托板6通过滑槽与尾梁4活动连接，托板6用于吊挂填充运输机，托板6与尾梁4之间设置有托板千斤顶7（相当于权利要求1的"后溜千斤顶"），在底座16后端铰接有挡矸座11，夯实机构铰接于挡矸座11上。

对比文件1附图如图3-32所示。

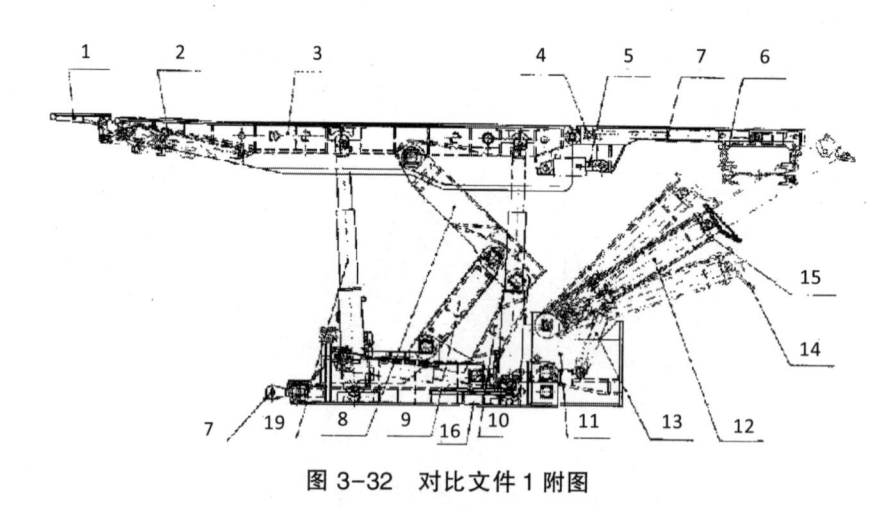

图3-32 对比文件1附图

权利要求1保护的技术方案与对比文件1公开的技术内容相比，区别在于：（1）该液压支架还设有后顶梁，后顶梁前端、顶梁后端和上连杆上端通过一个销轴铰接在一起，后顶梁中部与底座之间设有后立柱；（2）在后顶梁后部设有沿前后方向的滑槽，该滑槽中设有后溜，后溜下方悬挂有刮板运输机，后溜与后顶梁之间设有后溜千斤顶。对于区别特征（1），对比文件2（DE2921671A1）公开了一种液压支架，其中公开了以下技术特征：支架除了设置有前顶梁4外还设置有后顶梁6，后顶梁6前端、前顶梁4后端和上连杆上端铰接在一起，后顶梁6中部与底座1之间设置有液压支柱5（相当于权利要求1中的"后立柱"）。且上述技术特征在对比文件2中与在权利要求1中相应技术特征所起的作用相同，均是使支护结构更加稳定。因此，对比文件2给出了应用上述技术特征的启示。而通过销轴实现两个部件的铰接属于本领域技术人员的常用技术手段。对于区别特征（2），刮板运输机是一种常见的运输机，根据实际结构将运输机设置在后顶梁的后端属于本领域技术人员对运输机相应设置位置的常规改变。设置后溜与运输机连接实现材料的运输也属于本领域技术人员的常用技术手段，根据对比文件1中公开的内容将后溜与托板连接，进而实现前后方向的移动调整作业位置也属于本领域技术人员的常规设计。

对比文件2附图如图3-33所示。

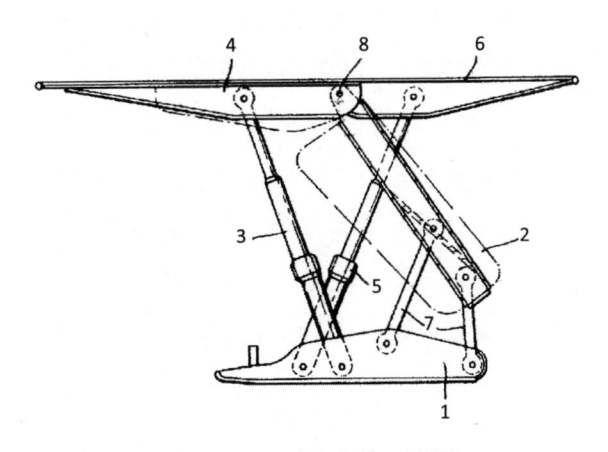

图3-33 对比文件2附图

因此，在对比文件1的基础上结合对比文件2以及本领域的公知常识获得权利要求1保护的技术方案对本领域技术人员来说是显而易见的，权利要求1不具备实质性特点和进步，不具备《专利法》第二十二条第三款规定的创造性。

权利要求 2 引用了权利要求 1。对比文件 1 公开了：夯实机构包括铰接于挡矸座 11 上的摆动夯实机构，摆动夯实机构包括摆梁 12、套设于摆梁 12 内的摆动夯矸梁 14（相当于权利要求 2 中的"摆动夯矸梁"）、摆梁千斤顶 13 和夯矸梁千斤顶 15，摆梁千斤顶 13 铰接于摆梁 12 与挡矸座 11 之间，夯矸梁千斤顶 15 连接于摆梁 12 和夯矸梁 14 之间实现前后伸缩。将夯矸梁千斤顶铰接于摆梁和夯矸梁之间属于本领域技术人员对其连接方式的常规选择。根据需要设置两个摆动夯实机构负责不同的夯实区域从而保证夯实机构对各个位置都能够进行夯实，属于本领域技术人员的常规设计。设置类似结构的上摆动夯实机构和下摆动夯实机构并将上摆动夯实机构设于下摆动夯实机构上方，也是本领域技术人员根据实际的填充作业进行的常规设计。因此，当其引用的权利要求不具备创造性时，权利要求 2 也不具备《专利法》第二十二条第三款规定的创造性。

无效请求人提出无效请求时提供了公告号为 CN201306176Y（即评价报告之对比文件 1）的专利公布文本作为证据 1，公告号为 DE2921671A1（即评价报告之对比文件 2）的专利公布文本作为证据 2。

专利权人在无效阶段对权利要求进行了修改，删除了原权利要求 1，将原权利要求 2 作为新的权利要求 1，修改后的权利要求 1 如下：

1. 一种矸石充填支护支架，包括护帮、顶梁、立柱、四杆机构、底座、刮板运输机和夯实机构，护帮铰接于顶梁前端，护帮与顶梁之间铰接有护帮千斤顶，底座上铰接有前连杆和后连杆，上连杆的上端铰接于顶梁上，上连杆、前连杆、后连杆和底座互相铰接构成四连杆机构，其特征在于：该液压支架还设有后顶梁，后顶梁前端、顶梁后端和上连杆上端通过一个销轴铰接在一起，后顶梁中部与底座之间设有后立柱，在后顶梁后部设有沿前后方向的滑槽，该滑槽中设有后溜，后溜下方悬挂有刮板运输机，后溜与后顶梁之间设有后溜千斤顶，底座后端铰接有挡矸座，所述夯实机构铰接于挡矸座上；所述夯实机构包括铰接于挡矸座上的上摆动夯实机构和下摆动夯实机构，上摆动夯实机构设于下摆动夯实机构上方，上摆动夯实机构包括上摆梁、套设于上摆梁内的上摆动夯矸梁、上摆梁千斤顶和上摆动夯矸梁千斤顶，上摆梁千斤顶铰接于上摆梁与挡矸座之间，上摆动夯矸梁千斤顶铰接于上摆梁和上摆动夯矸梁之间，下摆动夯实机构包括下摆梁、套设于下摆梁内的下摆动夯矸梁、下摆梁千斤顶和下摆动夯矸梁千斤顶，下摆梁千斤顶铰接于下摆梁与挡矸座之间，下摆动夯矸梁千斤顶铰接于下摆梁和下摆动夯矸梁之间。

　　国家知识产权局专利复审委员会作出的无效宣告请求审查决定，在评述新的权利要求 1（原权利要求 2）是否具备创造性时也采用了证据 1（CN201306176Y）和证据 2（DE2921671A1），决定的理由归纳如下：证据 1 公开了一种填充支护液压支架，其发明目的在于提供一种在采煤工作面的采空区进行支护作业同时还可进行填充作业的填充支护液压支架；该液压支架公开了顶梁 3、底座 16、立柱 19、尾梁 4、尾梁千斤顶 5、托板 6、托板千斤顶 7、四连杆机构、夯实机构、挡护装置等技术特征，并具体限定了上述设备装置间的位置连接关系以及其功能效果；将本专利权利要求 1 所限定的技术方案与证据 1 所公开的技术内容进行比对，其区别实质在于：①顶梁的结构形式不同：在本专利中，顶梁采用分体式结构，其由两部分组成——顶梁部分和设置于顶梁后部的后顶梁，该后顶梁前端、顶梁后端和上连杆通过一个销轴铰接在一起，后顶梁中部与底座之间设有后立柱；而在证据 1 中，顶梁是一个整体式的构件，上连杆铰接在顶梁的中部附近。②夯实机构的数量不同：本专利采用了两套夯实机构——上摆动夯实机构和下摆动夯实机构，而在证据 1 中，仅设置了一套夯实机构。③后溜的设置方式不同：在本专利中，后顶梁后部直接设有沿前后方向的滑槽，滑槽中设有后溜；而在证据 1 中，顶梁的后部连接有尾梁，尾梁内设置滑槽，滑槽中设有后溜或输送机。

　　证据 2 公开了一种顶板支护单元，该顶板单元大致包括一个底座 1、一个上连杆 2 和一个顶梁 4，上连杆 2 铰接于在底座 1 上可偏转的传动杆 7，并且被支撑在也铰接于底座 1 的液压立柱 5 上；顶梁 4 被两个液压立柱 3 所支撑，这两个液压立柱也可旋转地设置在底座 1 内；在图 1 和图 2 所示的实施例中，必需的后顶梁 6 朝断面向后在位置 8 处可偏转地铰接于顶梁 4 的侧端；在常规的工作面操作期间，后顶梁 6 被容纳于上连杆 2 内用 6′标识的虚线所示位置处；后顶梁 6 到达边界后被推出并且被液压立柱 5 所支撑。

对于区别技术特征①而言，本案合议组认为：首先，证据 2 虽然公开了有关顶梁采用分体式结构的技术内容，而且该顶梁也由两部分组成：顶梁部分和设置于顶梁后部的后顶梁，该后顶梁前端、顶梁后端和上连杆通过一个销轴铰接在一起，后顶梁中部与底座之间设有后立柱，但证据 2 并未明确记载前后顶梁及上连杆铰接在一起能够起到何种作用和产生何种技术效果，在无相应佐证予以说明和证明的情况下，本领域技术人员基于证据 2 所公开的技术内容及其所应具备的技术知识和技术水平不能显而易见地认识到前后顶梁及上连杆铰接在一起能够在顶梁或后顶梁摆动时使上连杆的位置保持稳定、提高支架的结构稳定性；其次，本专利权利要求 1 要求保护的是一种矸石充填支架，而证据 2 公开的则是一种常规的支撑掩护式支架，二者虽同为液压支架，但由于其类型有所不同，应用的场合及使用环境不同，因此其所面临的技术问题也不尽相同，在此情况下，证据 2 与证据 1 是否存在充分的技术启示，请求人应当提供相应的证据予以证明；再次，根据本专利说明书的记载，该区别技术特征的引入为本专利权利要求 1 带来了有益的技术效果。因此，该区别技术特征的存在已经使本专利权利要求 1 具备实质性特点和进步，具备创造性。

焦点问题

本专利的专利权评价报告与无效决定中使用了相同的对比文件，对于修改后的权利要求 1（即原权利要求 2）相对于证据 1（即对比文件 1）的区别技术特征的认定也完全一致，包含三个区别技术特征。评价报告中认为对比文件 2 公开了区别技术特征①，并且给出了应用区别技术特征①的技术启示；而无效决定中则不赞同此观点。问题的焦点在于证据 2 中是否给出了将区别技术特征①与证据 1 相结合的"充分的技术启示"。

案情分析

本专利权利要求 1 相对于对比文件 1（证据 1）的区别技术特征①为：顶梁采用分体式结构，其由两部分组成：顶梁部分和设置于顶梁后部的后顶梁，该后顶梁前端、顶梁后端和上连杆通过一个销轴铰接在一起，后顶梁中部与底座之间设有后立柱；根据本专利说明书的记载，与现有技术相比，其有益效果为：本矸石充填支护支架将后顶梁前端、顶梁后端和上连杆上端通过一个销轴铰接在一起，形成三铰接点重合的结构，在摆动升降顶梁或后顶梁时不会使上连杆移动，确保该支护支架的结构稳定，同时，摆动顶梁或后顶梁时也不会影响后顶梁或顶梁的稳定结构，避免发生顶板垮落或漏矸的问题。对比文件2（证据2）虽然公开了有关顶梁采用分体式结构的技术内容以及分体式结构的具体构成，即公开了上述区别技术特征的技术手段，但对比文件2（证据2）中仅说明了后顶梁的作用是相对于顶梁侧面能延伸出和/或可偏转，从而利于顶板支护面的清除，并未明确记载"前后顶梁及上连杆铰接在一起"能够起到何种作用和产生何种技术效果。在对比文件2中记载的支架，没有涉及本专利中的支架面临的具体问题，即矸石充填支护支架在升降时其结构不稳定，容易发生顶板垮落或漏矸造成生产安全事故。另外，本领域技术人员基于对比文件2（证据2）所公开的技术内容及其所应具备的技术知识和技术水平也不能显而易见地、明确地认识到前后顶梁及上连杆铰接在一起能够在顶梁或后顶梁摆动时使上连杆的位置保持稳定、提高支架的结构稳定性，也就是说本领域技术人员根据对比文件2的记载以及本领域的公知常识并不能明确判断区别技术特征在对比文件2中的作用与其在本专利中的作用相同。综上所述，对比文件2（证据2）与对比文件1（证据1）的结合缺少充分的技术启示，专利权评价报告中直接将两篇对比文件结合评述权利要求1不具备创造性是不合适的。"充分的技术启示"通常包含两种情况：（1）对比文件中明确记载了区别技术特征以及由此区别技术特征带来的技术效果；（2）对比文件记载了区别技术特征，对其所解决的技术问题以及带来的技术效果并未具体说明，但本领域技术人员根据对比文件记载的内容能直接地、毫无疑义地推断得到其带来的技术效果，或者说本领域技术人员能判断区别技术特征的存在带来了必然的技术效果。符合上述两种情况均可认为存在"充分的技术启示"，可以评述权利要求的创造性；反之，若一项权利要求所保护的技术方案相对于最接近的现有技术存在区别技术特征，而其他现有技术虽然公开了该区别技术特征，但并未记载该区别技术特征在该现有技术中所起到的作用、功能及能够产生的技术效果，本领域技术人员基于上述现有技术也不能明确地确定能否将该区别技术特征应用于最接近的现有技术以解决相关的技术问题，则认为缺乏充分的技术启示，不能简单地将两者结合来评价权利要求的创造性。

具体到本案中，对比文件2虽然公开了顶梁采用分体式结构的技术内容，但未明确记载此分体结构的作用和效果；另外，证据2中的支架与本专利中的支架应用的具体领域不同，因此其面临的技术问题也不尽相同；在此情况下，证据2与证据1不存在充分的技术启示进行结合，不能评述权利要求1的创造性。

创造性分析建议

根据《专利法》的规定，实用新型的创造性高度要求低于发明，因此在评述实用新型的创造性时，区别技术特征的结合应考虑现有技术中是否有"充分的技术启示"。区别技术特征是技术手段与技术效果的结合体，在判断创造性的过程中对二者均应进行充分的考虑。一般情况下，"技术手段"和"技术效果"二者都相同时认为存在将现有技术进行结合的技术启示，实用新型不具有创造性；对于"技术手段相同、技术效果不同"的情形，属于不存在"充分的技术启示"的情况，不能进行结合来评价实用新型创造性。

【案例3-14】 沙发靠背改进结构

案情介绍

本专利涉及一种沙发靠背改进结构，授权公告文本中权利要求1如下：

1. 一种沙发靠背改进结构，其特征在于：包括靠背主体（1），所述靠背主体上部设有一翻盖式顶盖（2），所述顶盖内设有照明灯（4）。

本专利附图如图3-34所示，对比文件1附图如图3-35所示。

第三章 创造性审查典型案例

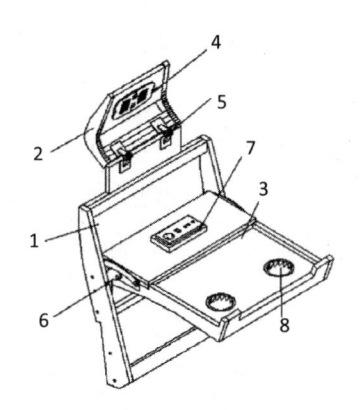

图 3-34 本专利附图

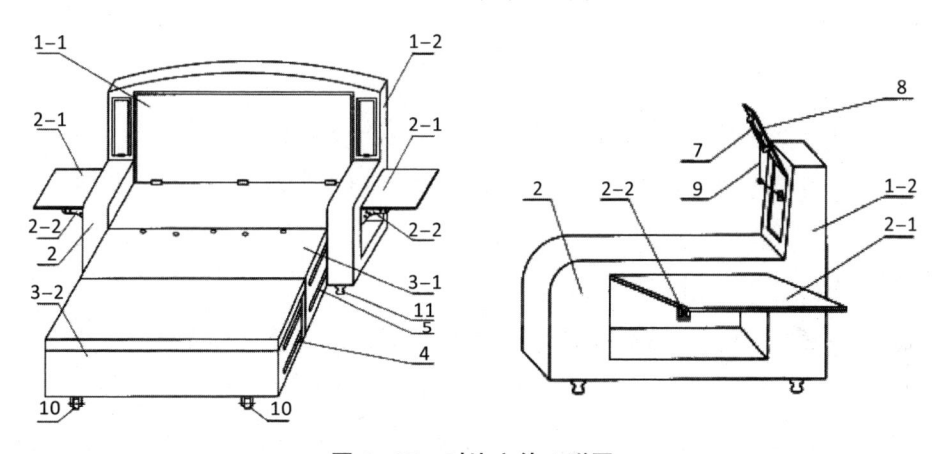

图 3-35 对比文件 1 附图

国家知识产权局作出的专利权评价报告中引用了一篇对比文件（对比文件 1：CN2860222Y）对上述权利要求 1 的创造性进行评价，具体评述内容摘录如下：

权利要求 1 保护一种沙发靠背改进结构，对比文件 1（CN2860222Y）公开了一种多功能推拉式沙发床，并具体公开了以下技术特征：包括床头灯 7、翻板 8 和铰支二连杆 9，能把中空的靠背箱 1-2 封闭的翻板 8（相当于本权利要求的翻盖式顶盖）的一端铰接在沙发扶手 2 上方的靠背箱 1-2 上（相当于本权利要求的靠背主体），床头灯 7 固定在翻板 8 的内侧表面上（相当于本权利要求的顶盖内设有照明灯），铰支二连杆 9 的两端分别铰接在翻板 8 的内侧

·111·

表面和靠背箱 1-2 内。如此设置，不需要床头灯 7 时就把翻板 8 扣合到靠背箱 1-2 上，床头灯 7 隐藏在靠背箱 1-2 内，需要床头灯 7 时把翻板 8 翻转起来，再用铰支二连杆 9 把翻板 8 支撑住，就可以使用床头灯 7 了。

权利要求 1 与对比文件 1 的区别技术特征为：靠背主体上部设有一翻盖式顶盖。该区别技术特征实际要解决的技术问题是：如何根据用户喜好设置照明灯的位置。对比文件 1 公开了床头灯 7、固定翻板 8 设置在沙发扶手上方的靠背箱上，在此基础上，本领域技术人员容易想到，根据用户的喜好将翻板设置在靠背箱的上部，从而使照明灯位于靠背箱的上部，这是本领域的惯用手段。因此，在对比文件 1 的基础上结合公知常识以获得该权利要求的技术方案，对所属技术领域的技术人员来说是显而易见的，因此该权利要求的技术方案不具备实质性特点，因而不具备《专利法》第二十二条第三款规定的创造性。

无效请求人提出无效请求时提供了公告号为 CN2860222Y（即评价报告之对比文件 1）的专利公布文本作为证据 1。

专利权人在无效阶段未对权利要求 1 进行修改。

国家知识产权局专利复审委员会作出的无效宣告请求审查决定，认为权利要求 1 相对于证据 1（CN2860222Y）具备创造性，决定的理由摘录如下：

证据 1 公开了一种多功能推拉式沙发床，并具体公开了以下技术特征：包括床头灯 7、翻板 8 和铰支二连杆 9，能把中空的靠背箱 1-2 封闭的翻板 8（相当于本权利要求的翻盖式顶盖）的一端铰接在沙发扶手 2 上方的靠背箱 1-2 上（相当于本权利要求的靠背主体），床头灯 7 固定在翻板 8 的内侧表面上（相当于本权利要求的顶盖内设有照明灯），铰支二连杆 9 的两端分别铰接在翻板 8 的内侧表面和靠背箱 1-2 内。如此设置，不需要床头灯 7 时就把翻板 8 扣合到靠背箱 1-2 上，床头灯 7 隐藏在靠背箱 1-2 内，需要床头灯 7 时把翻板 8 翻转起来，再用铰支二连杆 9 把翻板 8 支撑住，就可以使用床头灯 7 了。

将权利要求 1 的技术方案与证据 1 公开的技术内容相比，两者的区别在于：靠背主体上部设有一翻盖式顶盖，顶盖内设置有照明灯，而证据 1 是在沙发扶手的上方的靠背箱上设置翻板，将照明灯设置在靠背箱内。

基于上述区别技术特征可以确定，权利要求保护的技术方案实际解决的技术问题是：改进沙发靠背的结构，扩展沙发的功能且无须改动沙发靠背主体框架结构。

对于上述区别技术特征，权利要求1与证据1设置照明灯的方式并不相同，权利要求1只是在沙发靠背主体的上部设置翻盖式的顶盖，不需要对沙发靠背主体框架结构进行改动，且为翻盖式的"顶盖"，而证据1的翻盖设置在靠近沙发扶手上方的靠背箱上，其改变了沙发靠背主体框架的结构，且为"翻板"，不是翻盖式的"顶盖"。根据证据1的技术方案，本领域技术人员不会得到在不改变沙发靠背主体框架结构的情况下，设置翻盖式"顶盖"的技术启示，从而不能显而易见地得到权利要求1在沙发靠背主体上部单独设置翻盖式顶盖的技术方案，并且也不能认定上述区别技术特征是本领域的公知常识，并且权利要求1的技术方案在不改变沙发靠背主体框架结构的情况下，实现了沙发靠背结构的功能扩展，使沙发具有照明功能的技术效果，因此权利要求1相对于证据1和本领域公知常识的结合有实质性特点和进步，因此，权利要求1具备创造性。

焦点问题

本案的评价报告和无效决定选用的对比文件完全相同，评价报告和无效决定中都将"靠背主体上部设有一翻盖式顶盖"认定为本专利权利要求1相对于最接近的现有技术的区别技术特征，争议的焦点主要是上述区别技术特征实际解决的技术问题是什么，现有技术是否给出了将该区别特征应用到所述最接近的现有技术以解决其存在的技术问题的启示。

案情分析

根据本专利说明书背景技术部分的介绍，现有沙发靠背结构存在问题是：只承担了传统上的沙发靠背功能，其所占的空间和位置造成了一定的资源浪费，或者承载了其他功能，但影响沙发靠背的外观造型。本专利是要对现有的沙发靠背进行改造，通过在靠背主体上部设有一翻盖式顶盖，在顶盖内设有照明灯，实现方便地在沙发上阅读又不影响沙发靠背的外观造型。对比文件1是一种多功能推拉式沙发床,通过在沙发扶手的上方的靠背箱上设置翻板,将照明灯设置在靠背箱内。

权利要求1只是在沙发靠背主体的上部设置翻盖式的顶盖,不需要对沙发靠背主体框架结构进行改动,且为翻盖式的"顶盖",而对比文件1的翻盖设置在靠近沙发扶手上方的靠背箱上,其改变了沙发靠背主体框架的结构,且为"翻板",不是翻盖式的"顶盖"。可见,权利要求1与证据1虽然都可以实现照明的功能,但是设置的结构并不相同。因此,从对比文件1的技术方案中,本领域技术人员无法得到在不改变沙发靠背主体框架结构的情况下,设置翻盖式"顶盖"的技术启示,从而不能显而易见地得到权利要求1在沙发靠背主体上部单独设置翻盖式的顶盖的技术方案。

创造性分析建议

判断是否存在结合启示时,除了关注区别技术特征是否已经被对比文件公开外,还应准确分析区别技术特征实际要解决的技术问题是什么,只有区别技术特征已经被公开,且其在对比文件中解决的技术问题与其在本专利中解决的技术问题相同时才可能认定存在结合的启示。本案的评价报告在分析区别技术特征时,未对比出本专利与对比文件1结构上的区别,并且没有从技术方案的整体考虑,导致对实际解决的技术问题的认定与无效中的认定不同,从而影响了后续创造性的评价。在判断区别特征所能达到的技术效果、确定实际解决的技术问题时,应从区别技术特征的结构、功能入手,并结合整体技术方案进行全面分析。

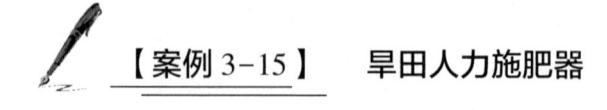

【案例3-15】 旱田人力施肥器

案情介绍

本专利涉及一种旱田人力施肥器,授权公告文本中权利要求1如下:

1. 一种旱田人力施肥器，车架（4）与车轮（1）转动连接，扶手（9）与该车架固定连接，支腿（10）与扶手（9）固定连接，其特征在于：轴承座（15）固定连接在车架（4）上，轴承（12）位于该轴承座（15）中，轴套（13）与该轴承（12）转动连接，轴（6）与轴套（13）通过销（11）固定连接，主动链轮（2）与车轮（1）固定连接，从动链轮（14）与轴套（13）固定连接，链条（3）绕接在主动链轮（2）和从动链轮（14）上，三个肥盒（5）与传动轴连接，肥盒（5）顶部与肥箱（7）固定连接，肥盒（5）下端连接漏肥管（8），调肥螺母（16）与轴（6）固定连接。

本专利说明书记载：使用时，将肥料加入肥箱内，转动调肥螺母来使肥箱盒左右移动，调节肥箱向肥盒漏肥的多少，然后推动车架前行，肥料沿漏肥管向地面施肥。

本专利附图如图3-36所示，对比文件1附图如图3-37所示，对比文件2附图如图3-38所示。

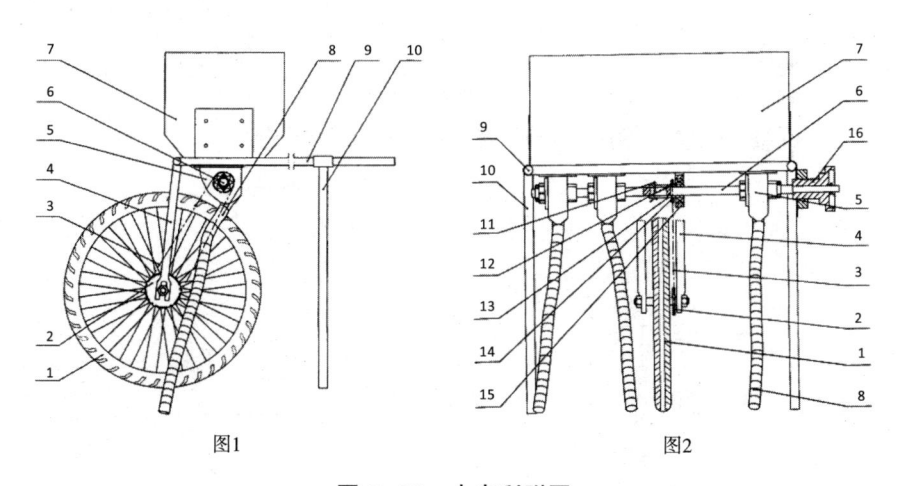

图3-36 本专利附图

图1　　　　　　　　　　　　　　图2

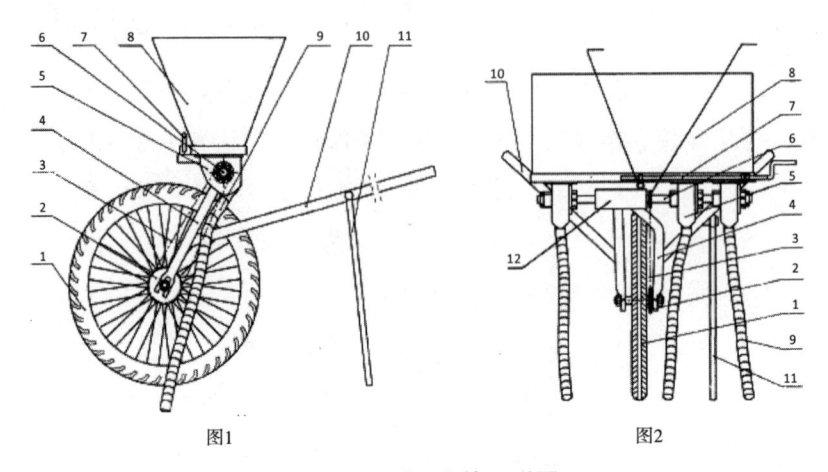

图 3-37　对比文件 1 附图

图1

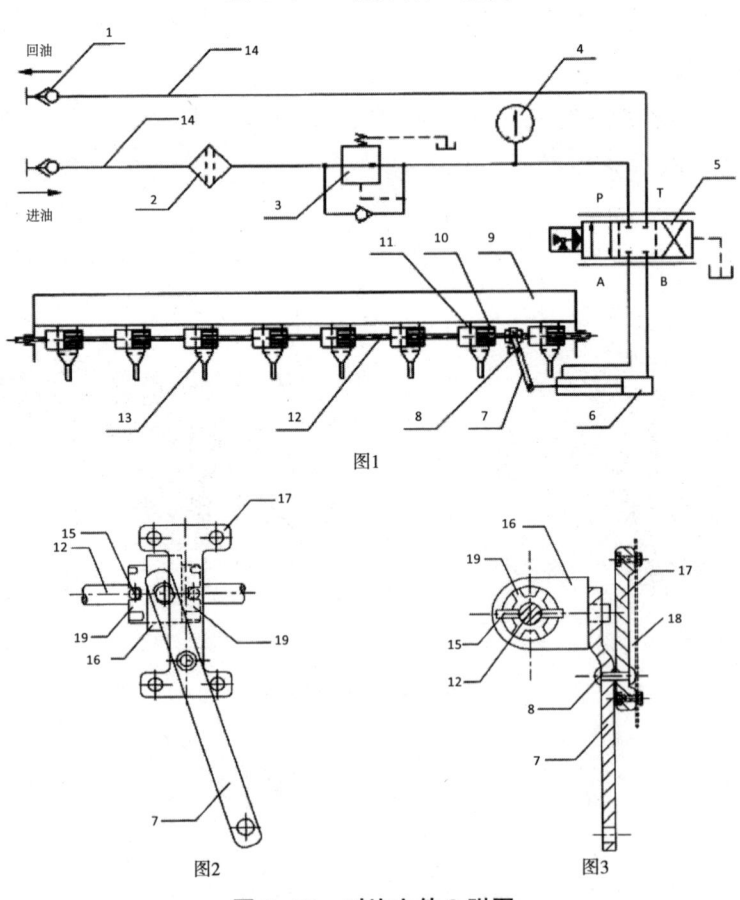

图2　　　　　　　　　　　　　　图3

图 3-38　对比文件 2 附图

国家知识产权局作出的专利权评价报告中引用了两篇对比文件（对比文件1：CN201069911Y；对比文件2：CN2728191Y）对上述权利要求1的创造性进行评价，具体评述内容摘录如下：

对比文件1公开了一种旱田人力施肥器，其中具体披露了以下技术特征：一种旱田人力施肥器，车架4与车轮1转动连接（相当于本专利权利要求1中车架与车轮转动连接），扶手10与该车架4固定连接（相当于本专利权利要求1中扶手与该车架固定连接），支腿11与扶手10固定连接（相当于本专利权利要求1中支腿与扶手固定连接），主动链轮2与车轮1固定连接（相当于本专利权利要求1中主动链轮与车轮固定连接），链条3绕接在主动链轮2和从动链轮13上（相当于本专利权利要求1中链条绕接在主动链轮和从动链轮上），三个肥盒5与传动轴6连接（相当于本专利权利要求1中三个肥盒与传动轴连接），肥盒5顶部与肥箱8固定连接（相当于本专利权利要求1中肥盒顶部与肥箱固定连接），肥盒5下端连接漏肥管9（相当于本专利权利要求1中肥盒下端连接漏肥管），轴承12固定连接在车架4上，传动轴6与该轴承12转动连接，从动链轮13与传动轴6固定连接，调肥螺母14与车架4固定连接。

权利要求1与对比文件1的区别技术特征为：（1）权利要求1中限定了"轴承座固定连接在车架上，轴承位于该轴承座中，轴上有轴套，轴套与该轴承转动连接，轴与轴套通过销固定连接，从动链轮与轴套固定连接"，对比文件1中轴承固定连接在车架上，转动轴与该轴承转动连接，从动链轮与传动轴固定连接；（2）权利要求1中限定了"调肥螺母16与轴固定连接"。

对比文件2公开了一种施肥机施肥量调节装置，排肥轴上连接有多个排肥盒，施肥量调节杆与排肥轴固定连接以控制排肥量的大小。

评价报告认为：区别技术特征（1）属于本领域技术人员的公知常识，对于区别技术特征（2），对比文件2中的施肥量调节杆与权利要求1中的调肥螺母在技术方案中发挥的作用相同，都是通过调节轴的活动来实现调节出肥量的大小。由此可见区别技术特征（2）已经被对比文件2公开，并且对比文件2与权利要求1技术领域相近，这些已知技术特征实际所要解决的问题相同，产生同样的技术效果。因此，对比文件2给出了将上述区别以进一步解决其技术问题的启示，权利要求1不具备创造性。

无效请求人提出无效请求时提供了公告号为CN201069911Y和CN2728191Y（即评价报告之对比文件1和2）的专利公布文本作为证据1和2。

专利权人在无效阶段未对权利要求作出修改。

国家知识产权局专利复审委员会作出的无效宣告请求审查决定，认为权利要求1相对于证据1（CN201069911Y）和证据2（CN2728191Y）具备创造性，决定的理由摘录如下：

证据1公开了一种旱田人力施肥器，并且具体公开了以下内容：车架与车轮转动连接，扶手与该车架固定连接，轴承固定连接在车架上，传动轴与该轴承转动连接，主动链轮与车轮固定连接，从动链轮与传动轴固定连接，链条绕接在主动链轮和从动链轮上，三个肥盒与传动轴连接，肥盒顶部与肥箱固定连接，肥盒下端连接漏肥管，调肥螺母与车架固定连接，调肥杆后端与肥箱转动连接，该调肥杆前段与调肥螺母螺纹连接。

将权利要求1的技术方案与证据1公开的技术内容相比，两者的区别在于：（1）权利要求1中限定了"轴承座固定连接在车架上，轴承位于该轴承座中，轴套与该轴承转动连接，轴与轴套通过销固定连接，从动链轮与轴套固定连接"，证据1中轴承固定连接在车架上，转动轴与该轴承转动连接，从动链轮与传动轴固定连接；（2）权利要求1中限定了"调肥螺母16与轴固定连接"。而证据2公开了一种施肥机施肥量调节装置，排肥轴上连接有多个排肥盒，施肥量调节杆与排肥轴固定连接以控制排肥量的大小。

对于区别（2），根据本专利说明书第3段的记载"使用时，将肥料加入肥箱内，转动调肥螺母来使肥箱盒左右移动，调节肥盒漏肥的多少，然后推动车架前行，肥料沿漏肥管向地面施肥"，并且结合本专利图1和图2所示，本专利肥盒与传动轴连接，调节螺母与轴固定连接，因此，通过调节调肥螺母使传动轴的位置发生变化，从而调节肥箱向肥盒的漏肥量。而证据1中的调肥螺母固定在车架上，操作者并不直接作用于调肥螺母实现调节漏肥量，而是通过转动调肥杆的同时，使肥箱左右移动，从而达到调节漏肥量的目的。

由此可见，基于前述区别技术特征，本专利实际要解决的技术问题是：提供一种新的调肥结构，其通过在传动轴上设置调肥螺母，转动调肥螺母来使肥箱左右移动，调节肥量而实现的。因此，本案的争议焦点在于，现有技术中是否存在通过在传动轴上设置调肥螺母，替代原有安装在车架上的调肥螺母和调肥杆结构，从而实现调肥的技术启示。

证据2公开了一种施肥机施肥量调节装置，其中在说明书具体实施方式部分第1~7段以及图1~3中公开了施肥机施肥量调节装置的排肥轴上连接有多个排肥盒，施肥量调节杆与排肥轴固定连接，通过操纵施肥量调节杆以控制排肥量的大小。然而，证据2中没有公开调肥螺母结构，证据2采用施肥量调节杆与排肥轴固定连接以控制排肥量的大小，其仍然是通过操纵施肥量调节杆以控制排肥量的大小，并没有作用于调肥螺母。据此，由于证据2中并未公开本专利权利要求1中的"调肥螺母与轴固定连接"的技术特征，根据证据2公开的内容，也不能得出通过在传动轴上设置调肥螺母，替代原有安装在车架上的调肥螺母和调肥杆结构，从而实现调肥的技术启示。并且，也没有证据证明上述结构属于本领域中的公知常识。

可见，无效决定则认为证据2并未公开本专利权利要求1中的"调肥螺母与轴固定连接"的技术特征，也没有上述技术特征的技术启示，因此，权利要求1具备创造性。

焦点问题

本案的评价报告和无效决定选用的两篇对比文件完全相同，对于本专利权利要求1相对于对比文件1的区别技术特征的认定也完全相同，即"（1）轴承座固定连接在车架上，轴承位于该轴承座中，轴套与该轴承转动连接，轴与轴套通过销固定连接，从动链轮与轴套固定连接；（2）调肥螺母与轴固定连接"，争议的焦点主要是对比文件2是否公开了"调肥螺母与轴固定连接"的技术特征，是否给出了"调肥螺母与轴固定连接"的技术启示。

案情分析

根据本专利说明书背景技术部分的介绍，现有施肥器存在的问题是：一次只能为一条垅施肥，施肥效率低、调整施肥量不够方便的问题。本专利中"肥盒与传动轴连接，调节螺母与轴固定连接"，通过调节调肥螺母使传动轴的位置发生变化，从而调节肥箱向肥盒的漏肥量。而对比文件1公开了一种旱田人力施肥器，其调肥螺母固定在车架上，操作者并不直接作用于调肥螺母实现调节漏肥量，而是通过转动调肥杆的同时，使肥箱左右移动，从而达到调节漏肥量的目的。因此，两者的调节漏肥量的原理和结构不同。

而对比文件2公开了一种施肥机施肥量调节装置，其采用施肥量调节杆与排肥轴固定连接以控制排肥量的大小，并没有公开调肥螺母结构，仍然是通过操纵施肥量调节杆以控制排肥量的大小，并没有作用于调肥螺母。与本专利通过手动调节调肥螺母使传动轴的位置发生变化，从而调节肥箱向肥盒的漏肥量不同，对比文件2是通过液压方式操纵施肥量调节杆以控制排肥量大小的，虽然两者实现的功能相同，都是调节漏肥量，但是两者的原理和结构并不相同。因此，难以获得本专利通过直接调节调肥螺母实现调节漏肥量的技术启示。

创造性评述建议

本案的评价报告虽然考虑了区别技术特征所要解决的技术问题，但是仅注意了对比文件2与本专利技术方案中发挥的作用相同，却未将该技术手段结合本案技术方案中的其他技术特征综合考虑，致使对于该技术手段及其工作原理的认定不够全面，进而导致对实际解决的技术问题和技术启示的认定出现偏差。因此，在判断区别特征所能达到的技术效果、确定实际解决的技术问题时，不要将其从技术方案中孤立出来单独分析，应当考虑特征间的相互关系，结合技术方案整体来确定其所带来的所有功能和使用的手段。

【案例 3-16】 坐便器直冲式排水结构

案情介绍

本专利说明书背景技术中描述：现有技术中的坐便器其硬质存水弯结构浪费水且容易堵塞，而采用活动式存水弯则易产生返味；硬管直冲方式会产生噪声和返味。

本专利技术方案要解决的技术问题在于：克服节水与噪声和返味之间的矛盾，既节水又没有噪声和返味，同时不易堵塞。

其授权公告文本中权利要求书如下：

1. 一种直冲式排水结构，其特征在于：容器（1）下方的排管（2）和后部的集水管（3）由中间的管（4）连接在一起，液体流过时中间的管（4）被充起，液体流过后中间的管（4）上部（5）和底部（6）呈闭合或接近闭合，所述中间的管（4）内有存水结构。

2. 根据权利要求1所述的直冲式排水结构，其特征在于：所述中间的管（4）底部（6）外侧有弹性件（10）。

3. 根据权利要求1或2所述的直冲式排水结构，其特征在于：所述中间的管（4）、排管（2）和集水管（3）之间用普通的粘结或泥封方式连接。

4. 根据权利要求1或2所述的直冲式排水结构，其特征在于：所述中间的管（4）、排管（2）和集水管（3）之间用螺纹（11）和螺母（12）的螺纹方式连接。

5. 根据权利要求1或2所述的直冲式排水结构，其特征在于：所述中间的管（4）、排管（2）和集水管（3）之间用凹槽（13）和管卡（14）的卡扣方式连接。

说明书附图如图 3-39 所示。

图1

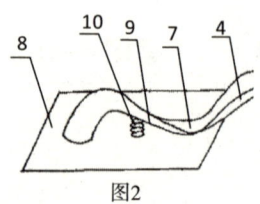

图2

图 3-39　本专利附图

技术方案核心为：容器 1 下部设置有排管 2，集水管 3 和排管 2 之间通过中间管 4 连接，中间管 4 为一水带，水带底部低于排管 2 口和集水管 3 口最低点连线的部位设置有弧形面 7，水带上部 5 由于重力的作用完全贴附在水带底部 6 上，呈闭合或接近闭合状，以形成水封。

【对比文件 1】（公告号：CN1888336A；公告日：2007 年 1 月 3 日）

发明名称：坐便器直冲式排水的水封结构

技术方案介绍：该坐便器直冲式排水的水封结构，是在坐便池排污口 1 下部设置直冲式软管 2，直冲式软管 2 上设置有一对平衡锤 5，不排污时，平衡锤 5 重力大于直冲式软管 2 的弹力，软管 2 变截面被夹扁形成水封，排污时，冲洗污物的水的冲击力使软管 2 截面扩张，污物随水流进入软管 2 下部的下水道结构 3，排污结束后，平衡锤 5 重力大于软管 2 的弹力，软管 2 截面又被夹扁形成水封。

对比文件 1 附图如图 3-40 所示。

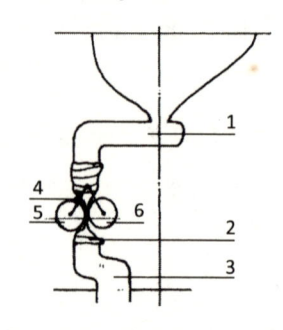

图 3-40　对比文件 1 附图

【对比文件2】（授权公告号：CN2642859Y；公告日：2004年9月22日）

实用新型名称：节水坐便器

技术方案介绍：

该节水坐便器，通过排水软管1排出污物，排水软管1通过固定在地面的弹簧2在弯角处形成水封，贮水箱开关6上固定有拉绳4，拉绳4还与软管1的弯角上方固定，拉绳4下端通过滑轮3固定在踏板8上。当踩下踏板8时，拉动拉绳4打开贮水箱开关6，同时拉绳4下拉排水软管1的弯角，使水流自然流出，当松开踏板8时，软管1的弯角在弹簧推力作用下被顶起，弯折处形成水封。

对比文件2附图如图3-41所示。

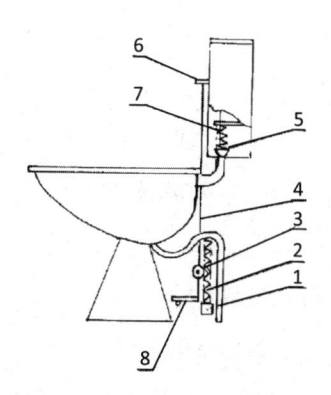

图3-41 对比文件2附图

评价报告引用对比文件1（CN1888336A）和对比文件2（CN2642859Y），认为权利要求1~5不具有创造性。具体理由如下：权利要求1保护一种直冲式排水结构，对比文件1（CN1888336A）公开了一种坐便器直冲式排水的水封结构，并具体公开了：该坐便器（本专利容器的下位概念）下方的排污口1（即本专利的排管2）和后部的下水道接口3（即本专利的集水管）由中间的直冲式软管2连接在一起，在使用坐便器排污时，直冲式软管截面扩开连通下水道接口（即本专利的液体流过时中间的管被充起）完成排污过程，这

实用新型专利权评价报告案例评析：创造性评价

时水冲力作用消失，直冲式软管截面被夹扁（相当于本专利液体流过后中间的管左部和右部呈闭合），又形成水封（即本专利中间管内有存水结构）；可见对比文件1公开了权利要求1的大部分技术特征；将权利要求1保护的技术方案与对比文件1公开的内容相对应，其区别技术特征在于：通过中间的管的上部和底部实现闭合或接近闭合。对比文件2（CN2642859Y）公开了一种节水坐便器，并具体公开了：排水完成后，在拉绳4上升的过程中，弹簧2将排水软管向上顶起，排水软管1随着拉绳4向上提升，其弯折处形成水封，防止异味逸出。对比文件2已经公开了通过横向布置的软管的弯折来实现水封，可见对比文件2公开了部分区别技术特征，且其在对比文件2中的作用与其在本专利中的作用相同，都是提供不同布置形式的中间管，对比文件2给出了将其应用于对比文件1的技术启示，在此启示下，本领域技术人员有动机将对比文件2的上述结构应用于对比文件1中，从而用对比文件2中的排水软管来改造对比文件1中的直冲式软管，使平衡锤以下的软管部分横向布置，由于该管为软管，当其横向布置时，在弯折处即可形成水封，因此软管闭合或接近闭合都可实现水封，本领域技术人员可以根据需要的弹性、软管的性质等调节来实现其上部和底部闭合或接近闭合。因此，在对比文件1的基础上，结合对比文件2和本领域的公知常识得到权利要求1保护的技术方案是显而易见的，权利要求1不具有创造性。

无效决定引用了相同的对比文件，但认为权利要求1~5具有创造性。无效决定认为：本专利权利要求1请求保护一种直冲式排水结构，对比文件1公开了一种坐便器直冲式排水的水封结构，并具体公开了以下内容：排污口1（相当于本专利权利要求1中的排管2）的上部有坐便器池（相当于本专利权利要求1中的容器1），直冲式软管2（对应于本专利权利要求1中的中间的管4）一端连接在排污口1上，另一端连接到下水道接口3（相当于本专利权利要求1中的后部的集水管）；不排污时，平衡锤5重力大于直冲式软管2的弹力，直冲式软管2截面被夹扁形成水封，在使用坐便器排污时，由于冲洗污物的水冲力作用，使直冲式软管2的弹力加水冲力作用大于平衡锤5的重力时，直冲式软管2截面扩开连通下水道接口3完成直冲式排污过程（相当于本专利权利要求1中的液体流过时中间的管4被充起），这时水冲击作用消失，平衡锤5的重力大于直冲式软管2的弹力，直冲式软管2的截面被夹扁形成水封（相当于本专利权利要求1的中间的管4内有存水结构），完成了一次冲洗过程。

将本专利权利要求1保护的技术方案与对比文件1公开的内容相比，其区别技术特征为：液体流过后中间的管4上部5和底部6呈闭合或接近闭合，所述中间的管4内有存水结构。对比文件1中的直冲式软管2则是水冲力作用消失后，由两个平衡锤5夹扁直冲式软管2。

对比文件2公开了一种节水坐便器，并具体公开了以下内容：排水完成后，在拉绳4上升的过程中，弹簧2将排水软管1向上顶起，排水软管1随着拉绳4向上提升，其弯折处形成水封。由此可见，对比文件2并未公开液体流过后中间的管4上部5和底部6呈闭合或接近闭合，而本专利权利要求1仅靠中间的管4的上部5和底部6即可实现液体通过时充起而排水，液体流过后闭合或接近闭合进而形成水封，本专利权利要求1通过简单的结构实现了节水、不返味、不传声、不易堵塞的技术效果，而且没有证据表明上述区别技术特征为本领域的公知常识。因此在对比文件1和对比文件2的基础上得出本专利权利要求1的技术方案并非显而易见，本专利权利要求1相对于对比文件1和2具备创造性。

焦点问题

本案的焦点问题在于对比文件2是否给出了将中间管水平设置的技术启示，以及在该启示下，将水平设置的中间管设置成上部和底部闭合或接近闭合，以形成存水结构是否属于公知常识。

案情分析

针对本专利权利要求1是否具有创造性，在判断对比文件2是否存在将中间管水平横向布置的技术启示时，应当依据本专利的发明构思进行整体把握，即应当考虑实现相同功能的技术方案，其原理和结构是否相同。本专利的整体发明构思是：采用排水软管替代现有技术中的硬质排水管，并利用排水软管的弹性性能，在重力作用下形成存水结构。对比文件1中的排水管是垂直布置，水封是靠平衡锤受重力下垂夹扁中间管形成的，与本专利依靠软管本身弹力特性形成水封的原理和结构均不同。而对比文件2虽然公开了中间管水平横向布置，但是其水封是由弹簧顶起中间管形成弯折结构形成的，如果机械地割裂部件去对比，似乎对比文件1结合对比文件2覆盖了本专利的技术方案，但是通过整体把握技术方案，从发明构思上去理解本专利的技术方案，可以发现，由于原理不同，本领域技术人员在对比文件1公开内容的基础上，没有动机采用对比文件2中的另一种水封结构，即对比文件1和2不具有结合启示，该专利权利要求1相对于对比文件1和2具有创造性。

创造性评述建议

评价实用新型是否具有创造性时，应当依据本专利的发明构思进行整体判断，不能机械地割裂部件进行单独对比，即应当考虑实现相同功能的技术方案，其原理和结构是否均相同，仅公开了某个或全部部件并不一定意味着现有技术整体上存在技术启示。

【案例3-17】 光纤寻障仪

案情介绍

本专利涉及一种光纤寻障仪，授权公告文本中权利要求1如下：

1. 一种光纤寻障仪，其特征在于：包括光耦合器、激光器、光探测器、峰值检测器、高速计数器、存储器、定位模块、LCD显示屏、微处理器、电源模块和LED灯；光耦合器通过导线分别与激光器和光探测器电连接在一起，光探测器通过导线与峰值检测器电连接在一起，峰值检测器通过导线与高速计数器电连接在一起，激光器、高速计数器、存储器、定位模块和LCD显示屏分别通过导线与微处理器电连接在一起，电源模块分别通过导线与光耦合器、激光器、光探测器、峰值检测器、高速计数器、存储器、定位模块、

LCD显示屏、微处理器和LED灯电连接在一起。

本专利说明书记载：本实用新型提供一种检测精度高、自动存储检测数据及定位信息，以及提供夜晚照明的光纤寻障仪。

本专利附图如图3-42所示。

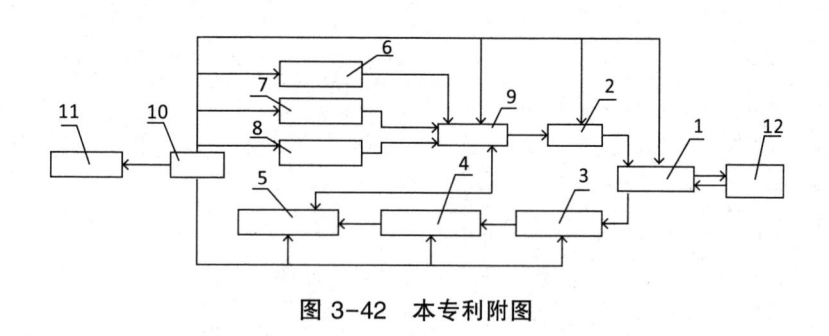

图3-42 本专利附图

对比文件1（CN201887767U）公开了上述权利要求1的大部分技术特征，具体内容如下：

对比文件1（CN201887767U）是一篇与本专利相关的对比文件，属于光纤寻障仪领域，其说明书公开了一种具有自动量程及脉宽匹配功能的光纤寻障仪，包括光纤耦合器（相当于本专利权利要求1中的光耦合器）、激光器、光探测器以及单片机（相当于本专利权利要求1中的微处理器），所述激光器和光探测器分别通过所述光纤耦合器与被测光纤相连（相当于本专利权利要求1中光耦合器通过导线分别与激光器和光探测器电连接在一起），所述光探测器用于接收被测光纤中的故障点产生的光反射信号，并转换成与所述光反射信号成正比的电压信号，所述峰值检测电路（相当于本专利权利要求1中的峰值检测器）用于捕获所述电压信号峰值，并转换成窄脉冲信号输送到高速计数器（相当于本专利权利要求1中峰值检测器通过导线与高速计数器电连接在一起），由高速计数器对峰值计数，并将所得数值传送到单片机（相当于本专利权利要求1中高速计数器通过导线与微处理器电连接在一起），计算出故障点距离。从说明书附图可得，光探测器通过导线与峰值检测电路电连接在一起（相当于本专利权利要求 1 中光探测器通过导线与峰值检测器电连接在一起），激光器通过导线与微处理器电连接在一起。虽然对比文件 1 中没有明确公开电源模块，但对比文件 1 技术方案中包括了单片机、计数器等使用低电压的电气元件，所以必然含有给各电气元件供电的电源模块。

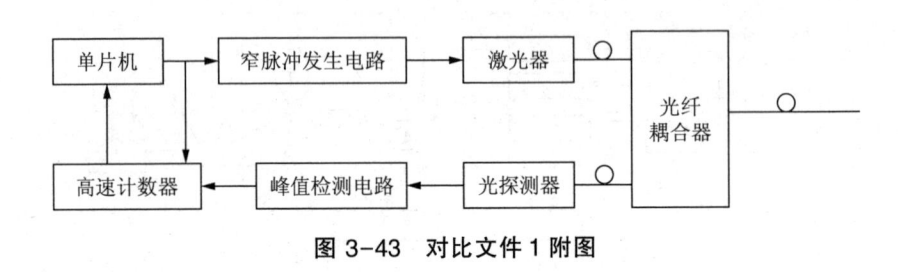

图 3-43　对比文件 1 附图

权利要求 1 与对比文件 1 的区别技术特征为：对比文件 1 没有公开本专利权利要求 1 中"存储器、定位模块、LCD 显示屏和 LED 灯"等电气元件以及相应的电路连接关系。

对比文件 2（CN203399130U）公开了一种带光纤故障定位功能的天馈线系统综合分析装置，具体公开了以下技术特征：一种带光纤故障定位功能的天馈线系统综合分析装置，包括智能控制单元、光纤故障定位单元、GPS 单元（相当于本专利中定位模块）、显示单元，其中智能控制单元获取 GPS 单元信息进行存储统计，可知智能控制单元含有存储单元（相当于本专利中存储器）。可见区别技术特征"存储器""定位模块"已被对比文件 2 公开，且对比文件 2 公开的上述技术特征在对比文件 2 中所起的作用与权利要求 1 中相应技术特征在权利要求 1 中所起的作用相同，均为存储数据和定位故障点的地理位置。此外，显示单元采用 LCD 显示屏，属于本技术领域的惯用技术手段。对比文件 2 没有公开区别技术特征 LED 灯，LED 灯在本专利中起的作用是光纤寻障仪在夜间或光线不足的情况下使用时可以提供照明。

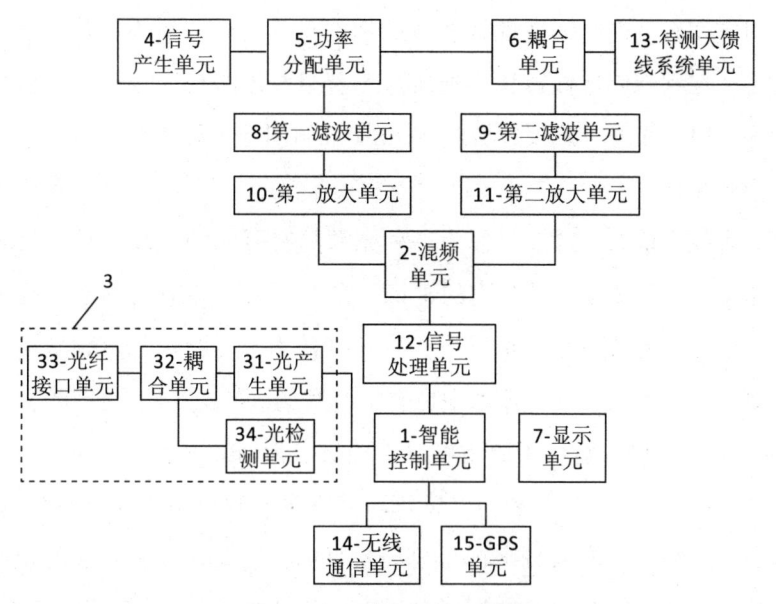

图 3-44　对比文件 2 附图

对于 LED 灯，对比文件 3（CN202998100U）公开了一种包括 LED 灯的光纤故障定位仪，LED 指示灯在对比文件 3 中用于判断光纤是否有断点。

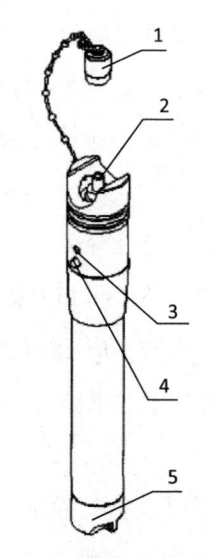

图 3-45　对比文件 3 附图

在对实用新型进行创造性评述时引用的对比文件一般不超过两篇，上述对比文件3在判断创造性过程中通常作为背景技术考虑。专利权评价报告合议过程中，对于光纤寻障仪领域应用LED灯照明是否属于公知常识，有两种不同观点：

第一种观点认为，LED灯作为一种光源具有照明的功能，是一种普遍知晓的技术知识，属于本领域公知的常识，在本专利中LED灯所起的也是照明作用。同时，在光线不足的情况下，增加灯具用于照明也是本领域技术人员容易想到的技术手段，现有技术中也有很多实例，如矿工帽上的矿灯。因此，在本专利中设置LED灯用于照明可以直接认定为公知常识，因而在对比文件1的基础上结合对比文件2和公知常识以获得本专利权利要求1的技术方案，对所属技术领域的技术人员来说是显而易见的，因此该权利要求的技术方案不具备实质性特点，因而不具备《专利法》第二十二条第三款规定的创造性。

第二种观点则认为，虽然LED灯有照明功能是周知的，但根据检索结果，并没有发现将LED灯设置于光纤寻障仪上用于照明的技术启示。对比文件3中的LED指示灯是用于判断光纤是否有断点，而不是在夜间或光线不足的情况下起到照明作用，不能说明在光纤寻障仪中使用LED灯进行照明是惯用手段。因此本专利权利要求的技术方案，对所属技术领域的技术人员来说是非显而易见的，具备《专利法》第二十二条第三款规定的创造性。

焦点问题

本专利的专利权评价报告对于光纤寻障仪中应用LED灯进行照明是否属于公知常识，存在争议。两种观点都认同LED灯具有照明功能是属于公知的，但区别在于对于光纤寻障仪技术领域，应用LED灯照明是直接认定为公知常识，还是需要检索到本领域现有技术的举证后才能认定为公知常识。

案情分析

公知常识，是指本领域中解决该重新确定的技术问题的惯用手段，或教科书或者工具书等中披露的解决该重新确定的技术问题的技术手段，或是本技术领域的普通技术知识。如果本专利与最接近的现有技术的区别技术特征属于上述情形之一，可以直接认定为公知常识，并应当认为现有技术存在对最接近的现有技术进行改进的技术启示。

本专利中涉及的 LED 灯实质是一种发光二极管，发光、照明是其本身固有的显著性和客观性，属于本领域技术人员普遍知道的技术知识。而在光线不足的情况下，增加灯具改善照明条件也是本领域技术人员熟知的技术手段。对于本专利保护的光纤寻障仪，在实际应用由于光线不足而带来不便时，本领域技术人员必然想到要增加照明灯具，而 LED 灯是现有技术中普遍的照明方式，其电路安装结构也是常用技术手段，是现有常规技术选择。LED 灯在本专利中所起的也是发光照明的基本作用，本领域技术人员在将 LED 灯安装到本专利中时也不需要付出创造性劳动。也就是说，LED 灯在本专利中的应用和所发挥的功能，是本领域技术人员普遍知晓的技术知识，应当直接认定为公知常识。这种认定不应当受检索结果中专利文献记载篇数的影响。

创造性分析建议

公知常识应该具有普遍知晓的性质，包括众所周知的事实、本技术领域普遍知道的技术知识或惯用手段。进行创造性分析时，如果区别技术特征在申请文件中没有被记载产生特定的效果或作用，不是申请人认为的发明点，即不是直接体现发明构思的特征，没有体现该实用新型对社会的智慧贡献时，也就是说区别技术特征在技术方案中的应用和产生的效果属于本领域技术人员普遍掌握的知识或能力时，应当认定为公知常识。

【案例 3-18】 压紧板可调式滑轮

案情介绍

本专利涉及一种压紧板可调式滑轮，具体涉及一种固液分离的压滤机中使用的压紧板上的滑轮，现有技术中存在的问题为现有的压紧板滑轮为固定式，在压紧板安装和使用过程中，各个滑轮很难保持平衡，出现滑轮脱轨，造成设备损坏，本专利通过设置在滑轮座和固定座之间的调整螺杆使得滑轮与主梁的接触点便于调整，受力均匀，压滤机的压紧板在主梁上面运行平稳。

其附图如图3-46所示。

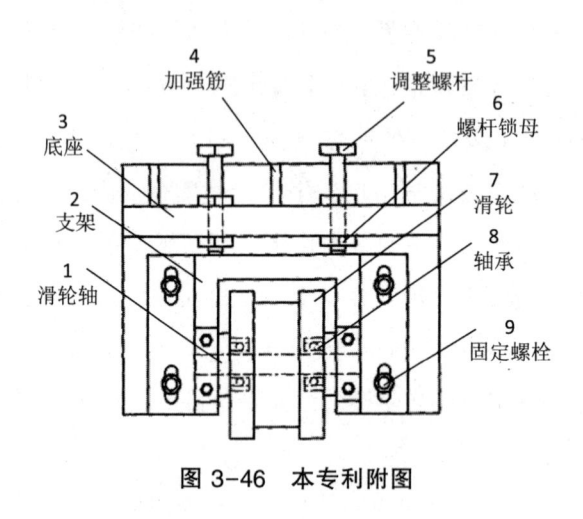

图 3-46 本专利附图

其授权公告文本中权利要求1如下：

1. 一种压紧板可调式滑轮，其特征在于：设置支架底座安装在压紧板两侧，支架底座上面安装滑轮支架，支架底座上端设有加强筋，支架底座安装有调整螺杆，设置滑轮和滑轮轴安装在滑轮支架，滑轮轴设有轴扁安装在滑轮支架上，滑轮安装有轴承连接滑轮轴，滑轮支架由固定螺栓安装在支架底座上。

国家知识产权局作出的专利权评价报告中引用了一篇对比文件（对比文件1：CN201254913Y）对上述权利要求1的创造性进行评价，对比文件1公开了一种适用于折叠门的上轨滑轮装置，对比文件1通过设置在滑轮座和固定座之间的中心螺栓，从而也可达到调整两者之间的位置的效果。

对比文件1的附图如图3-47所示。

第三章 创造性审查典型案例

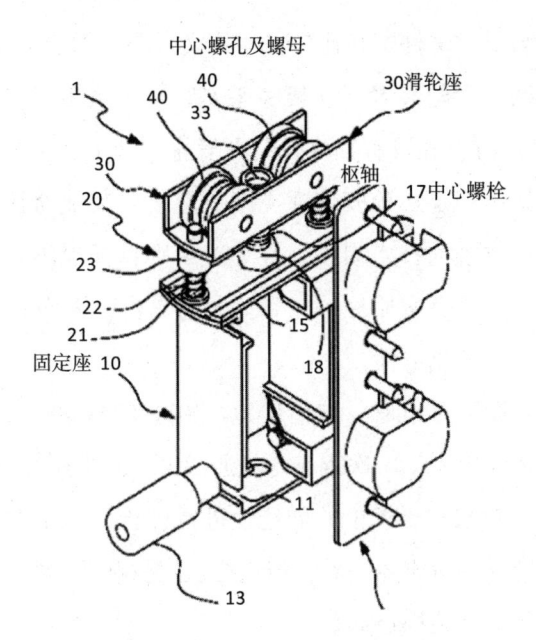

图 3-47 对比文件 1 附图

评价报告中具体评述内容摘录如下：

权利要求1保护一种压紧板可调式滑轮。对比文件1（CN201254913Y，公开日期：2009年6月10日）公开了一种滑轮装置，并具体公开了以下技术特征：两上轨滑轮装置1分别设置于上轨道95内，各上轨滑轮装置1分别与一上铰链80相固定以便连接门片93，各上轨滑轮装置1分别包含有：一个固定座10、一个滑轮座30（即滑轮支架）、两个平衡定位组件20以及数个滑轮40，该固定座10具有一个顶板15，在顶板15上通过一个螺母18固设有一个中心螺栓17（即固定座安装有中心螺杆），该滑轮座30固设悬立于中心螺栓17上而与顶板15间相距一间隔（即固定座上面安装滑轮支架），在滑轮座30底部贯穿形成有一个中心螺孔33以供锁固中心螺栓17，该数个滑轮40分别通过一个枢轴45（即滑轮轴）枢设于滑轮座30上（即设置滑轮和滑轮轴安装在滑轮支架）且分别穿越滑轮槽31而穿出滑轮座30底部之外，且以滑轮40外缘接触上轨道95的内底面，通过调整中心螺杆17可以改变滑轮座30以及固定座10之间的距离（该滑轮装置即为可调式滑轮装置，中心螺杆为调整螺杆）。

· 133 ·

权利要求1与对比文件1相比较，对比文件1未公开：（1）可调式滑轮装置为压紧板可调式滑轮装置，支架底座安装在压紧板两侧，支架底座上端设有加强筋；（2）滑轮轴设有轴扁安装在滑轮支架上，滑轮安装有轴承连接滑轮轴，滑轮支架由固定螺栓安装在支架底座上。其他对比文件也未给出对上述区别特征进行改进的技术启示，且上述区别特征也不是本领域的公知常识。因此权利要求1具有实质性特点和显著的进步，因而具备《专利法》第二十二条第三款规定的创造性。

本专利存在发明同日申请（申请号为：201110357988.3），本发明申请的审查员针对该申请作出了第一次审查意见通知书，其中同样引用了对比文件1（CN201254913Y）对权利要求1的创造性进行评价，其中对于特征对比和区别技术特征的认定与评价报告一致，但最终认定权利要求1相对于对比文件1不具备创造性，具体评述摘录如下：

对于区别特征（1），对可调式滑轮装置的用途进行选择为本领域的常规技术手段，本领域中，压紧板在压滤过程中需要滑动，本领域技术人员容易选择可调式滑轮装置为压紧板可调式滑轮装置，将可调式滑轮装置结合至压紧板时，本领域技术人员容易选择固定座为支架底座，并具体将支架底座安装在压紧板两侧，为了提高强度，支架底座上端设有加强筋是本领域技术人员的常规选择。对于区别特征（2），对于滑轮轴、滑轮支架和滑轮之间的连接方式进行选择为本领域的常规技术手段，滑轮轴设有轴扁安装在滑轮支架上，滑轮安装有轴承连接滑轮轴是本领域技术人员的常规选择。对滑轮支架与支架底座的连接方式进行选择为本领域的常规技术手段，滑轮支架由固定螺栓安装在支架底座上是本领域技术人员的常规选择。因此，在对比文件1的基础上结合本领域常规技术手段得到权利要求1的技术方案，对本领域技术人员来说是显而易见的，权利要求1不具备突出的实质性特点和显著的进步，不具备创造性，不符合《专利法》第二十二条第三款的规定。

焦点问题

本专利相对于对比文件1，区别技术特征较多，其二者技术领域、所要解决的技术问题以及有益效果也不尽相同,本案的焦点问题在于对比文件1是否可用于评价本专利的创造性。

案情分析

本专利涉及一种压紧板可调式滑轮,通过设置在滑轮座和固定座之间的调整螺杆使得滑轮与主梁的接触点便于调整,受力均匀,压滤机的压紧板在主梁上面运行平稳。其技术领域为压滤机技术领域,要解决的技术问题主要在于:解决滑轮受力不均匀而出现滑轮脱轨的问题,其作用是调整滑轮与主梁受力均匀,使其运行更加平稳。

而对比文件1公开了一种适用于折叠门的上轨滑轮装置,其所要解决的技术问题是,针对现有折叠门的上滑轮组件仅有一个螺杆支撑滑轮座导致滑轮容易与上轨道摩擦甚至造成上滑轮组件损毁的缺点,提供一种适用于折叠门的上轨滑轮装置,其可避免滑轮晃动脱离轨道中心,进而避免滑轮与轨道侧壁摩擦造成滑动不顺畅。对比文件1采用的技术手段是一种适用于折叠门的上轨滑轮装置,设置在一个橱柜的上轨道内,其包含有:一个固定座,具有一个顶板,在顶板上固设有一个中心螺栓;一个滑轮座,固设悬立于中心螺栓上而与顶板间相距一间隔,在滑轮座底部贯穿形成有一个中心螺孔以供锁固中心螺栓,在滑轮座底部上贯穿形成有数个滑轮槽,此外在滑轮座底部靠近两端处分别贯穿形成有一个穿孔;两个平衡定位组件,设置在固定座与滑轮座之间,位于中心螺栓两侧,分别承托滑轮座底部两端,且各平衡定位组件分别包含一个定位杆、一个塑钢轮以及一个弹簧,该定位杆从固定座顶板向上突伸并且穿过滑轮座底部其中一个穿孔,该塑钢轮穿套在定位杆上并且由下往上抵靠滑轮座的底面,该弹簧穿套在定位杆上,界于塑钢轮与固定座顶板之间,以弹力将塑钢轮向上抵压在滑轮座底面,并且令塑钢轮界于上轨道的下开口之间;以及数个滑轮,枢设于滑轮座上且分别穿越滑轮槽而穿出滑轮座底部之外,且以滑轮外缘接触上轨道的内底面。通过上述技术手段,塑钢轮受到弹簧向上的作用力而位于上轨道下开口的两相对边缘之间,可与边缘作两点接触,由此可避免上轨滑轮装置与上轨道之间有过大间隙，并且可令滑轮维持在轨道的中心处而不至于晃动偏斜，此外，由于弹簧将塑钢轮往上顶，因此即便通过调整中心螺杆改变滑轮座以及固定座之间的距离时，仍然可以让塑钢轮永远抵靠在滑轮座底面而位于上轨道的下开口之间。

由上述描述可知，虽然本专利和对比文件1均公开了利用螺杆调整滑轮与固定座之间距离这一特征，且部分特征的名称、结构及作用均存在相同或类似之处，但从本申请和对比文件的整体技术方案来看，二者所属领域不同，本申请为压滤机领域，而对比文件属于家居领域，差别较大，同时两者所要解决的技术问题和达到的效果也不尽相同，本申请主要解决滑轮受力不均匀的问题，而对比文件1主要解决单点固定不稳定的问题，从而采用一种多点定位的方案，使滑轮运行中不产生晃动，避免侧壁摩擦而运行不畅，同时，两者的技术方案中的各特征之间的相互关系也不对应，即二者的整体发明构思不同，不能仅将部分技术特征从整体技术方案中割裂出来进行创造性的评述，因此相对于对比文件1，本专利权利要求1保护的技术方案应当具有创造性。

创造性评述建议

进行创造性评价时需要从整体发明构思的角度出发，基于整体发明构思的理念对本专利和对比文件的技术方案进行理解，不可将技术手段从整体发明构思中割裂出来，进行简单机械的特征比对。不仅需要判断本专利与对比文件所采用的技术手段是否相同，还需要从本领域技术人员的角度出发，判断二者的技术方案是否属于相同的技术领域，技术手段是否实现了同样的技术效果或者解决了同样的技术问题。

【案例3-19】 侧面发光二极管

案情介绍

本专利涉及一种侧面发光二极管，授权公告文本中权利要求书如下：

1. 一种侧面发光二极管，具有腔室，于所述腔室的底部设置有芯片，其特征在于：所述腔室的侧壁从底部往顶部延伸，形成可将所述芯片发射的光线反射至所述腔室外的凹形曲面。

2. 如权利要求1所述的侧面发光二极管，其特征在于：所述凹形曲面由数个斜面组合而成，各所述斜面之间的夹角大于90°。

3. 如权利要求2所述的侧面发光二极管，其特征在于：所述凹形曲面包括垂直面和与所述垂直面连接的倾斜面，所述倾斜面设置于底部。

4. 如权利要求3所述的侧面发光二极管，其特征在于：所述垂直面的高度为0.02~0.15mm。

5. 如权利要求3所述的侧面发光二极管，其特征在于：所述垂直面与倾斜面之间具有弧形过渡面，所述过渡面的半径为垂直面高度的0.1~0.3倍。

6. 如权利要求1所述的侧面发光二极管，其特征在于：所述凹形曲面为弧度小于90°的圆弧。

7. 如权利要求1~6任一项所述的侧面发光二极管，其特征在于：所述腔室的深度为0.2~0.35mm。

国家知识产权局作出的检索报告中引用了对比文件1（JP特开2005-310680A）对上述权利要求的新颖性、创造性进行评价，并作出如下结论：

权利要求1、2、6相对于对比文件1不具备《专利法》第二十二条第二款规定的新颖性。权利要求3~5、7具备新颖性、创造性。

具体评述内容摘录如下：

权利要求3是权利要求2的从属权利要求，其进一步限定："所述凹型曲面包括垂直面和与所述垂直面连接的倾斜面，所述倾斜面设置于底部。"对比文件1清晰示出了如下技术特征：凹型曲面反射面包括光反射面9和倾斜面11（相当于本专利权利要求3中的倾斜面），且光反射面9和倾斜面11均为倾斜面。由此可见，对比文件1没有公开本专利权利要求3中的"垂直面"这一技术特征，同时，其他对比文件也没有完全公开本专利权利要求3的全部技术方案，因此，权利要求3具备《专利法》第二十二条第二款规定的新颖性。由于其他对比文件也没有公开上述区别技术特征，并且上述区别技术特征也不属于公知常识，因此，权利要求3具备实质性特点和进步，具备《专利法》第二十二条第三款规定的创造性。

权利要求4、5是权利要求3的从属权利要求，在其引用的权利要求3具备新颖性、创造性的情况下，权利要求4、5也具备《专利法》第二十二条第二款、第三款规定的新颖性、创造性。

权利要求7是权利要求1~6的从属权利要求，其进一步限定："所述腔室的深度为0.2~0.35mm。"由于对比文件1没有公开上述区别技术特征，同时，其他对比文件也没有完全公开本专利权利要求7的全部技术方案，因此，权利要求7具备《专利法》第二十二条第二款规定的新颖性。由于其他对比文件也没有公开上述区别技术特征，并且上述区别技术特征也不属于公知常识，因此，权利要求7具备实质性特点和进步，具备《专利法》第二十二条第三款规定的创造性。

专利权人提出更正请求，认为本专利的权利要求1、2、6具备《专利法》第二十二条新颖性和创造性的规定。

复核组对于本专利权利要求1~7的技术方案进行了补充检索，补充新证据，即对比文件2（CN1263171C），并对于权利要求1~7的技术方案重新进行评述。

具体复核结论摘录如下：

维持原检索报告中关于权利要求1、2相对于对比文件1不具有《专利法》第二十二条第二款规定的新颖性的结论，撤回原检索报告中关于权利要求6相对于对比文件1不具有《专利法》第二十二条第二款规定的新颖性的结论；同时作出如下结论：权利要求1和6相对于对比文件2不具有《专利法》第二十二条第二款规定的新颖性，权利要求3、4、5、7（引用权利要求1~5时）相对于对比文件1和本领域的公知常识，权利要求7（引用权利要求1、6时）相对于对比文件2和本领域的公知常识，不具有《专利法》第二十二条第三款规定的创造性。

权利要求3是权利要求2的从属权利要求，其附加技术特征是：凹形曲面包括垂直面和与所述垂直面连接的倾斜面，所述倾斜面设置于底部。对比文件1中所公开的凹形曲面由垂直面、倾斜面11以及光反射面9所构成。虽然其公开的各个组成面的角度有所不同，但对于本领域技术人员来说，其可根据需要选择各个面的倾斜角度，根据出射光的角度和强度调整组成面的倾斜度，这并不需要付出创造性的劳动，属于本领域的公知常识。因此，在对比文件1的基础上结合本领域的公知常识得到权利要求3所保护的技术方案对本领域技术人员来说是显而易见的。由此，该权利要求3不具备实质性特点和进步，不符合《专利法》第二十二条第三款有关创造性的规定。

权利要求4、5是权利要求3的从属权利要求，权利要求7是权利要求1~6的从属权利要求。对比文件1和2未公开其附加技术特征，但为了增大腔室体积或保证出光的均匀性，本领域技术人员会根据腔室的现有尺寸调整其侧壁各个面的高度以及腔室深度，或者在侧壁各个面的连接处调整其过渡面，使其获得最佳的出光效果。这都是本技术领域的惯用手段，并不需要付出创造性的劳动，属于本领域的公知常识。因此，在所引用的权利要求不具有新颖性或创造性的情况下，该权利要求4、5、7不具备实质性特点和进步，不符合《专利法》第二十二条第三款有关创造性的规定。

焦点问题

本案的焦点问题在于：（1）针对本专利的权利要求3，对比文件1公开了权利要求3中的全部技术特征时，是否应当评述新颖性；（2）针对本专利的权利要求4、5、7（引用权利要求1~5时）的参数特征，是否可以认定为公知常识。

案情分析

由本专利说明书记载的内容可知，本专利的主要创新点在于：上述腔室4的侧壁从底部往顶部延伸形成凹形曲面5，利用该凹形曲面5，可将芯片3发射的光线反射至腔室4外。该凹形曲面5可以由数个斜面组合而成，各斜面之间的夹角大于90°。这样，夹角大于90°的倾斜面之间逐一连接形成的凹形曲面5，可将芯片3发出的光线反射于腔室4外，相比现有技术中的直倾斜面的反射角，其反射角增大，从而使芯片的侧面光的出光更多了，提高了出光的亮度；同时，反射角度增大还使该侧面发光二极管腔室的出光位置更邻近角落，提高了出光的均匀性。

而权利要求 3 中给出了一种实施例（见图 3-48），凹形曲面 5 包括垂直面 51 和与垂直面 51 连接的倾斜面 52，倾斜面 52 设置于底部，与腔室 4 底部连接。由于增加了垂直面 51，使倾斜面 52 的终点可以更低，而起点位置不变，因此直倾斜面 52 与腔室 4 底部之间的夹角增大，从而增大了光线的反射角。

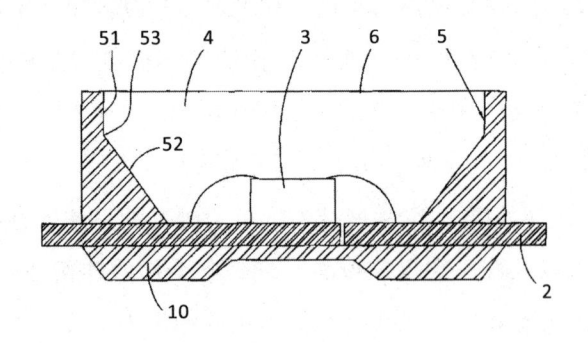

图 3-48 实施例图

对比文件公开了凹形曲面由垂直面、倾斜面 11 以及光反射面 9 所构成（见图 3-49）。

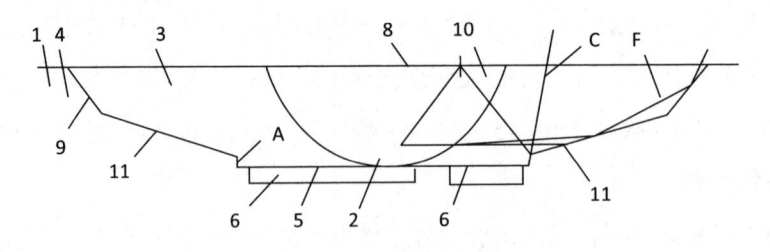

图 3-49 凹形曲面结构图

单独从特征对比上来看，权利要求 3 的附加技术特征已被对比文件全部公开。

《专利审查指南（2010）》在第二部分第四章第3.1节关于创造性的审查原则部分规定：在评价发明是否具有创造性时，审查员不仅要考虑发明的技术方案本身，而且还要考虑发明所属技术领域、所解决的技术问题和所产生的技术效果，将发明作为一个整体看待。这就需要审查员从本领域技术人员的视角，客观、整体地了解发明创造的前因后果，从技术问题从何而来、技术改进因何为之、技术效果因何而就这几个方面进行全面综合的考虑。

结合本案，虽然对比文件从文字上看公开了权利要求3中的全部附加技术特征，但是结合其要解决的技术问题和能达到的有益效果来看，本专利中构成凹形曲面的垂直面和与垂直面连接的倾斜面的位置与对比文件1中构成凹形曲面的垂直面和与垂直面连接的倾斜面的位置不同，这一区别造成了本专利中的凹形曲面与对比文件1中的凹形曲面其各个组成面构成的角度有所不同，因此，直接认为特征都已公开而评价新颖性显然是不妥的。为了增大腔室体积或保证出光的均匀性，本领域技术人员会根据腔室的现有尺寸调整其侧壁各个面的高度以及腔室深度，或者在侧壁各个面的连接处调整其过渡面，使其获得最佳的出光效果。这都是本技术领域的惯用手段，并不需要付出创造性的劳动，属于本领域的公知常识。因此，应当在对比文件1的基础上结合本领域的公知常识评述创造性。

创造性分析建议

在对实用新型进行创造性评述时，不能简单地将技术特征拆分后进行机械的一一对比，也就是说，不能简单地认为对比文件公开了本专利权利要求的全部技术特征后即可进行新颖性的评述，而需要对发明构思进行整体考量，在了解整体发明构思的基础上判断是否需要结合公知常识进行评述，对于能够认定其技术手段本身与技术手段在技术方案中所起的作用都是公知的尺寸、角度等参数特征，可直接认定为公知常识。

【案例 3-20】 外转式工业或家用风扇直流无刷马达

案情介绍

本专利涉及一种外转式工业或家用风扇直流无刷马达,授权公告文本中权利要求 1 如下:

1. 一种外转式工业或家用风扇直流无刷马达,一中空的基座(1),相互匹配工作的定子绕组(2)和转子(3)一起内置在基座(1)的中空腔内,定子绕组(2)固定于基座 1 内凸出的套管上,其特征在于:转轴(4)的一端通过轴承(5)固定于基座(1)底部的内孔中,另一端固定于框架(7)的轴承(6)内,转子(3)为外转子形式,转子(3)固定安装于马达的转轴(4)上,转轴(4)至少有一端伸出基座(1)或框架(7)外以连接风扇叶,转子(3)匹配定子绕组(2)工作,而可转动的轴设于基座(1)腔中的凸出套管孔内。

附图如图 3-50 所示。

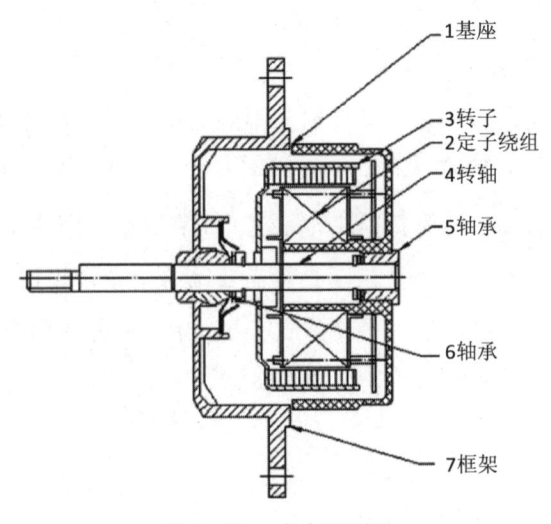

图 3-50 本专利附图

第三章 创造性审查典型案例

国家知识产权局于2013年9月10日作出专利权评价报告,在评价报告中引用了对比文件1(公告号:CN201733205U;公告日:2011年2月2日)对权利要求1进行创造性评价。

对比文件1的附图如图3-51所示。

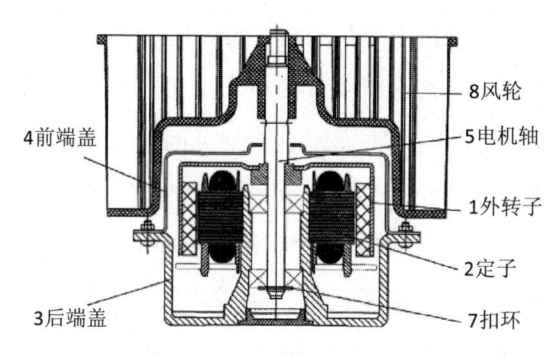

图 3-51 对比文件1附图

评价报告中指出:对比文件1(CN201733205U)公开了一种直流无刷外转子电机,与本申请属于相同技术领域,其中公开了以下技术特征:一中空的后端盖3,相互匹配的定子部件2和外转子部件1一起内置在后端盖的空腔内,定子部件2固定于后端盖内凸出的支撑柱31,前端盖4(相当于本专利权利要求1中一中空的基座,相互匹配工作的定子绕组和转子一起内置在基座的中空腔内,定子绕组固定于基座1内凸出的套管和框架7上),电机轴5的一端通过轴承6穿设在后端盖底部的通孔311上,转子部件为外转子,外转子部件1与电机轴5连接,电机轴5的一端伸出前端盖以连接风轮8,转子部件匹配定子部件工作,而可转动的电机轴5设于后端盖3腔中的凸出支撑柱31孔内〔相当于本专利权利要求1中转轴(4)的一端通过轴承(5)固定于基座(1)底部的内孔中,转子(3)为外转子形式,转子(3)固定安装于马达的转轴(4)上,转轴(4)至少有一端伸出基座(1)或框架(7)外以连接风扇叶,转子(3)匹配定子绕组(2)工作,而可转动的轴设于基座(1)腔中的凸出套管孔内〕。对比文件1未公开权利要求1的技术特征"转轴

· 143 ·

(4)的另一端固定于框架（7）的轴承（6）内"，对比文件1中电机轴5的另一端伸出前端盖4，固定电机轴的轴承6为两个，一个位于支撑柱下部，一个位于支撑柱上部，与本申请通过一个轴承位于基座底部，一个轴承位于框架内来固定转轴相比，从基座方向看去仅是上部轴承的位置不同，即本申请上部轴承在框架内，而对比文件1中上部轴承在支撑柱内，但都解决了固定转轴的问题，对于本领域技术人员来说，位置的变换对所要解决的技术问题没有影响，属于公知常识，本领域人员在对比文件1的基础上结合本领域公知常识得到权利要求1的技术方案是显而易见的，权利要求1保护的技术方案不具备实质性特点和进步，不符合《专利法》第二十二条第三款的规定。

评价报告请求人关于涉及的公知常识问题进行意见陈述，认为：上述区别技术特征"转轴另一端固定于框架的轴承内"的结构对于提高轴承寿命、减少噪声在技术上是创造性改善，绝非只是位置的变换，不属于公知常识。

专利权评价报告复核组认真考虑了请求人的意见陈述，在补充新证据的基础上对原实用新型专利权评价报告关于权利要求1不具有创造性的评述予以更正。

焦点问题

本专利权利要求1中的"转轴另一端固定于框架的轴承内"能否认定为公知常识；在实用新型创造性评述时，如何认定公知常识。

案情分析

由本专利说明书记载的内容可知，本专利的创新点有两点：一是固定转轴的轴承的安装位置，二是转子为外转子形式。本专利关于固定转轴的轴承的安装位置这一发明点的技术特征为"转轴（4）的一端通过轴承（5）固定于基座（1）底部的内孔中，另一端固定于框架（7）的轴承（6）内"，将转轴的一端通过轴承固定于基座底部的内孔中，可以减少了产品在实际应用中的占用空间及降低了产品成本，而将转轴另一端固定于框架的轴承内，可以解决如下技术问题：1）轴承不会因电枢发热而引起高温造成油脂蒸发影响寿命；2）降低负载转体的甩动，解决转体振动及轴承寿命和噪声的问题；3）轴承位于框架内，转轴受力时在框架上，提高装置的稳定性。本专利权利要求 1 与对比文件 1 相比，区别技术特征为"转轴（4）的另一端固定于框架（7）的轴承（6）内"，该特征为本专利的发明点之一。对比文件 1 解决的是直流无刷外转子电机的安全防护问题，其不涉及解决提高轴承寿命、减少噪声的问题。

《专利审查指南（2010）》在第二部分第四章第 3.2.1.1 节谈及创造性的技术启示时，通过举例对公知常识作了如下规定：本领域中解决该重新确定的技术问题的惯用技术手段，或教科书或者工具书等中披露的解决该重新确定的技术问题的技术手段。而公知常识的判断主体为所属领域技术人员，《专利审查指南（2010）》对所属领域技术人员给出了明确的定义，即其是指一种假设的"人"，假定他知晓申请日或者优先权日之前发明所属技术领域所有的普通技术知识，能够获知该领域中所有的现有技术，并且具有应用该日期之前常规实验手段的能力，但他不具有创造力。

由上述内容可知，审查员应当以所属领域技术人员的身份，以对比文件公开的技术内容为基础，同时结合公知常识来评述专利的创造性问题，但由于审查员对个案的具体技术领域的了解、掌握程度不同，对公知常识的认定也会有差异。

在本案例的评价报告中，审查员认为对比文件 1 中固定电机轴的轴承 6 为两个，一个位于支撑柱下部，另一个位于支撑柱上部；而本专利中，固定转轴的轴承，一个位于基座底部，另一个轴承位于框架内，对比文件 1 与本专利相比，从基座方向看去仅是上部轴承的位置不同，即本申请上部轴承在框架内，而对比文件 1 中上部轴承在支撑柱内，但都解决了固定转轴的问题，因此认为，对于本领域技术人员来说，轴承位置的变化对所要解决的技术问题没有影响，属于公知常识。

而复核组采纳了请求人的意见陈述，没有采用对比文件 1 结合公知常识来评述权利要求 1 的创造性，而是另外选用了公开了上述区别技术特征的另一篇对比文件 2 与对比文件 1 结合来评述本专利权利要求 1 的创造性。这是因为，"转轴另一端固定于框架的轴承内"不仅能够起到固定转轴的作用，同时还能够提高轴承寿命、减少噪声，这种轴承位置的变化带来的有益效果并不是公知的，因而不能认定轴承位置的变化属于本领域的公知常识，因此不能采用对比文件 1 结合公知常识来评述权利要求 1 的创造性问题。

创造性分析建议

只有当一个技术特征必须同时具备下面两个条件时才能判定该技术特征属于公知常识：（1）技术手段本身是公知的；（2）技术手段在技术方案中所起的功能作用是公知的。一般来说，区别技术特征只有达到"双公知"的情况下，才能认定该区别技术特征属于公知常识。

【案例 3-21】 地坪研磨机磨盘连接装置

案情介绍

本专利涉及一种地坪研磨机磨盘连接装置，授权公告文本中权利要求书如下：

1. 一种地坪研磨机磨盘连接装置，包括输动盘（1）、橡胶法兰（2）、磨盘体（5）以及磨盘连接器（9），其特征在于：所述橡胶法兰（2）上下两端分别固定连接输动盘（1）与磨盘连接器（9），磨盘连接器（9）下部设置磨盘体（5），所述输动盘（1）与橡胶法兰（2）的轴孔内安装弹簧（6）。

2. 根据权利要求 1 所述的地坪研磨机磨盘连接装置，其特征在于：所述输动盘（1）与橡胶法兰（2）轴孔内依次穿入中心轴（8）。

3. 根据权利要求 2 所述的地坪研磨机磨盘连接装置，其特征在于：所述中心轴（8）的螺纹端依次穿过输动盘（1）、橡胶法兰（2），再与弹簧（6）顶端连接。

国家知识产权局于 2011 年 8 月 4 日作出的专利权评价报告中引用了对比文件 1（CN201394761Y）对上述权利要求 1~3 的新颖性、创造性进行评价，具体评述内容摘录如下：

1. 权利要求 1 保护一种地坪研磨机磨盘连接装置，对比文件 1 公开了一种地坪研磨机的磨盘，并公开了该磨盘的连接装置，具体公开了如下技术特征：该磨盘连接装置包括底盘 7（相当于输动盘）、橡胶缓冲垫 6（相当于橡胶法兰）、磨盘 1（相当于磨盘体）以及工字法兰 4（相当于磨盘连接器），橡胶缓冲垫上下两端分别通过销钉 5 固定连接底盘 7 和工字法兰 4，工字法兰 4 下部设置磨盘 1，底盘 7 与工字法兰 4 的轴孔内安装弹簧 3。可见，对比文件 1 公开了该权利要求的全部技术特征，且二者属于相同的技术领域，能够解决相同的技术问题，并且预期效果相同，故该权利要求不具备《专利法》第二十二条第二款规定的新颖性。

2. 权利要求 2 引用权利要求 1，其附加技术特征为"所述输动盘与橡胶法兰轴孔内依次穿入中心轴"；权利要求 3 引用权利要求 2，其附加技术特征为"所述中心轴的螺纹端依次穿过输动盘、橡胶法兰，再与弹簧顶端连接"，上述技术特征未被对比文件 1 公开，因此，这两个权利要求具备《专利法》第二十二条第二款规定的新颖性；并且上述技术特征不是本领域的公知常识，也不是本领域技术人员很容易想到的技术手段。因此，这两个权利要求具有实质性特点和进步，具备《专利法》第二十二条第三款规定的创造性。

无效请求人于 2012 年 8 月 22 日提交了无效宣告请求书，主张权利要求 1 不具有新颖性、权利要求 2 和 3 不具有创造性，并提供了专利权评价报告中使用的对比文件 1 作为证据 1。

无效请求人提出无效请求的理由为：证据 1（CN201394761Y）公开了本专利权利要求 1 的技术方案，因此权利要求 1 不具备新颖性；从属权利要求 2 和 3 的附加技术特征为本领域公知常识，因此不具备创造性。

国家知识产权局专利复审委员会于 2013 年 1 月 10 日作出无效宣告请求审查决定，宣告专利权全部无效，决定的理由摘录如下：

关于新颖性：

证据 1 公开一种地坪研磨机的磨盘，包括底盘 7、磨盘 1、减振弹簧 3、工字法兰4和橡胶缓冲垫6，其中底盘7上端有与传动机构连接的接口9，底盘7、橡胶缓冲垫6和工字法兰4的上圆盘上都环状均匀分布销钉孔，在销钉孔内穿销钉5并拧紧螺母8，依次将底盘7、橡胶缓冲垫6和工字法兰4连接在一起，底盘7、橡胶缓冲垫6和工字法兰4的中心都有圆孔，在圆孔内安装减振弹簧3，所述的磨盘1通过螺钉2固定在工字法兰4的下圆盘上。

将证据1公开的技术内容与本专利权利要求1所要求保护的技术方案相比可知，证据1中的底盘7对应于本专利的输动盘，橡胶缓冲垫6对应于本专利的橡胶法兰，磨盘1对应于本专利的磨盘体，工字法兰4对应于本专利的磨盘连接器，橡胶缓冲垫6的上下两端分别固定连接底盘7和工字法兰4，工字法兰下部设置磨盘1，底盘7、橡胶缓冲垫6和工字法兰4的中心孔内安装减振弹簧3。由此可见，证据1公开了权利要求1的全部技术特征，两者属于相同的技术领域，能解决相同的技术问题并且预期技术效果相同。因此，权利要求1相对于证据1不具备新颖性。

关于创造性：

从属权利要求2引用权利要求1并进一步限定了：所述输动盘（1）与橡胶法兰（2）轴孔内依次穿入中心轴（8）。

从属权利要求3引用权利要求2并进一步限定了：所述中心轴（8）的螺纹端依次穿过输动盘（1）、橡胶法兰（2），再与弹簧（6）顶端连接。

证据1公开的地坪研磨机通过底盘7上端外周上形成的接口9与传动机构连接，从而将动力传递给底盘7，本专利则通过位于输动盘轴孔内的中心轴8将动力传递给输动盘，证据1公开的具体连接结构与本专利不同。然而，采用中心轴进行传动是机械领域惯常采用的技术手段，证据1公开的底盘7的中心也设有孔，选择中心轴作为传动构件且将其设置在底盘7的孔内不存在技术障碍，并且也没有取得预料不到的技术效果。在中心轴上设置螺纹也是本领域惯常采用的技术手段，当采用中心轴进行传动时，位于中心孔内的弹簧的端部必然顶接在中心轴的螺纹端。综上所述，从属权利要求2和3的附加技术特征都是本领域惯常采用的技术手段，因此，在其引用的权利要求不具备新颖性/创造性的情况下，从属权利要求2和3也不具备《专利法》第二十二条第三款规定的创造性。

焦点问题

本专利的专利权评价报告与无效决定中使用了相同的对比文件，对于区别技术特征的认定也完全一致，争议的焦点在于未在对比文件1中公开的区别技术特征是否属于本领域的公知常识。

案情分析

本专利权利要求2和3与对比文件1的区别技术特征在于：（1）输动盘与橡胶法兰轴孔内依次穿入中心轴；（2）中心轴的螺纹端依次穿过输动盘、橡胶法兰，再与弹簧顶端连接。

上述区别技术特征（1）实质上是限定了本专利中驱动磨盘连接装置运动的方式：中心轴依次穿过输动盘与橡胶法兰轴孔，通过中心轴的转动来带动输动盘、橡胶法兰以及磨盘装置的其他部件一起运动，即俗称的轴传动。

对比文件1中公开了底盘（相当于输动盘）和橡胶缓冲垫（相当于橡胶法兰），并且从附图中可以看出底盘和橡胶缓冲垫都具有相贯通的轴孔，但并没有明确表述磨盘的驱动方式。作为本领域的技术人员，机械领域惯常采用的驱动方式主要是轴传动、链传动、齿轮传动等几种方式，因此在面对对比文件1所公开的部件特征完全具备实现轴传动的条件，且明显不适合链传动和齿轮传动等其他传动方式时，本领域的技术人员采取轴传动方式驱动磨盘是显而易见的。因此，作为本领域技术人员，选择中心轴作为传动构件且将其依次穿过底盘和橡胶缓冲垫的轴孔是一种惯常采用的技术手段，并没有取得预料不到的技术效果。惯常采用的技术手段属于本领域技术人员应知晓的所属技术领域的普通知识。

同理，站在本领域技术人员的角度，在中心轴一端设置螺纹也是惯常采用的技术手段，当中心轴依次穿过底盘和橡胶缓冲垫的轴孔时势必会顶接在弹簧的顶端。综上所述，上述两个区别技术特征都是本领域惯常采用的技术手段，因此，从属权利要求2和3不具备《专利法》第二十二条第三款规定的创造性。

创造性分析建议

在创造性的评价中，判断技术特征是否属于应当知晓的普通知识，应当严格地站在本领域技术人员的角度，而不是简单地只关注单个技术特征是否被对比文件公开。

【案例 3-22】 一种风扇组件

案情介绍

本实用新型专利涉及一种风扇组件，传统家用风扇的缺点是通过风扇的旋转叶片产生的气流通常不均匀。

本实用新型提供一种用于形成气流的风扇组件，通过该风扇组件，可以在不使用有叶片的风扇的情况下产生气流和产生冷却效果。通过该风扇组件产生的气流具有的优点是，气流具有低的紊流且比通过其他现有技术装置提供的气流具有更线性的气流样式。这可以改善使用者受到气流时的舒适性。通过提供高速马达来驱动叶轮，通过嘴部发出的气流的动力不会因将气流引导到内部通道中并随后在气流流过嘴部时的收缩气流而受到损害。

其授权公告文本中权利要求1如下：

1. 一种用于形成气流的风扇组件，该风扇组件包括空气入口、空气出口、叶轮和用于让叶轮旋转以形成从空气入口到空气出口流动的气流的马达，空气出口包括用于接收气流的内部通道和用于发出气流的嘴部，该空气出口限定了开口；来自风扇组件外界的空气被从嘴部发出的气流抽吸通过该开口，其中马达具有转子，该转子在使用中能以至少 5000 r/min 的速度旋转，空气出口包括科恩达表面，该科恩达表面定位在嘴部附近且嘴部被布置为引导气流流过该表面上方；空气出口还包括扩散器，该扩散器定位在科恩达表面的下游。

本专利的附图如图 3-52 所示，对比文件 1 的附图如图 3-53 所示。

第三章 创造性审查典型案例

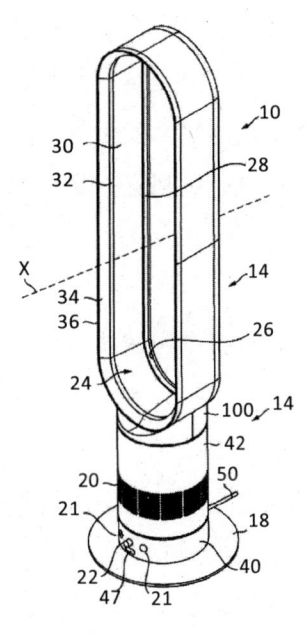

图 3-52 本专利附图

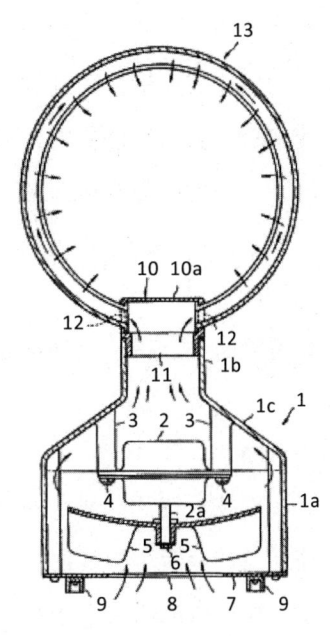

图 3-53 对比文件 1 附图

实用新型专利权评价报告中认为对比文件 1（JP 昭 56-167897A，公告日：1981 年 12 月 23 日）是本实用新型专利的最接近的现有技术，其中对比文件 1 涉及一种形成气流的风扇组件，其公开了一种用于形成气流的风扇组件，并具体公开了以下技术特征：该风扇组件包括吸气口 8（相当于空气入口）、吐风环 13（相当于空气出口）、叶轮 5 和用于让叶轮 5 旋转以形成从吸气口 8 到吐风环 13 流动的气流的马达 2，吐风环 13 包括用于接收气流的内部通道 12 和用于发出气流的环形狭长切口 14（相当于嘴部），该吐风环 13 限定了开口，来自风扇组件外界的空气被从环形狭长切口 14 发出的气流抽吸通过该开口，其中马达具有转子。

本专利的权利要求 1 与对比文件 1 的区别技术特征在于：（1）该转子在使用中能以至少 5000 r/min 的速度旋转；（2）空气出口包括科恩达表面，该科恩达表面定位在嘴部附近且嘴部被布置为引导气流流过该表面上方。空气

· 151 ·

出口还包括扩散器，该扩散器定位在科恩达表面的下游。

区别技术特征（1）达到的效果是使马达具有一定的转速，从而获得风扇散热所需的风速与风量。区别技术特征（2）达到的效果是通过科恩达表面的使用，使来自风扇组件外部的额外的空气量被从风扇嘴部发出的空气抽吸从而通过该开口，得以提升通过该开口产生的风扇吹出的风量，从而增强了散热效果。

焦点问题

本案争议的焦点在于上述区别技术特征是否属于本领域技术人员的公知常识。

案情分析

针对区别技术特征（1），根据风扇领域的风扇定律，风扇风量与转速成正比，而通过调节转子的转速得到需要的风量和风速是风扇领域的公知常识，因此转子在使用中能以至少 5000 r/min 的速度旋转对于本领域技术人员而言无须付出创造性的劳动便可以实现。因此该区别技术特征1属于本领域技术人员的公知常识。

针对区别技术特征（2），科恩达效应是一个公知的自然现象，是指流体、气体或液体，有附着在它们所流出的孔口附近表面的趋势。同时，科恩达表面是公知类型的表面，在该表面上方附近，从输出孔口排出的液体流动具有科恩达效应，即流体趋向于在该表面附近流动，几乎"附着"或"包裹"该表面。现有证据证明科恩达效应已经被应用在飞行器上，用以提高流过机翼表面的风速与风量以提高作用在飞行器上的升力，但没有证据证明科恩达效应已经被应用在风扇领域以提高风速和风量，因此在本实用新型专利的风扇领域，通过应用科恩达效应，将空气出口设计为科恩达表面以提高风扇产生的风量并不属于该领域的公知常识。

创造性分析建议

在创造性的评价中，认定区别技术特征是否属于公知常识时，不应该在脱离该技术方案所在技术领域的情况下进行公知常识的判断，而应当考虑该技术特征在所属技术领域是否是公知手段,同时还要考虑该技术特征在该技术方案中所起的作用是否是公知的。

【案例3-23】 柔性集装化软托盘

案情介绍

本专利涉及一种柔性集装化软托盘,授权公告文本中权利要求1如下:

1. 一种柔性集装化软托盘,其特征在于:将一大环形吊带按"井"字形固定在软托盘底(3)的底部,形成四个吊环(1),每个吊环(1)的中部固定有控制环(4),控制环(4)上滑动连接有绑扎活扣带(2),绑扎活扣带(2)与对角绑扎活扣带(2)相连,每个吊环(1)的中部固定有保护套(5)。

本专利的说明书附图如图3-54所示。

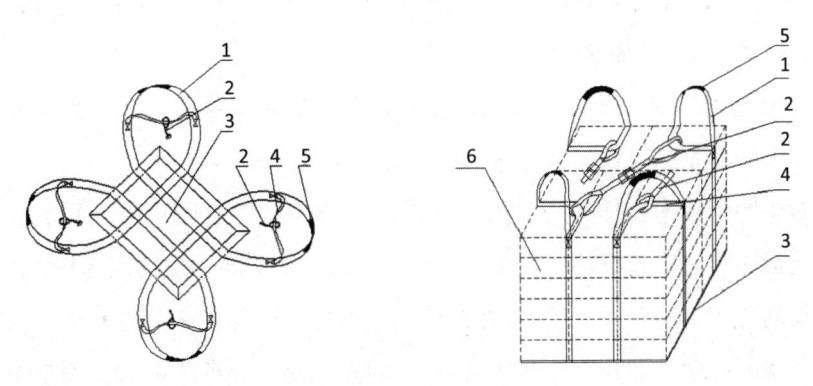

图3-54 本专利附图

国家知识产权局作出的专利权评价报告中引用了两篇对比文件对上述权利要求1的创造性进行评价,具体评述内容摘录如下:

对比文件1(CN201235979Y)公开了一种连罩捆绑袋,由一块带四个吊耳的方形垫布构成,并具体公开了以下技术特征:在一块方形垫布3(相当于权利要求1的软托盘底）上呈"井"字形固定伸出四个角的主吊耳1（相当于权利要求1的将一大环形吊带按"井"字形固定在软托盘底的底部，形成四个吊环），在主吊耳1顶端下边两侧连接副吊耳2（相当于权利要求1的控制环）；副吊耳2依靠对角交叉连接的捆扎绳4与其余副吊耳连接，用于固定捆绑袋内的包装物5。

对比文件1公开的相关附图如图3-55所示。

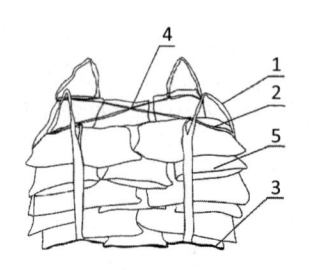

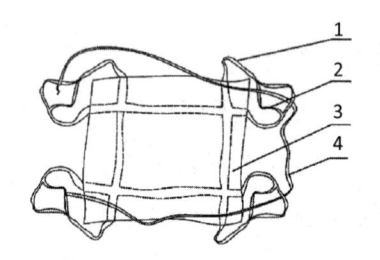

图3-55 对比文件1附图

权利要求1与对比文件1的区别技术特征在于：（1）"绑扎活扣带与对角绑扎活扣带相连"，而对比文件1公开了捆扎绳4连接，即连接方式不同；（2）"每个吊环的中部固定有保护套"。

基于上述区别特征可以确定，权利要求1相对于对比文件1实际所要解决的技术问题是：方便地装卸货物和保护吊环。

对于区别技术特征（1），对比文件2（CN201457957U）也公开了一种新型仓储运输装置，并具体公开了以下技术特征：由编布制成的底部托体1（相当于权利要求1的软托盘底），在提臂3（相当于权利要求1的吊环）固定有呈半圈状的绑臂4（相当于权利要求1的控制环），绑臂4上设有捆绑带5（相当于权利要求1的绑扎活扣带），提臂3、绑臂4和捆绑带5分别为四条，捆绑带5设有夹扣8，通过夹扣8将捆绑带5对角绑紧。由此可见区别技术特征（1）已被对比文件2公开，并且该区别技术特征（1）在对比文件2中所起的作用与其在权利要求1中为解决其技术问题所起的作用相同，都是用于方便地装卸货物，即对比文件2给出了将该区别技术特征（1）用于对比文件

1的技术方案以解决其技术问题的启示，这种启示会使本领域技术人员在面对所述技术问题时，有动机对对比文件1所述的技术方案进行改进，将对比文件2的技术内容结合到对比文件1中而得出该权利要求所保护的技术方案。

对于区别技术特征（2），当本领域技术人员面对如何保护吊环的情形时，根据其掌握的该领域技术常识，知晓在日常生活和货物运输中在吊带或吊环上固定保护套能够很好地保护吊环，这是本领域技术人员的惯用手段。

因此在对比文件1的基础上结合对比文件2和本领域的惯用手段，得出该权利要求保护的技术方案，对本领域的技术人员来说是显而易见的，不具有实质性特点和进步，因此不符合《专利法》第二十二条第三款有关创造性的规定。

对比文件2公开的相关说明书附图如图3-56所示。

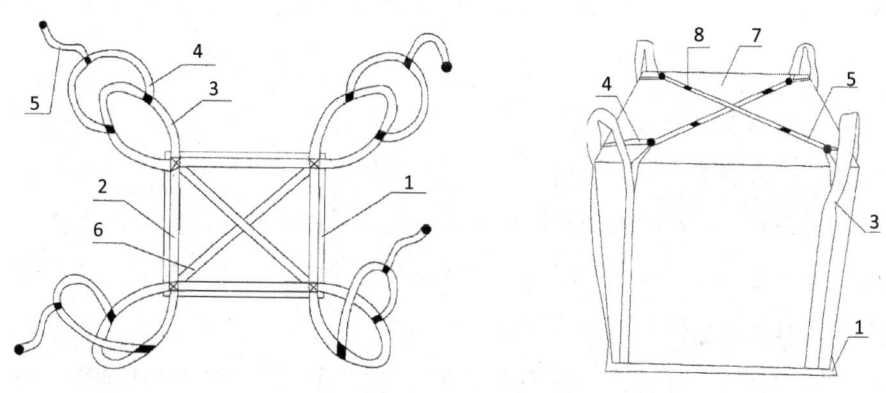

图 3-56 对比文件2附图

无效请求人提出无效请求时提供了公告号为CN201235979Y（即评价报告之对比文件1）的专利公布文本作为证据1。

国家知识产权局专利复审委员会作出的无效宣告请求审查决定认为权利要求1相对于证据1具备创造性，决定相关内容摘录如下：

权利要求1请求保护一种柔性集装化软托盘。经查，证据1公开了一种连罩捆绑袋，捆绑袋主体由一块带四吊耳的方形垫布构成，即在一块方形垫布3上呈"井"字形固定伸出四个角的主吊耳1，在主吊耳1顶端下边两侧连接副吊耳2，副吊耳2依靠对角交叉连接的捆扎绳4与其余副吊耳连接，用于固定捆绑袋内的包装物5，防止装卸过程中的移动，主吊耳1是装卸挂钩用，是袋体主要承力部件。

经对比可知，证据1中的"主吊耳1""副吊耳2"分别相当于本专利的"吊环""控制环"。请求人虽然认为证据1的捆扎绳4在捆绑袋一侧的副吊耳上是滑动连接的，但合议组认为：首先证据1并不存在关于捆扎绳与副吊耳之间是"滑动连接"的任何描述；其次从证据1的图1、图2中仅能得出捆扎绳是捆扎在副吊耳上的，同样不能毫无疑义地得出捆扎绳与副吊耳之间为滑动连接。因此本专利权利要求1与证据1相比，区别在于：（1）本专利的绑扎活扣带在控制环上滑动连接，且绑扎活扣带与对角绑扎活扣带相连，而证据1中为交叉捆绑绳，并没有公开捆扎绳存在滑动连接以及捆扎绳与对角捆扎绳活扣连接；（2）本专利的每个吊环中部固定有保护套，而证据1的每个主吊耳1上并没有保护套。

请求人认为：滑动连接是为了吊装的平衡，是靠重力调整位置，吊装中都采用这样的技术手段，活扣连接是为了可以调整带子的长度，而保护套是为了防止吊环在吊装时的磨损，属于本领域的常用技术手段，因此上述区别特征为本领域的公知常识。因此本专利权利要求1相对于证据1和公知常识的结合不具备创造性。

合议组认为：在控制环上滑动并对角连接的绑扎活扣带和控制环一起，起到防滑防掉落的作用，虽然请求人主张控制环上滑动连接有绑扎活扣带为本领域的公知常识，但请求人并未提交相应的证据予以佐证，在没有证据予以佐证的情况下不能直接将上述区别特征认定为本领域的公知常识。因此，权利要求1相对于证据1与公知常识的结合具备创造性，符合《专利法》第二十二条第三款的规定。

焦点问题

本案的焦点问题在于区别技术特征的正确认定，以及区别技术特征"绑扎活扣带在控制环上滑动连接"是否属于公知常识。

案情分析

将本专利权利要求 1 保护的技术方案与对比文件 1 进行比对发现，对比文件 1 并不存在关于捆扎绳与副吊耳之间是"滑动连接"的任何描述；从对比文件 1 的图 1、图 2 中仅能得出捆扎绳是捆扎在副吊耳上的，并不能毫无疑义地得出捆扎绳与副吊耳之间为滑动连接。因此"绑扎活扣带在控制环上滑动连接，且绑扎活扣带与对角绑扎活扣带相连"是本专利权利要求 1 保护的技术方案与对比文件 1 公开的技术方案的区别技术特征。也没有证据表明该区别技术特征属于本领域的公知常识。所以，应当认为权利要求 1 保护的技术方案相对于对比文件 1 公开的技术方案具备创造性，符合《专利法》第二十二条第三款的规定。

创造性分析建议

在进行创造性评价时，对于实用新型专利保护的技术方案与最接近现有技术公开的技术方案之间区别技术特征的认定应当客观、准确。只有在准确认定区别技术特征的基础上，才能进一步判断其是否被其他现有技术公开，以及能否带来技术启示。

对于公知常识的认定应当是：其技术手段本身是本领域技术人员广泛知晓的，其被用于解决特定的技术问题或所能起到的特定的作用也应当是本领域技术人员广泛知晓的或普遍采用的。

【案例 3-24】 用于墙体中可拆卸节能防水支撑螺杆

案情介绍

本专利涉及一种用于墙体中可拆卸节能防水支撑螺杆，争议焦点所在的权利要求如下：

3. 一种用于墙体中可拆卸节能防水支撑螺杆，……周转螺杆 5 和 5′ 上分别设有六方锁紧螺母 4 和 4′，所述的六方锁紧螺母端面滚花。

本专利附图如图 3-57 所示。

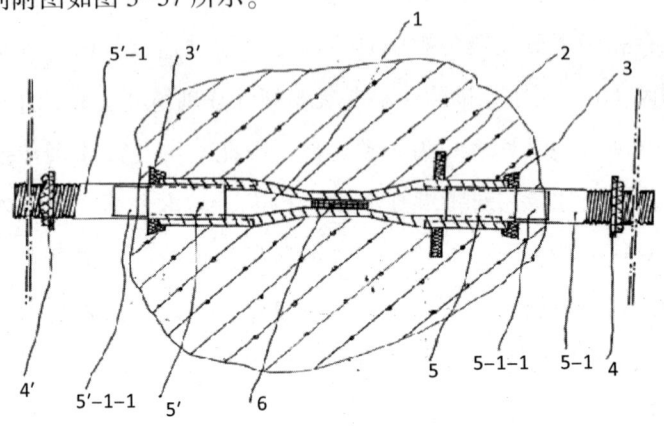

图 3-57 本专利附图

说明书中具体说明了"六方锁紧螺母 4 和 4′滚花面分别与所述两个梯形支撑堵头 3 和 3′长边相对"，换言之，所述滚花面位于六方锁紧螺母与模板相接触的表面。

本专利的专利权评价报告与无效决定中使用了相同的对比文件，对于区别技术特征的认定也完全一致，为：(1) 本专利的周转螺杆上分别设有六方锁紧螺母，(2) 所述的六方锁紧螺母端面滚花。国家知识产权局于 2011 年 11 月 18 日作出的专利权评价报告中，认定权利要求 3 不具有创造性。评述部分整理如下：

对于区别技术特征 (1)，对比文件 2（CN2910517Y）公开了一种模板夹具，并具体公开了螺杆 1 两端具有连接螺母 8（相当于权利要求中的锁紧螺母），该螺母 8 的作用也是方便模板夹具自由装卸，也就是说对比文件 2 给出了将螺母安装在螺杆两端以方便模板自由装卸的技术启示，对于本领域的技术人员来说，六方形的螺母是常用的螺母，属于公知常识；对于区别技术特征 (2)，为了防止螺母在紧固模板时打滑而将螺母进行滚花处理以增加摩擦是本领域的常用技术手段。

国家知识产权局专利复审委员会于 2012 年 3 月 7 日作出无效宣告请求审查决定，维持了权利要求 3 有效，决定的理由摘录如下：

对于区别技术特征（1），在本专利中，六方锁紧螺母用于固定安装及拆卸模板，而对比文件 1 中，拉杆（相当于周转螺杆）的两端也具有螺纹（见附图 1），对于本领域的普通技术人员来说，为了安装固定及拆卸模板，在拉杆两端配合使用公知的六方锁紧螺母是容易想到的选择，而且这种选择所产生的技术效果也是显而易见的。

对于区别技术特征（2），虽然请求人主张该区别技术特征为本领域的公知常识，但其并未提供充分的理由以及能够证明在螺母的端面进行滚花处理以增强其与固定物之间的附着力为本领域的公知常识的证据；对比文件 1 中并未明确公开在拉杆两端安装螺母，由此也没有给出对螺母端面滚花的技术启示。由于在本专利中六方锁紧螺母的端面滚花可以增强与模板的附着力，防止螺母在固定模板中打滑，因此该区别技术特征为权利要求 3 的技术方案带来了有益的技术效果。

可见，专利权评价报告和无效宣告审查决定中的区别主要为：专利权评价报告中对区别技术特征（1）引用了对比文件 2，对区别技术特征（2）使用了公知常识进行评述，从而认定权利要求 3 不具有创造性；无效宣告审查决定中没有引用其他证据，仅使用对比文件 1，认为区别特征（1）是容易想到的，而区别技术特征（2）不属于公知常识，对比文件 1 中也没有技术启示，从而认定权利要求 3 具有创造性。

焦点问题

本案的焦点问题在于区别技术特征（1）、（2）是否属于本领域的公知常识。

案情分析

对于区别技术特征（1），在本专利中，六方锁紧螺母用于固定安装及拆卸模板，而对比文件 1 中已经明示了拉杆（相当于周转螺杆）的两端具有螺纹，对于本领域的普通技术人员来说，为了安装固定及拆卸模板，在拉杆两端配合使用公知的六方锁紧螺母是容易想到的选择，而且这种选择所产生的技术效果也是显而易见的。可见，对比文件1对于加设锁紧螺母已经给出了足够的技术启示，而六方锁紧螺母又是常见的种类，因此在对该区别技术特征进行评判时，可以将其认定为本领域的公知常识，并不一定要引入一个新的对比文件作为证据。

对于区别技术特征（2），滚花工艺能够增加表面的附着力属于公知常识没有争议，而且在螺母的外周面进行滚花以增大摩擦，便于旋紧或放松，也是本领域的常规技术选择，但是对于本案，所述的滚花端面并非位于常见的螺母外周面，而是位于与模板相接触的表面，其作用为"增强了与模板的附着力，防止螺母在紧固模板中打滑"，也就是说该螺母滚花端面的位置不是常规的位置，并为螺母带来了新的技术效果，这与常见的滚花螺母有了本质上的差别，因此该区别技术特征不属于公知常识。那么，区别技术特征（2）在对比文件1中是否具有启示呢？对比文件1中并未明确公开在拉杆两端安装螺母，由此也无从给出对螺母端面滚花的技术启示。

综上，区别技术特征（2）不属于公知常识，并且对比文件1中也不存在相应的技术启示，由于在本专利中六方锁紧螺母的端面滚花可以增强与模板的附着力，防止螺母在固定模板中打滑，因此该区别技术特征为权利要求3的技术方案带来了有益的技术效果，权利要求3具有创造性。

创造性分析建议

当权利要求和对比文件存在区别技术特征时，如果该区别技术特征属于本领域的公知常识，并且未给权利要求中要求保护的技术方案带来预料不到的有益效果，则该权利要求相对于该对比文件和公知常识的结合不具有实质性特点和进步，不具有《专利法》第二十二条第三款规定的创造性。公知常识的认定应当具有充分的证据和理由，被认定为公知常识的技术手段本身是本领域技术人员广泛知晓的，其被用于解决特定的技术问题或所能起到的特定的作用也应当是本领域技术人员广泛知晓的或普遍采用的。

【案例 3-25】 弧形辊棒

案情介绍

本专利涉及一种弧形辊棒，授权公告文本中权利要求1如下：

1. 一种中空的弧形辊棒，棒体的横截面为圆形，其特征在于：所述棒体中至少有一个部分的横截面直径比其相邻部分的横截面直径大0.3~6mm。

本专利附图如图3-58所示。

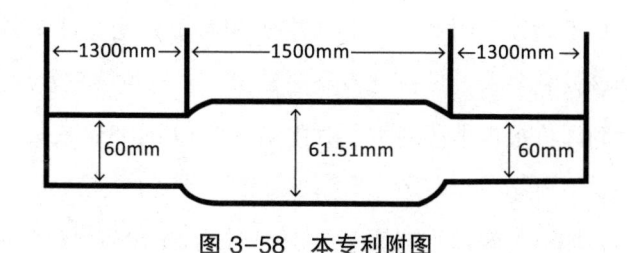

图 3-58 本专利附图

国家知识产权局作出的专利权评价报告中列出了CN300726735、EP1055495A2等多篇A类对比文件，并引用了对比文件1（CN300726735）对上述权利要求1具备创造性进行评价。评价报告摘录如下：

对比文件1（CN300726735）为最接近的现有技术，其公开了一种弧形辊棒，并在附图中的右视图中具体公开了该辊棒是中空的，在立体图和主视图中具体公开了辊棒的棒体中间部分（相当于本实用新型中的至少有一个部分）的横截面直径比相邻的两端部分（相当于本实用新型中的其相邻部分）的横截面直径大。该权利要求1与对比文件1的区别在于："至少有一个部分的横截面直径比其相邻部分的横截面直径大0.3~6mm。"

对比文件1附图如图3-59所示。

主视图

图3-59 对比文件1附图

对比文件1没有给出对上述具体直径参数进行限定的启示,而且采用上述直径参数的中空弧形辊棒也不是本领域的公知常识,本领域技术人员在对比文件1的基础上不能显而易见地得到权利要求1所要求保护的技术方案,且上述限定确保了该辊棒产品的制作工艺不复杂且成品率高、生产成本低,取得了有益的技术效果。因此,权利要求1相对于对比文件1具有实质性特点和进步,即该权利要求1具备《专利法》第二十二条第三款规定的创造性。

此外,专利评价报告中还列举了对比文件2(EP1055495A2)同样作为A类的对比文件。

无效请求人提出无效请求时提供了公告号为EP1055495A2(即评价报告之A类对比文件2)的专利公布文本作为证据1评述权利要求1不具备创造性,内容摘要如下:

权利要求1要求保护一种中空的弧形辊棒。证据1公开了一种弧形辊棒,由其中公开的辊棒制作方法可知,该辊棒为中空的且横截面为圆形,证据1还具体公开了辊棒具有从中间至两端逐渐递减的外部直径,即棒体中部横截面直径大于端部横截面直径,也即棒体一个部分横截面直径大于相邻部分横截面直径。经对比,本专利权利要求1的技术方案与证据1公开内容的区别在于:本专利权利要求1中限定,棒体中至少有一个部分的横截面直径比其相邻部分的横截面直径大0.3~6mm。

对比文件2附图如图3-60所示。

图 3-60　对比文件 2 附图

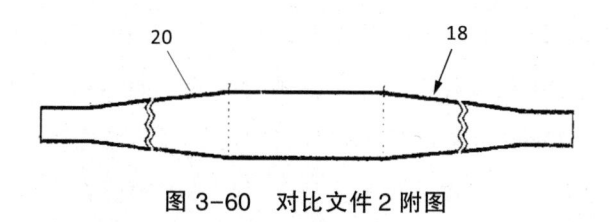

上述区别特征是在现有技术已经公开的两端小、中间大的弧形辊棒的基础上，对中间与两端横截面直径差作出的一个特定选择，即选取了直径相差 0.3~6mm 的范围，因此，权利要求 1 属于在证据 1 的基础上所做的选择发明。在说明书没有确切证据表明这种选择给本专利带来预料不到的技术效果的情况下，权利要求 1 所保护的技术方案相对于证据 1 与本领域常规手段的结合不具备《专利法》第二十二条第三款规定的创造性。

焦点问题

本专利的专利权评价报告与无效决定中虽然选取的作为最接近现有技术的对比文件不同，但对于权利要求 1 的相对于现有技术的区别特征的认定一致，争议焦点在于上述区别技术特征是否属于公知常识。

案情分析

针对本专利相对于证据 1（即对比文件 2）的区别特征，专利权人认为，本专利选取直径相差 0.3~6mm 的范围，既能有效校正走砖速度，又能克服现有横截面直径相差 20mm 以上的辊棒所带来的矫柱过正、制造难度大的问题。该数值范围在现有证据中没有被公开，也不是本领域技术人员能够容易得到的特征，因此权利要求 1 具备创造性。

上述区别特征是在现有技术已经公开的两端小、中间大的弧形辊棒的基础上，对中间与两端横截面直径差作出的一个特定选择，即选取了直径相差 0.3~6mm 的范围，因此，权利要求 1 属于在证据 1 的基础上所做的选择发明。根据《专利审查指南（2010）》的规定，对于选择发明而言，其是否具备创造性，关键要看所作出的选择是否产生了预料不到的技术效果。如本专利说明书所言，该选择的目的是既能有效校正走砖速度，又能克服现有横截面直径相差 20mm 以上的辊棒所带来的矫枉过正、制造难度大的问题。

由于现有技术中已经存在证据 1 的弧形辊棒，如专利权人所述，也存在横截面直径相差 20mm 以上的辊棒，且它们的作用都是用来校正瓷砖运输机构的走砖速度，因此，本领域技术人员为了使弧形辊棒在真正有效地起到上述作用的同时，也能降低生产制造难度，可以根据辊棒的长度、瓷砖的重量、生产条件等具体因素，通过常规手段在已知的可能范围内对横截面直径的差值进行选择。在说明书没有确切证据表明这种选择给本专利带来预料不到的技术效果的情况下，权利要求 1 所保护的技术方案相对于证据 1 与本领域常规手段的结合不具备《专利法》第二十二条第三款规定的创造性。

专利权人认为，中部与两端横截面直径的差值大于 6mm 时，局部重量增加易于导致变形，工艺难度增加，废品率高；二者差值小于 0.3mm 时，不能解决走砖不齐的问题。对此，辊棒通常由金属或者陶瓷材料制成，其本身有一定的重量，当横截面差值太大（即辊棒太粗）时，其自身重量增加，容易导致辊棒变形，从而使制造工艺难度加大，并造成废品增加；当横截面差值太小（即辊棒太细）时，将容易因瓷砖本身重量产生的压力而使辊棒下垂，从而不能有效解决走砖不齐的问题。因此，专利权人所主张的本专利上述数值范围选择所能产生的技术效果是本领域技术人员根据其知识能够预料到的，不能因此而使权利要求 1 具备创造性。

创造性分析建议

进行创造性判断时，要准确把握本领域技术人员的认知能力，如果要求专利保护的技术方案仅是从一些已知的可能性中进行的选择，而选出的方案未能取得预料不到的技术效果，则该技术方案不具备创造性。

【案例 3-26】 多功能拖把清洗桶

案情介绍

本专利涉及一种多功能拖把清洗桶，授权公告文本中权利要求 1 如下：

1. 一种多功能拖把清洗桶，其特征在于：大桶（4）通过连接装置与小桶（1）和滑盖（3）连接成折叠式结构，折叠时小桶（1）置于大桶（4）内且滑盖盖于大桶（4）上，展开时小桶（1）置于大桶（4）的上部或左侧或右侧。

本专利附图如图 3-61 所示。

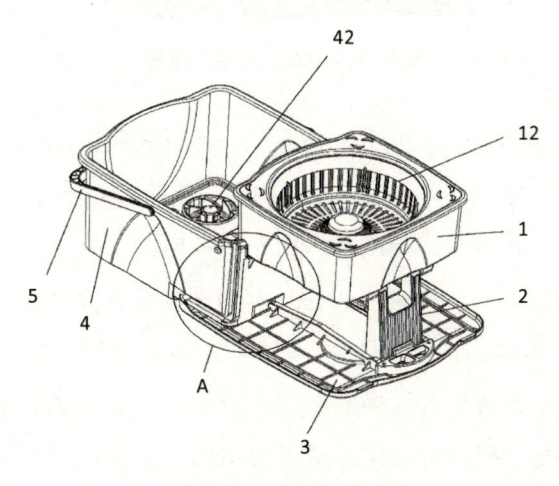

图 3-61 本专利附图

国家知识产权局作出的专利权评价报告中引用了两篇对比文件（对比文件 1：CN301670287S；对比文件 2：CN201861595U）对上述权利要求 1 具备创造性进行评价。

对比文件 1（CN301670287S）公开了一种折叠拖把桶（参见对比文件 1 的简要说明和设计图片），是用于甩干和清洗的折叠拖把桶（即本实用新型的多功能拖把清洗桶），由主视图和使用状态图可知，大桶通过连接装置与小桶连接成折叠式结构，折叠时小桶置于大桶内，展开时小桶置于大桶的上部。

权利要求1保护的技术方案与对比文件1公开的技术内容相比，其区别特征在于：（1）展开时小桶置于大桶的左侧或右侧，（2）大桶通过连接装置和滑盖连接成折叠结构，折叠时滑盖盖于大桶上。

对比文件1附图如图3-62所示。

主视图

图3-62　对比文件1附图

对比文件2（CN201861595U）公开了一种拆装式拖把桶，该拖把桶可以实现拖把的清洗与甩干（即本实用新型的多功能拖把清洗桶），并具体公开了以下技术特征：一种拆装式拖把桶，由左、右桶体组成，左、右桶体分别为清洗桶（即本实用新型的大桶）及甩干桶（即本实用新型的小桶），清洗桶与甩干桶连为一体结构；由附图2、3可知，当收纳时，甩干桶置于清洗桶内，展开时，甩干桶置于清洗桶的左侧或右侧。对比文件2没有公开清洗桶通过连接装置与甩干桶和滑盖连接成折叠结构，也没有公开折叠时滑盖盖于清洗桶上，其中由附图2、3可知，当收纳时，甩干桶置于清洗桶内，展开时，甩干桶置于清洗桶的左侧或右侧。

对比文件2附图如图3-63所示。

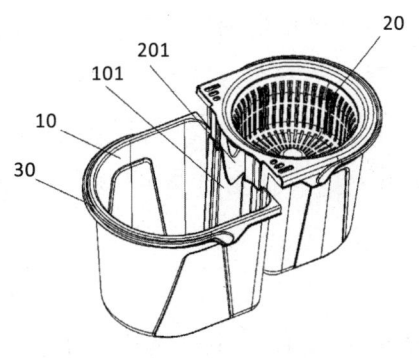

图 3-63 对比文件 2 附图

可见，区别特征（1）已被对比文件 2 公开，且这些技术特征在对比文件 2 中所起的作用与在本实用新型中所起的作用相同，都是为了提供小桶相对于大桶的不同放置位置，以满足不同用户的使用习惯、方便清洗和甩干。因此，本领域的技术人员有动机将对比文件 2 公开的小桶置于大桶的左侧或右侧结合到对比文件 1 中以满足不同用户的使用习惯。

对于区别特征（2），对比文件 1 和文件 2 均没有给出大桶通过连接装置和滑盖连接成折叠结构，折叠时滑盖盖于大桶上的启示，其他现有技术也没有提供进行上述设计的相关启示，因此本领域技术人员在包括对比文件 1 和文件 2 的现有技术基础上，不能显而易见地得到权利要求 1 保护的技术方案，且该区别特征的限定使折叠后的清洗桶既整洁又便携，取得了有益的技术效果。因此权利要求 1 具有实质性特点和进步，具备《专利法》第二十二条第三款规定的创造性。

本专利申请的同日发明申请在创造性评价时给出了公告号为 CN201861595U （即评价报告之对比文件 2）的专利公布文本作为对比文件 1。内容摘录如下：

权利要求 1 不符合《专利法》第二十二条第三款规定的创造性。

技术方案 1：一种多功能拖把清洗桶，其特征在于：大桶通过连接装置与小桶和滑盖连接成折叠式结构，折叠时小桶置于大桶内且滑盖盖于大桶上，展开时小桶置于大桶的左侧或右侧。

技术方案 1 请求保护一种多功能拖把清洗桶，对比文件 1（CN201861595U）

公开了一种拆装式拖把桶，该拖把桶可以实现拖把的清洗与甩干，因此是多功能拖把清洗桶，并具体公开了以下技术特征：一种拆装式拖把桶，由左、右桶体组成，左、右桶体分别为清洗桶10（对应大桶）及甩干桶20（对应小桶），清洗桶10与甩干桶20连为一体结构；由附图2、3可知，当收纳时，甩干桶20置于清洗桶10内，展开时，甩干桶置于清洗桶的左侧或右侧。

技术方案1与对比文件1相比，其区别技术特征在于：大桶通过连接装置与小桶和滑盖连接成折叠结构，折叠时滑盖盖于大桶上。基于以上区别技术特征，技术方案1相对于对比文件1实际解决的技术问题是：减小了清洗桶存放时占用的空间。

为了节省存放时占用的空间，通常采用折叠、伸缩的方式进行连接，因此，将大桶通过连接装置与小桶和滑盖连接成折叠结构，折叠时滑盖盖于大桶上是本领域的公知常识。由此可见，在对比文件1的基础上结合公知常识得到技术方案1请求保护的技术方案对本领域技术人员来说是显而易见的，因此，技术方案1不具有突出的实质性特点和显著的进步，不具备创造性。

技术方案2：一种多功能拖把清洗桶，其特征在于：大桶通过连接装置与小桶和滑盖连接成折叠式结构，折叠时小桶置于大桶内且滑盖盖于大桶上，展开时小桶置于大桶的上部。

技术方案2与对比文件1相比，其区别技术特征在于：大桶通过连接装置与小桶和滑盖连接成折叠结构，折叠时滑盖盖于大桶上，展开时小桶置于大桶的上部。基于以上区别技术特征，技术方案2相对于对比文件1实际解决的技术问题是：减小了清洗桶存放时占用的空间。

为了节省存放时占用的空间，通常采用折叠、伸缩的方式进行连接，因此，将大桶通过连接装置与小桶和滑盖连接成折叠结构，折叠时滑盖盖于大桶上是本领域的公知常识。为了方便清洗和甩干，甩干桶可以置于清洗桶的左右侧，也可以置于清洗桶的上部，因此展开时小桶置于大桶的上部是本领域的公知常识。由此可见，在对比文件1的基础上结合公知常识得到技术方案 2 请求保护的技术方案对本领域技术人员来说是显而易见的，因此，技术方案 2 不具有突出的实质性特点和显著的进步，不具备创造性。

综合技术方案 1 和技术方案 2 的评述可知，权利要求 1 不具有突出的实质性特点和显著的进步，不具备创造性。

焦点问题

本专利的专利权评价报告与同日发明申请中使用了相同的对比文件，对于权利要求 1 的区别技术特征的认定也一致：（1）展开时小桶置于大桶的左侧或右侧或上侧；（2）大桶通过连接装置和滑盖连接成折叠结构，折叠时滑盖盖于大桶上。问题焦点在于区别技术特征（2）是否属于公知常识。

案情分析

本申请涉及一种多功能拖把清洗桶，其目的是解决具有清洗和甩干功能的拖把清洗桶所占空间大、不易携带的问题。因此，本申请的发明构思是基于减小了清洗桶存放时占用的空间而提出的，其所采用的技术方案是：大桶通过连接装置和滑盖连接成折叠结构，折叠时滑盖盖于大桶上。对比文件 2 也公开了一种折叠清洗桶，因此本申请与对比文件 2 的发明构思是一致的。虽然采用为了节省存放时占用的空间，通常采用折叠、伸缩的方式进行连接均是惯用的固定方式，但并不能认定大桶所采用的通过连接装置与小桶和滑盖连接所形成的折叠式结构，必然属于惯用的技术手段，该方案通过上述大桶通过连接装置与小桶和滑盖连接成折叠式结构所达到了使用完毕时将滑盖上翻，甩干桶和折叠机构置入清洗桶内，滑盖盖于大桶的上口的技术效果，而对比文件 2 中并未具有相同的功能效果也未给出相关启示。因此这种技术手段并非本领域技术人员在面对要解决的技术问题时会很容易想到的，并不属于公知常识。

创造性分析建议

在创造性判断的过程中，要整体考虑其所解决的技术问题、技术方案、技术效果，不应将现有技术中惯用技术手段简单认定其在整个技术方案中必然属于公知常识，而忽略了其给整个技术方案带来的技术效果。当这种技手段并非本领域技术人员在面对要解决的技术问题时会很容易想到的，就不属于公知常识。

【案例3-27】 电热水壶

案情介绍

本专利涉及一种电热水壶，授权公告文本中权利要求书如下：

1. 一种电热水壶，包括壶体（1），所述壶体（1）的底部连接有壶身底盖（2），所述壶体（1）连接有手柄（3），所述壶体（1）外设置有隔热外套（4），其特征在于所述壶体（1）的壶口向外翻卷形成反卷边（5），所述隔热外套（4）为开口或部分开口的筒状，所述隔热外套（4）套装在壶体（1）上后，隔热外套（4）的上端抵在所述反卷边（5）内，所述隔热外套（4）的开口部位连接在手柄（3）上。

2. 根据权利要求1所述的电热水壶，其特征在于：所述隔热外套（4）的底部与所述壶身底盖（2）的上部设置有相匹配的第一卡扣结构，所述隔热外套（4）和壶身底盖（2）通过第一卡扣结构连接。

3. 根据权利要求1所述的电热水壶，其特征在于：所述隔热外套（4）的开口部位和手柄（3）朝向壶体（1）的部位设置有相匹配的第二卡扣结构，所述隔热外套（4）的开口部位与所述手柄（3）通过第二卡扣结构连接。

4. 根据权利要求1~3任一所述的电热水壶，其特征在于：所述隔热外套（4）为塑胶件。

本专利附图如图3-64所示。

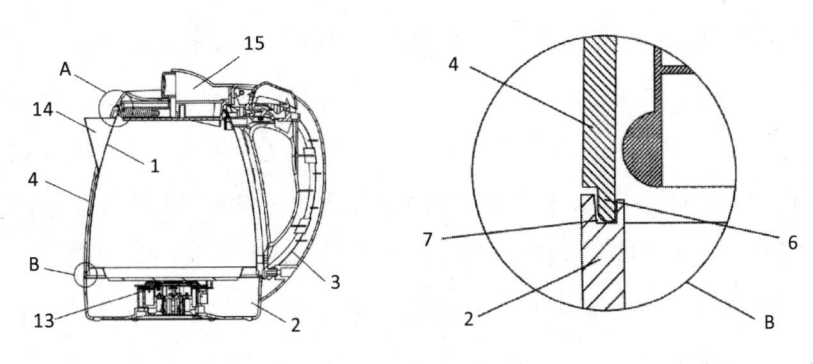

图 3-64 本专利附图

国家知识产权局于 2012 年 5 月 8 日作出专利权评价报告，在评价报告中引用了对比文件 1（公告号：CN201564275U）和对比文件 2（CN2762682Y）对权利要求 1~4 进行创造性评价。

对比文件 1 附图如图 3-65 所示，对比文件 2 附图如图 3-66 所示。

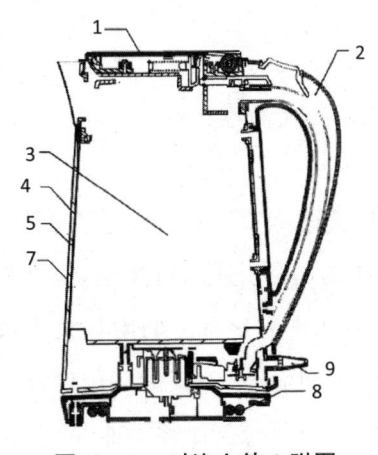

图 3-65 对比文件 1 附图　　　图 3-66 对比文件 2 附图

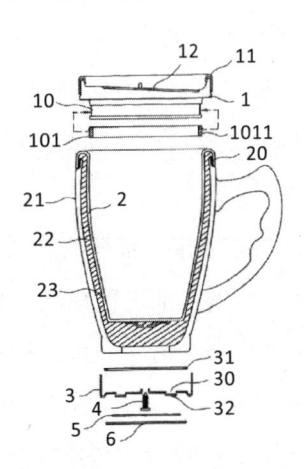

评价报告中指出：权利要求 1 保护一种电热水壶，对比文件 1（CN201564275U）是最接近的现有技术文件，其公开了一种电热水壶，并具体公开了以下的技术特征：一种防烫结构的电热水壶，包括壶体（相当于壶体 1）和底座（相当于壶身底盖 2），壶体上有手柄（相当于手柄 3），对比文件 1 还公开了隔热层（相当于隔热外套 4），从附图 2 中可以看出，隔热层设置在壶体外，

·171·

且为部分开口的筒状，其开口部位连接在手柄上。该权利要求所保护的技术方案与对比文件1的区别在于：（1）壶口向外翻形成反卷边，隔热外套套装在壶体上后，上端抵在反卷边内；（2）隔热外套还可以是全开口的筒状。对于区别（1）：对比文件2（CN276282Y）公开了一种保温杯，并具体公开了以下内容：一种保温杯，包括陶瓷外壳、不锈钢内套及其间的保温层，从附图1中可以看出，其杯体上端外翻形成了反卷边，保温层套装在杯身上，其上端抵在了反卷边内。而且该特征在对比文件2中所起的作用与其在本发明中为解决其技术问题所起的作用相同，都是用于避免杯口划伤使用者并且有助于固定保温层，可见对比文件2的保温层与容器口部的配合方式与权利要求1相同，也就是说对比文件2给出了将该技术特征用于对比文件1以解决其技术问题的启示。对于区别（2）：隔热外套开口的形成是为了配合把手，为了避开把手在外套上设置一个全开口属于本领域技术人员容易想到的惯用手段。由此可知，在对比文件1的基础上结合对比文件2以及本领域的惯用手段以得出该权利要求所保护的技术方案，对本领域的技术人员来说是显而易见的，因此该权利要求所保护的技术方案不具有实质性特点和进步，因而不具备创造性。

权利要求2限定部分的附加技术特征为：隔热外套（4）的底部与所述壶身底盖（2）的上部设置有相匹配的第一卡扣结构，所述隔热外套（4）和壶身底盖（2）通过第一卡扣结构连接。权利要求3限定部分的附加技术特征为：隔热外套（4）的开口部位和手柄（3）朝向壶体（1）的部位设置有相匹配的第二卡扣结构，所述隔热外套（4）的开口部位与所述手柄（3）通过第二卡扣结构连接。卡扣是本领域中常用的连接结构，采用该结构连接隔热外套和壶身底盖以及隔热外套和手柄，属于本领域技术人员容易想到的惯用手段。故在所引用的权利要求不具备创造性的情况下，从属权利要求2~3不具备创造性。

权利要求4限定部分的附加技术特征为：隔热外套（4）为塑胶件。塑胶材料是本领域中常见的隔热材料，采用塑胶材料制作隔热外套是本领域技术人员容易想到的惯用手段。故在所引用的权利要求不具备创造性的情况下，从属权利要求4不具备创造性。

无效决定认为：权利要求2和3的附加技术特征涉及的卡扣结构能够使隔热外套与壶身的连接紧密，进而达到通过隔热外套来承担一部分壶体内水的重量的效果，没有证据表明该卡扣结构是本领域的公知常识。

焦点问题

本案的焦点在于权利要求2和3的附加技术特征能否认定为公知常识。在实用新型创造性评述时，如何准确地认定公知常识。

案情分析

本案例涉及一种电热水壶，其技术方案的核心是将壶体的壶口向外反卷，开口状的隔热外套抵入壶体的反卷边中，以此使得隔热外套不易脱落且可以承担一部分壶体内水的重量。从属权利要求2和3中进一步限定了隔热外套与底盖、把手分别通过卡扣结构连接。

《专利审查指南（2010）》第二部分第四章关于公知常识的记载是"所述区别特征为公知常识，例如，本领域中解决该重新确定的技术问题的惯用手段，或教科书或者工具书等中披露的解决该重新确定的技术问题的技术手段"，除"惯用手段""教科书""工具书"以外，公知常识还包括生活常识、各种技术标准、行业标准以及形状、尺寸的简单选择等。

本案中，区别技术特征"连接两部件的卡扣结构"本身是本领域公知的，是一种常见的连接结构；但是，公知的卡扣结构只能起到紧密连接两个部件的作用，而结合本案的技术方案核心可知，本案中通过卡扣的设置，不但使隔热外套与壶身得以紧密连接，而且在此基础上，使得隔热外套能够承担一部分壶体内水的重量，该作用与本领域公知的卡扣结构的作用是不相同的，因此上述技术手段不满足"公知常识"的"双公知"特性，故不能将其认定为本领域的公知常识。

本案的评价报告在公知常识的认定过程中，仅注意了卡扣结构的公知作用，却未将该技术手段结合本案技术方案中的其他技术特征综合考虑，致使对于该技术特征在本案中所起的作用的认定不够全面，进而导致公知常识的认定出现偏差。

创造性分析建议

在实用新型的创造性判断中，对于区别特征是否属于公知常识的认定，具备"技术手段本身公知"和"技术手段在技术方案中所起的作用公知"两个条件时才能判定该技术特征属于公知常识，反之则不能认定为公知常识。其中，技术手段本身是否公知相对来说容易判断；而判断技术手段在技术方案中的作用是否公知时，不能将其从技术方案中孤立出来单独分析，需要结合整体技术方案来确定其作用。

【案例3-28】 搅拌桩机传动装置

案情介绍

本专利涉及一种搅拌桩机传动装置，授权公告文本中权利要求书1如下：

1. 搅拌桩机传动装置，其特征在于：包括电动机（1）、减速器（2）、联轴器（3）、传动轴（4）、换向齿轮箱（5）、内钻杆轴（6）和外钻杆转动套（7），所述电动机（1）与减速器（2）的输入端连接，所述减速器（2）的输出端通过联轴器（3）与传动轴（4）的输入端连接，所述传动轴（4）的输出端连接换向齿轮箱（5）的主动轮（502），所述外钻杆转动套（7）套设于内钻杆轴（6）外，所述换向齿轮箱（5）的从动轮（504）套设于内钻杆轴（6）上，所述换向齿轮箱（5）的输出齿轮（506）套设于外钻杆转动套（7）外。

根据说明书记载，目前，在软土地基加固处理中会选用双向水泥土搅拌桩机，现有技术中的双向搅拌桩机的上传动装置不足之处在于：电动机、传动轴、输料装置、内钻杆轴和外钻杆转动套都是同轴传动的，施工起来，导向性差，摆动大，造成桩径不均匀；输料装置（即泥浆接头）的一端连接传动轴，输料装置的另一端直接与外钻杆转动套连接，当需要维修时，需要将很多部件拆下来维修，输料装置常出现堵浆现象，所以维修的频率比较高，这种结构已经不能满足生产的需要。为了解决上述问题，本实用新型提供了搅拌桩机传动装置，其包括电动机、减速器、联轴器、传动轴、换向齿轮箱、内钻杆轴和外钻杆转动套。电动机与减速器的输入端连接，减速器的输出端通过联轴器与传动轴的输入端连接，传动轴的输出端连接换向齿轮箱的主动轮，外钻杆转动套套设于内钻杆轴外，换向齿轮箱的从动轮套设于内钻杆轴上，换向齿轮箱的输出齿轮套设于外钻杆转动套。由此，利用换向齿轮箱实现传动轴和内钻杆轴双轴传动，施工时，导向性好，摆动小，整个装置性能稳定，桩径也比较均匀。

本专利附图如图 3-67 所示。

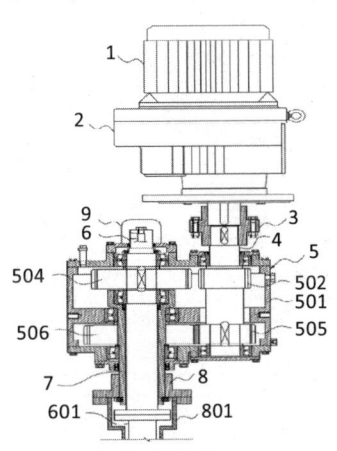

图 3-67　本专利附图

对于此案，观点一评述如下：权利要求 1 保护一种搅拌桩机传动装置，对比文件 1（CN202881937U，公告日 2013 年 4 月 17 日）公开了一种搅拌桩机传动装置，其具体公开了以下技术内容：搅拌桩机传动装置，包括电动机 1、内钻杆 5、外钻杆 11、减速器 2、泥浆接头 4 和联轴器 3，电动机 1 与减速器 2 输入端连接，减速器 2 输出端与联轴器 3 输入端连接，外钻杆 11 套在内钻杆 5 外，联轴器 3 再与泥浆接头 4 连接，泥浆接头 4 再与内钻杆 5 上端连接；还包括一个换向齿轮箱 12，换向齿轮箱 12 内的内钻杆齿轮 6 套在内钻杆 5 上，两者同轴线固定连接（其间连接的轴相当于本专利权利要求 1 中的

"传动轴"),换向齿轮箱 12 的输出齿轮 10 与外钻杆 11 上端同轴线固定连接。权利要求 1 保护的技术方案与对比文件 1 的区别技术特征为:(1)减速器的输出端通过联轴器与传动轴输入端连接;(2)换向齿轮箱的从动轮套设于内钻杆轴外。对比文件 1 没有给出上述区别技术特征应用于搅拌机的技术启示,采用上述设置也不是本领域的公知常识,所以本领域技术人员在对比文件 1 的基础上不能显而易见地得到权利要求 1 保护的技术方案,且上述限定达到了拆卸维修方便,提高工作效率的有益效果。因此,权利要求 1 保护的技术方案相对于对比文件 1 有实质性特点和进步,具备创造性,符合《专利法》第二十二条第三款的规定。

对比文件 1 附图如图 3-68 所示。

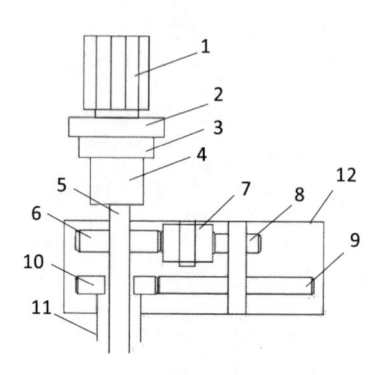

图 3-68 对比文件 1 附图

观点二引用了与评价报告相同的对比文件(即 CN202881937U)作为附件 1,对权利要求 1 与附件 1 的区别技术特征认定为:(1)所述减速器的输出端通过联轴器与传动轴的输入端连接;(2)本专利权利要求 1 的主动轮、从动轮与附件 1 不同。基于上述区别技术特征,本专利权利要求 1 所要解决的技术问题是:方便泥浆接头的维修,同时减少搅拌桩机工作中的摆动以避免桩径不均匀。对于创造性判断的具体分析如下:"当动力源(电动机 1、减速器 2、联轴器 3)和泥浆接头都位于附件 1 的换向齿轮箱的内钻杆 5 和外钻杆 6 一侧时,对泥浆接头进行维修,必然涉及电动机 1、减速器 2、联轴器 3 和泥浆接头等多个部件，此时附件1也面临泥浆接头维修不方便的技术问题，并且由于动力源与内钻杆5和外钻杆6位于同一侧，也存在搅拌桩机工作中摆动过大的技术问题。为解决上述技术问题，本领域的技术人员在换向齿轮箱中还存在一传动轴（从动轮8的轴）的情况下，容易想到用动力源（电动机1、减速器2、联轴器3）驱动该传动轴，从而使动力源脱离泥浆接头以便于维修，这样也减少了系统整体的摆动。当动力源的输出端连接附件1中的传动轴（即附件1中从动轮8的轴）时，齿轮箱中的从动轮8相应地成为主动轮，内钻杆轮6相应地成为从动轮。由此可见，当本领域的技术人员面临需要解决的技术问题时，有动机改进附件1并获得本专利权利要求1要求保护的技术方案，因此本专利权利要求1所要求保护的技术方案是显而易见的，权利要求1不具备创造性。"

焦点问题

本案的焦点在于：两种观点中创造性评价方式不同，实际工作中采用哪种方式更优。对于本领域技术人员而言，本专利权利要求1与对比文件1的区别技术特征到底在何处。这些区别技术特征能否认定为公知常识给出将其应用于对比文件1以解决本专利所要解决的技术问题的技术启示，或者说这样的区别技术特征解决本申请要解决的技术问题是不是容易想到的。

案情分析

在评述方式上，观点一采用"三步法"：确定最接近的现有技术后，找出对比文件与本申请的区别技术特征，经过判断认为该区别技术特征不是公知常识，并且现有技术中也没有其他能够给出将该区别技术特征应用到最接近的现有技术以解决其存在的实际问题的启示，因此认为该申请在该对比文件的基础上具有创造性。观点二没有使用三步法来评述创造性，而是从本申请实际要解决的技术问题出发，认为在最接近的现有技术的基础上很容易想到且有动机改进现有技术并获得该专利权利要求1保护的技术方案，因此本专利权利要求1保护的技术方案是显而易见的，权利要求1不具备创造性。在目前进行创造性审查时，上述两种评述方式都存在，但是"三步法"方法应用得更加广泛。从解决技术问题出发的评述方式对审查员整体技术方案的理解和把握上要求更高，因此在制作实用新型专利权评价报告时，建议优选"三步法"的方法进行评述，但也应当注意不要机械地使用"三步法"，不能以"产品部件对比"取代"特征分析法"，割裂技术方案整体进行创造性判断是不可取的。

经分析，本专利权利要求1保护的技术方案和对比文件1公开的技术方案存在两点区别技术特征。对于区别技术特征（1），本专利权利要求1保护的技术方案是"所述减速器的输出端通过联轴器与传动轴的输入端连接"，而对比文件1公开的是"减速器输出端与联轴器输入端连接，联轴器再与泥浆接头连接"，实质上两者的区别在于动力源是否与泥浆接头相连。区别技术特征（2）主要在于，由于泥浆接头布置位置的不同，本专利权利要求1保护的技术方案和对比文件1公开的技术方案中主动轮、从动轮的布置位置不同。上述区别技术特征在本专利中所起的作用是便于动力源与内外钻杆和泥浆接头的拆卸，同时保证受力均衡，以减少搅拌桩机工作中的摆动。两种观点虽然在区别特征的认定上实际是相同的，但是是否具有创造性的结论却截然相反。

观点一认为最接近现有技术和本申请存在区别技术特征，而该区别不属于本领域公知常识，因此本专利权利要求1保护的技术方案具有创造性。观点二认为权利要求1保护的技术方案不具有创造性，其理由在于站在本领域技术人员的角度来看，现有技术中存在的技术问题是明显的，并且采取相应的技术手段解决该技术问题以及产生的技术效果也是容易预期的。之所以出现上述两种不同观点，原因在于对实用新型创造性标准的理解差异有关。众所周知，在专利法中对实用新型的创造性要求是低于发明的，即只要求其具有"实质性特点和进步"。从立法本源上来说，实用新型保护的是"针对产品的小革新、小发明"，相对于发明，实用新型有较多情形属于在传统领域中作出的革新，针对具体存在的问题，在现有技术方案的基础上做看似较小的改进就解决了问题，其效果明显优于现有技术方案。这样的实用新型，虽然其要解决的具体技术问题不是新发现的，其对现有技术方案作出的改进（实质性特点）也并不突出，但其获得的技术效果却是好的，这样的发明创造应当被认为其满足作为实用新型专利的创造性要求。对本案而言，改变动力源与泥浆接头连接的方式，进而改变齿轮传动系统的位置关系，解决方便泥浆接头的维修，同时减少搅拌桩机工作中的摆动以避免桩径不均匀的问题，对实用新型专利来说，现有技术中并未有这样的改进，而这种改进确实产生了一定的技术效果，那么应该认为其具有创造性。

创造性分析建议

进行创造性评价时，要在正确认识发明创造整体构思的基础上，认真分析最接近现有技术和本专利保护的技术方案之间的区别，并客观准确确定该区别技术特征所要解决的技术问题。在判断实用新型的创造性时，要将实用新型作为整体进行考虑。即使技术方案的改进显得细微，产生的技术效果没有那么"预料"不到，也有可能具有创造性。

创造性评述方式上，建议优选"三步法"。应当注意不要机械地使用"三步法"，不能以"产品部件对比"取代"特征分析法"，割裂技术方案整体进行创造性判断是不可取的。

【案例 3-29】 烤板方便拆装的远红外线烧烤炉

案情介绍

本专利涉及一种烤板方便拆装的远红外线烧烤炉，授权公告文本中权利要求书如下：

1. 一种烤板方便拆装的远红外线烧烤炉，它具有底座以及烤板，其特征在于：所述的烤板由烤板主体以及与烤板主体活动连接的小烤板构成，烤板上方设置有远红外线加热装置，远红外线加热装置通过垂直穿过烤板的中轴与底座相连；远红外线加热装置包括有一远红外线灯管，远红外线灯管固定在隔离罩内，隔离罩的底部通过网盘封闭，隔离罩上端依次设置有散热板、散热罩以及上罩。

2. 根据权利要求1所述的一种烤板方便拆装的远红外线烧烤炉，其特征在于：所述的烤板主体上开设有扇形缺口，扇形缺口两侧凸设有定位块；小烤板形状与扇形缺口对应，其两侧成形有与定位块配合的挂钩，小烤板前端则成形有与手指配合的弯折部。

本专利附图如图3-69所示。

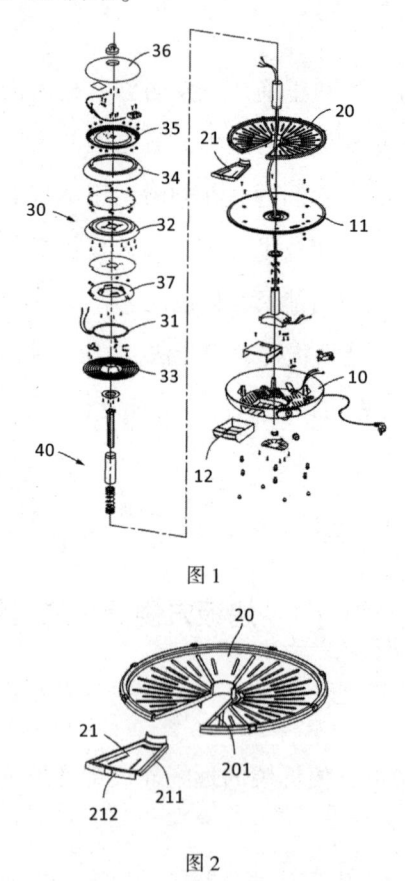

图3-69 本专利附图

国家知识产权局于2013年5月31日作出的专利权评价报告中引用了两篇对比文件对上述权利要求1、2的新颖性和创造性进行评价，对比文件为CN2640383Y、KR1020090057859A，具体评述内容摘录如下：

第三章 创造性审查典型案例

本专利权利要求 1 保护一种烤板方便拆装的远红外线烧烤炉，对比文件 1 公开了一种旋风式电烤炉，并具体公开了以下的技术内容：包括底盘 12（相当于本专利的底座）、玻璃烤盘 10（相当于本专利的烤板），玻璃烤盘 10 上方安装发热管 15，发热管 15 下方安装搁网 14（相当于本专利的网盘），发热管 15、搁网 14 位于支撑盘（相当于本专利的隔离罩）内，搁网 14 位于支撑盘底部。支撑盘上部设有上盖 1（相当于本专利的上罩）。将权利要求 1 保护的技术方案和对比文件 1 所公开的技术内容相比，其区别技术特征在于：(1) 所述的烤板由烤板主体以及与烤板主体活动连接的小烤板构成；(2) 烤板上方设置有远红外线加热装置，远红外线加热装置包括有一远红外线灯管；(3) 远红外线加热装置通过垂直穿过烤板的中轴与底座相连；(4) 隔热罩上端依次设置有散热板、散热罩。

对比文件 1 附图如图 3-70 所示。

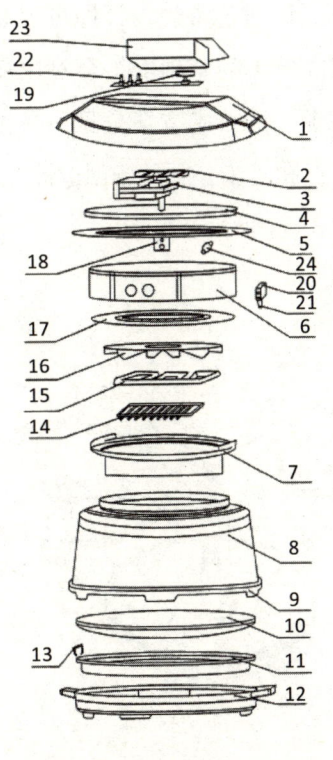

图 3-70 对比文件 1 附图

对比文件2公开了一种改良的双向加热烹调装置,并具体公开了:包括第一容器部20(相当于本专利的烤板主体)及第二容器部30(相当于本专利的小烤板),第一容器部20与第二容器部30可拆卸连接。还包括上方加热体11,其通过垂直穿过第一容器部20及第二容器部30的支架13(相当于本专利的中轴)与下方发热体12(相当于本专利的底座)连接。因此,对比文件2公开了上述区别技术特征(1)和(3),对比文件2与本专利同属于烧烤装置领域,其公开的上述技术手段在该对比文件中所起的作用与上述区别技术特征(1)和(3)在本专利中为解决相应技术问题所起的作用相同,对比文件2给出了将区别技术特征(1)和(3)用于对比文件1的启示,而使用远红外灯管作为加热装置,利用其辐射热烹调食物,以及在加热装置上方设置散热板、散热罩等散热装置以实现烹调装置的散热是本领域技术人员的常用技术手段,是本领域技术人员通过常规设计即可容易得到的,不需要付出创造性劳动。因此,在对比文件1的基础上结合对比文件2和本领域的常规设计手段得到本专利权利要求1的技术方案是显而易见的。权利要求1保护的技术方案不具有实质性特点和进步,不具备创造性。

对比文件2附图如图3-71所示。

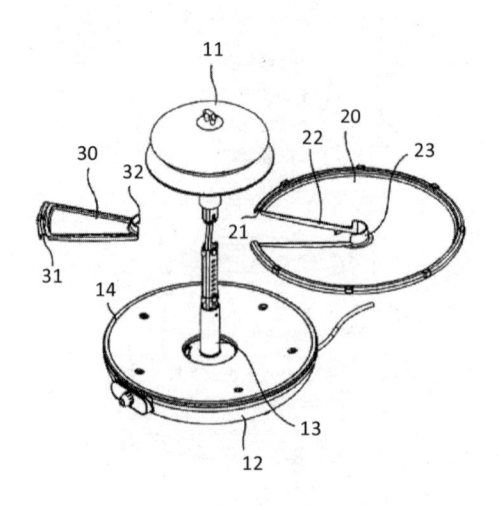

图3-71 对比文件2附图

权利要求2的附加技术特征是"所述的烤板主体上开设有扇形缺口,扇形缺口两侧凸设有定位块;小烤板形状与扇形缺口对应,其两侧成形有与定位块配合的挂钩,小烤板前端则成形有与手指配合的弯折部"。从对比文件2的附图可以看出:第一容器部20具有扇形缺口,扇形缺口两侧凸设有切开部22(相当于本专利的定位块),第二容器部30的形状与扇形缺口对应,其前端设有第二组合凹部31(相当于本专利的弯折部)。但是,对比文件2没有公开第二容器部30两侧成形有与切开部22配合的挂钩,对比文件1也没有公开上述技术特征,而且上述技术特征也不属于本领域技术人员所公认的公知常识,因而权利要求2相对于现有技术来说,具有实质性特点和进步,具备创造性。

无效请求人于2014年5月7日提交了无效宣告请求书,主张权利要求1、2不具有创造性,并提供了公告号为CN2640383Y、KR1020090057859A的专利文件作为证据,该证据与评价报告中引用的两篇对比文件相同。

国家知识产权局专利复审委员会于2015年5月8日作出无效宣告请求审查决定,宣告专利权全部无效。无效决定中认为权利要求2不具备创造性,具体理由如下:

权利要求2对权利要求1作了进一步限定,其附加技术特征为"所述的烤板主体上开设有扇形缺口,扇形缺口两侧凸设有定位块;小烤板形状与扇形缺口对应,其两侧成形有与定位块配合的挂钩,小烤板前端则成形有与手指配合的弯折部"。对比文件2中公开了第一容器20和第二容器30,其中第一容器20上开设有扇形缺口,第二容器30的形状与扇形缺口对应。但对比文件2中没有公开定位块、与其配合的挂钩和与手指配合的弯折部。然而,对于本领域技术人员而言,在对比文件2公开内容的基础上,基于便于手工拆卸的目的,容易想到在第一容器20和第二容器30上设置相应的定位块、挂钩以及与手指配合的弯折部,从而形成权利要求2的技术方案,这种将两部分部件通过悬挂活动连接在一起的方式属于本领域惯用技术手段。因此,在其引用的权利要求 1 不具备创造性的情况下，权利要求 2 也不具备创造性，不符合《专利法》第二十二条第三款的规定。

焦点问题

本案争议的焦点在于：（1）权利要求 2 中的特征"烤板主体扇形缺口两侧凸设有定位块；小烤板前端则成形有与手指配合的弯折部"是否被公开。（2）权利要求 2 的附加技术特征"烤板主体扇形缺口两侧凸设有定位块；小烤板两侧成形有与定位块配合的挂钩，小烤板前端则成形有与手指配合的弯折部"这一烤板主体与小烤板之间的悬挂结构是否属于本领域的公知常识。

案情分析

权利要求 2 的附加技术特征为"所述的烤板主体上开设有扇形缺口，扇形缺口两侧凸设有定位块；小烤板形状与扇形缺口对应，其两侧成形有与定位块配合的挂钩，小烤板前端则成形有与手指配合的弯折部"。

对比文件 2 中公开了：第一容器部 20 扇形缺口两侧凸设有切开部 22，第二容器部 30 的形状与扇形缺口对应，其前端设有第二组合凹部 31，第二组合凹部放在下方发热体的组合凸部 14 上。由以上可知，对比文件 2 中凸设的切开部与本专利的定位块结构相同，并都能起到拼接两块扇形容器时定位的作用，因此，切开部相当于本专利的定位块，权利要求 2 中"所述的烤板主体上开设有扇形缺口，扇形缺口两侧凸设有定位块；小烤板形状与扇形缺口对应"已经被对比文件 2 所公开。对比文件 2 中第二容器部前端设置的第二组合凹部虽然形状结构与本专利小烤板前端的折弯部相似，但第二组合凹部的作用是通过其与发热体组合凸部卡接，将第二容器放置在下方发热体上，在使用过程中，第二组合凹部并没有供手指扳扣的多余空间，因此，对比文件 2 中的第二容器并不能等同为本专利的弯折部，特征"小烤板前端则成形有与手指配合的弯折部"并没有被对比文件所公开。综上所述，权利要求 2 的附加技术特征中，只有特征"所述的烤板主体上开设有扇形缺口，扇形缺口两侧凸设有定位块，小烤板形状与扇形缺口对应"被对比文件 2 所公开，其余特征"小烤板两侧成形有与定位块配合的挂钩,小烤板前端则成形有与手指配合的弯折部"未被对比文件2所公开。

本专利中的定位块与挂钩使得小烤板和烤板主体可以通过相互钩挂的方式拼接成一个整体,需要拆解时随时可分离,拼接后又不易解体;折弯部使得使用者可以直接用手指勾拉小烤板。对比文件2公开了定位块,其主要用于两块烧烤容器拼接时的定位,但在小烤板两侧设置与定位块配合的挂钩达到钩挂拼接的效果,并在烧烤容器端部设置专门用手指勾拉的折弯部都不属于本技术领域常用的技术手段,起到了本领域技术人员预料不到的技术效果,需要本领域技术人员付出创造性的劳动。因此,权利要求2中的特征"烤板主体扇形缺口两侧凸设有定位块;小烤板两侧成形有与定位块配合的挂钩,小烤板前端则成形有与手指配合的弯折部"不属于本领域技术人员所公认的公知常识。

综上所述,本专利权利要求2中的特征"小烤板两侧成形有与定位块配合的挂钩,小烤板前端则成形有与手指配合的弯折部"没有公开上述技术特征,而且上述技术特征也不属于本领域技术人员所公认的公知常识,因而权利要求2相对于现有技术来说,具有实质性特点和进步,具备创造性。

创造性分析建议

在创造性评述中面对公知常识认定时,在准确判断出区别技术特征的基础上,将区别技术特征分别与其在本专利、对比文件中所解决的技术问题做整体判断。首先,我们需要以本领域技术人员的身份判断出该区别技术特征在本领域是否属于常用的技术手段,该区别技术特征是否带来了本领域技术人员预料不到的技术效果,将该区别技术特征运用到本专利是否需要本领域人员付出创造性的劳动。其次,只有我们完整地考虑完上述所有步骤后,才能准确地得出判断结果。

【案例 3-30】 带有电子芯片的保险止退装置

案情介绍

本专利涉及一种带有电子芯片的保险止退装置，授权公告文本中权利要求 1 如下：

1. 一种带有电子芯片的保险止退装置，其包括固定在拉链（1）端部的固定盒（2）、与拉链（1）的拉头（3）通过连接板（4）相连且能够安装在固定盒（2）上或与之分离的活动拉盖（5）以及用于防止固定盒（2）与活动拉盖（5）分离的保险锁片（26）；其特征在于：所述的保险锁片（26）由锁片柄（27）和从锁片柄（27）的一端中部向外凸出形成、相隔间距设置且前端呈钩状的两个止退爪（20）一体构成，并且两个止退爪（20）中任一个的表面安装有一个电子芯片（24），而锁片柄（29）的内部则嵌入有与电子芯片（24）相连的天线（25）。

本专利说明书记载：

本实用新型提供的带有电子芯片的保险止退装置是在已有技术的保险锁片上安装一个电子芯片和相应的天线，由于电子芯片的读写操作都非常快，并且能够利用扫枪远距离读取电子芯片内的数据及同时读取多个电子芯片内的数据，所以可以大幅度减少工作人员的工作量和提高工作效率。另外，一旦将保险锁片从其折口处折断，电子芯片将会与天线分离开，并且不可恢复，此时电子芯片内的信息将无法通过天线传送给外部的接收设备，因此能够及时发现问题，从而可以保证包装袋封装的安全性。

本专利附图如图 3-72 所示，对比文件 1 附图如图 3-73 所示，对比文件 2 附图如图 3-74 所示。

第三章　创造性审查典型案例

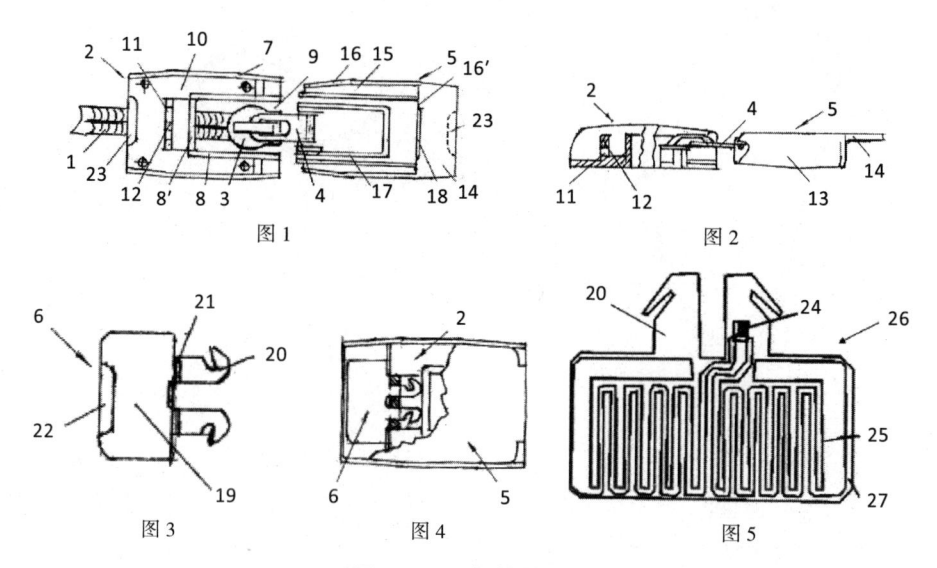

图 3-72　本专利附图

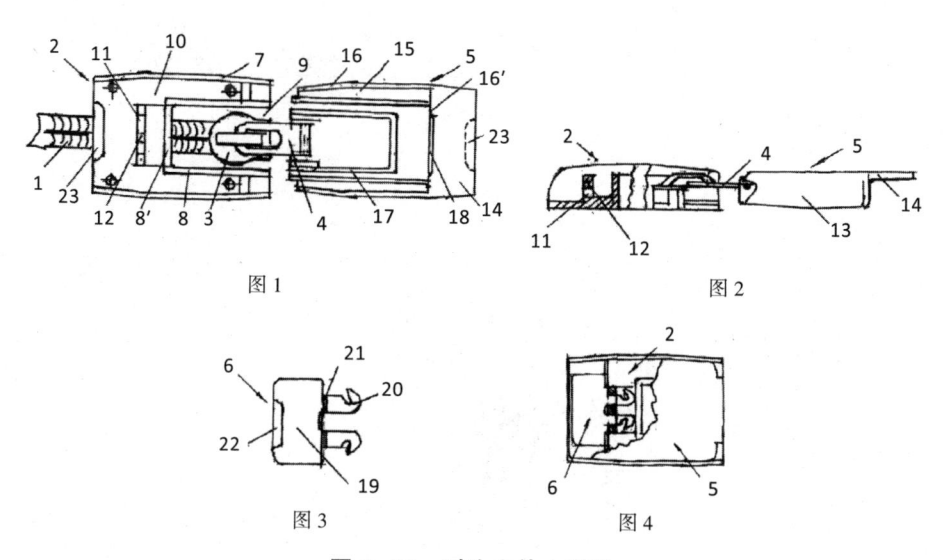

图 3-73　对比文件 1 附图

· 187 ·

图1

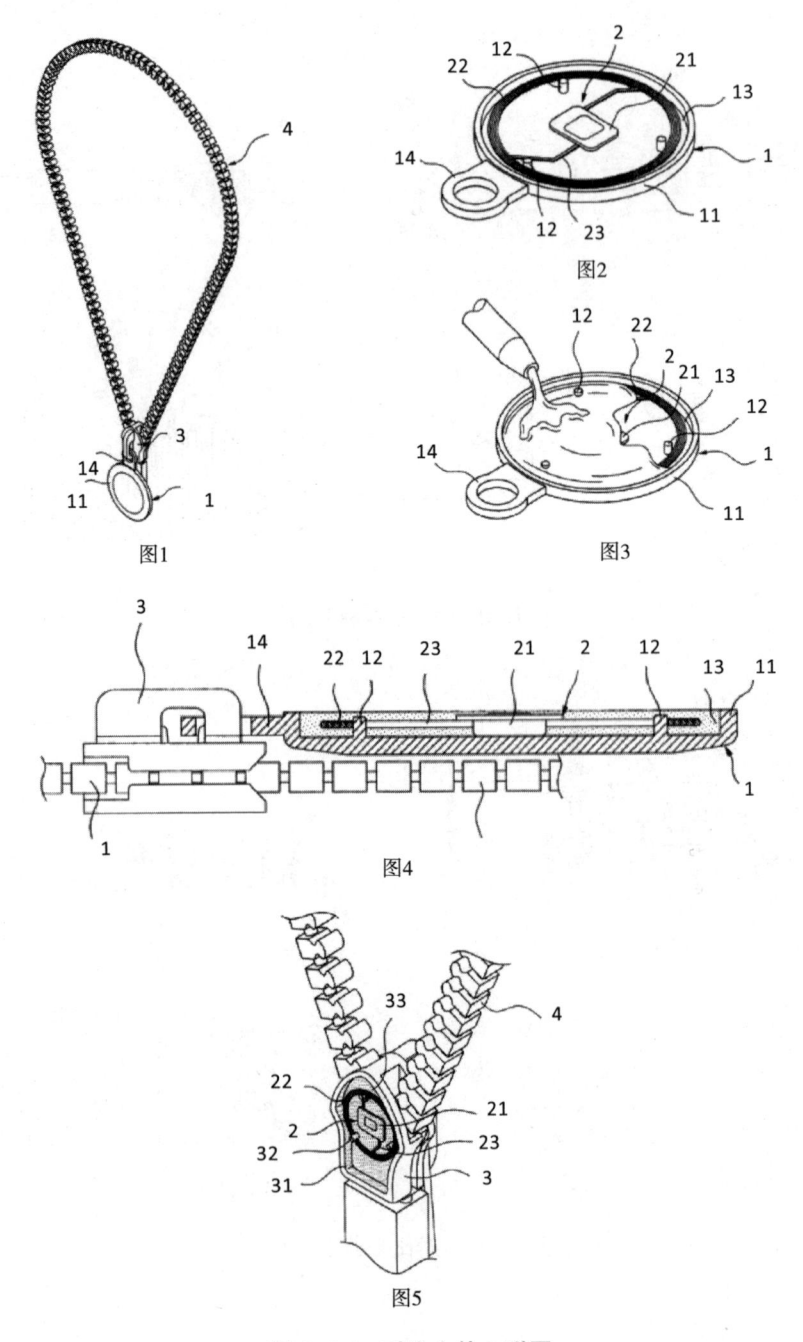

图2

图3

图4

图5

图 3-74　对比文件 2 附图

国家知识产权局作出的专利权评价报告中引用了两篇对比文件（对比文件1：CN200997959Y；对比文件2：CN101053459A）对上述权利要求1的创造性进行评价，具体评述内容摘录如下：

对比文件1（CN200997959Y）作为最接近的现有技术，其公开了一种保险止退装置，具体公开了以下特征：所述的保险止退装置包括固定在拉链（1）端部的固定盒（2）、与拉链（1）的拉头（3）通过连接板（4）相连且能够安装在固定盒（2）上或与之分离的活动拉盖（5）和用于防止固定盒（2）和活动拉盖（5）分离的保险锁片（6）；保险锁片（6）由锁片柄（19）和从锁片柄（19）的一端中部向外凸出形成、相隔间距设置且前端呈钩状的两个止退爪（20）一体构成。

权利要求1与对比文件1的区别技术特征为：1）保险锁片（6）中安装有一个电子芯片（24），而锁片柄（29）的内部则嵌入有与电子芯片（24）相连的天线（25）；2）电子芯片（24）具体安装于锁片的两个止退爪（20）中任一个的表面上。

对比文件2（CN101053459A）公开了一种具有射频识别的拉片及拉链头结构，其具体披露了以下技术特征：在拉片（相当于"锁片柄"）本体上设有一内凹，一射频识别装置2设置于该凹部，所述的射频识别装置2，其电路结构包含一芯片21（相当于"电子芯片"）及一天线线圈22（相当于"天线"），该芯片21直接固设于上述拉片1的基座11内，天线线圈22为非印制电路的实体细漆包线直接绕成的小型薄化天线线圈，该天线线圈22定位设置于上述间距空间13内，并通过至少一导线23电性连接芯片21两连接端与天线线圈22，以使小型化射频识别装置2的电路结构得以付诸实施。

由此可见，对比文件2公开了上述区别技术特征1），并且该区别在对比文件2中所起的作用与其在该权利要求为解决其技术问题所起的作用相同，均是便于通过无线方式读取电子芯片内存储的数据。因此对比文件2给出了将区别技术特征1）用于对比文件1以解决其技术问题的启示。对于区别技术特征2），为了便于芯片放置以及芯片数据读取的方便，将电子芯片具体安装于锁片的两个止退爪（20）中任一个的表面上，仅属于本领域的常用选择。

因而在对比文件1的基础上结合对比文件2以及本领域的常用技术手段从而得到权利要求1保护的技术方案，这对于本领域技术人员来说是显而易见的，该权利要求不具备实质性特点和进步，从而不具备《专利法》第二十二条第三款规定的创造性。

针对评价报告中权利要求1不具备创造性的评述，评价报告请求人提出更正意见，指出说明书中记载了电子芯片和天线设置位置所产生的特定技术效果：一旦将保险锁片从其折口处折断，电子芯片将会与天线分离开，并且不可恢复，此时电子芯片内的信息将无法通过天线传送给外部的接收设备，因此能够及时发现问题，从而可以保证包装袋封装的安全性的效果。对比文件2公开的只是一种用于存储信息的载体，不涉及安全性问题，对比文件1中没有给出其与对比文件2相结合而得出权利要求1的任何启示，对于本领域的普通技术人员来说，在将对比文件1、2和公知常识相结合而得出本专利权利要求1公开的技术方案不是显而易见的，具有专利法规定的创造性。

国家知识产权局作出的专利权评价报告复核意见维持原评价报告关于权利要求1、2不具备创造性的意见。

无效请求人提出无效请求时提供了公告号为CN200997959Y（即评价报告中对比文件1）的专利公布文本作为证据1以及证据2~4。证据2公开了一种电子射频卡封挂锁及用于封闭钥匙孔的卡片，锁体内装有用于挂锁隐秘性数据存储和读写的RFID电子标签；证据3公开了一种箱体内壁设有电子标签的银行提款箱，利用射频识别技术对提款箱进行跟踪监视；证据4包括两篇文章，证据4-1公开了不同用途电子标签封装工艺选择，证据4-2是关于基于RFID电子标签的物联网物流管理系统，公开了由天线和专业芯片组成的RFID电子标签。并认为：（1）电子芯片和天线属于公知产品，而证据1给出了在锁片柄19的表面贴条码，因此根据锁片的形状和大小，将条码换成电子标签从而得到权利要求1的技术方案，因此相对于证据1权利要求1不具备创造性。（2）证据2或3或4公开了电子标签技术，本领域技术人员很容易就能想到将证据1和证据2结合,或者证据1和证据3结合,或者证据1和证据2和证据4结合形成本专利的技术方案,因此本专利权利要求1不具有创造性。

国家知识产权局专利复审委员会作出维持专利权的无效宣告请求审查决定,针对权利要求1具备创造性的理由,摘录如下:

证据1中锁片柄19的表面直接印制号码、贴上条码或附上一层铅箔,即使证据1中的锁片柄19从折口21处折断解除锁定状态,锁片柄上的号码、条码或铅箔也并没有随之被破坏。因此即使将证据1中的号码、条码或铅箔替换为电子标签,根据锁片的形状和大小,结合证据1中号码、条码或铅箔的设置,也仅会启示本领域技术人员将替换的电子标签同样设置在锁片柄上,而没有启示将电子标签的芯片和天线分别设置在止退爪和锁片柄上,以实现保险锁片从折口处折断时电子芯片与天线分离,能够及时发现问题,实现提高效率的同时具有更好的安全性。证据2中公开的电子标签是设在锁内,锁在打开或关闭状态电子标签都没有被破坏;证据3中的电子标签永久性地密封在银行提款箱箱体的夹板中,电子标签在提款箱打开或关闭状态都没有被破坏;证据4-1公开的是不同用途电子标签封装工艺选择,证据4-2记载的是基于RFID电子标签的物联网物流管理系统。本领域技术人员根据证据2、3或4的记载仅有动机和启示将电子标签结合到证据1中的保险止退装置中以提高工作效率和安全性(通过跟踪电子标签的信息而实现),但是并没有启示将电子标签的芯片和天线分别设在止退爪和锁片柄上实现提高效率的同时具有更好的安全性。因此,证据1或证据2或证据3或证据4中都没有将电子芯片和天线分别设置在止退爪和锁片柄上以提高其安全性的技术启示。本专利权利要求1在现有的保险止退装置基础上加入电子芯片和天线,并将电子芯片和天线分别设在止退爪和锁片柄上,实现远距离批量读取数据,提高工作效率;同时一旦保险锁片从折口处折断,电子芯片与天线分离,电子芯片的信息无法传送给接受设备,从而能够及时发现问题保证封装的安全性,取得了特定的技术效果。

综上所述，请求人有关权利要求1不具备创造性的主张不能成立。

焦点问题

本专利的专利权评价报告与无效决定中确定的最接近的现有技术（对比文件1/证据1）相同，对于本专利相对于最接近的现有技术的区别技术特征也确定一致：一是在保险止退装置中加入电子芯片和与其相连的天线，二是电子芯片和天线在保险止退装置中的设置位置。本案件中是否具备创造性的争议焦点就在于芯片与天线的设置位置是否为公知常识。

本专利说明书明确记载了电子芯片和天线设置位置产生了"提高效率的同时具有更好安全性"的技术效果。专利权评价报告和无效决定的区别就在于，是否考虑本专利说明书中所记载的电子芯片和天线设置位置所带来的特定技术效果。专利权评价报告认为，电子芯片的设置位置属于本技术领域的常用技术手段，属于公知常识，因而在对比文件1的基础上结合对比文件2以及本领域公知常识得到权利要求1保护的技术方案，对本领域技术人员来说是显而易见的；无效决定则认为，证据1~4没有公开电子芯片和天线的设置位置，从解决及时发现问题保证封装安全性的技术问题来看，证据1~4也没有给出相应的技术启示，因此上述区别技术特征对本领域技术人员来说是非显而易见的。

案情分析

如果实用新型一项权利要求的技术方案与最接近的对比文件相比存在区别技术特征，并且该区别技术特征使得该权利要求所限定的技术方案具有特定技术效果，那么该区别技术不能被认定为公知常识。

本专利中，权利要求1相对于对比文件1（证据1）存在两个区别技术特征：(1)保险止退装置中加入电子芯片和与其相连的天线；(2)电子芯片和天线在保险止退装置中的设置位置。本申请说明书记载了电子芯片和天线的设置位置产生了非常规的技术效果：由于这样的设置方式，在保险锁片从折口处折断时，电子芯片和天线之间无法进行信号传输，从而发现存在的安全性问题。也就是说，本专利中电子芯片和天线设置位置所产生的功能并非公知的技术效果，因此不能将其认定为公知常识。

创造性分析建议

实用新型创造性评述中，区别技术特征一般应满足两个条件才可认定为公知常识：区别技术特征属于公知的技术手段，且该技术手段在技术方案中所起作用也为本领域公知。如果实用新型说明书中记载了区别技术特征产生的特定技术效果或作用，直接体现了发明构思，则不应当认定为该区别技术特征属于公知常识。

【案例 3-31】 制冰机蒸发器内表面压花构造

案情介绍

本专利涉及一种制冰机蒸发器内表面压花构造，授权公告文本中权利要求 1 如下：

1. 一种制冰机蒸发器内表面压花构造，它包含蒸发器内腔（5）、内筒（2）、外筒（3）和内表面（4），其特征在于：所述的内表面（4）上均匀地制有凸起的条块（1）。

本专利附图如图 3-75 所示。

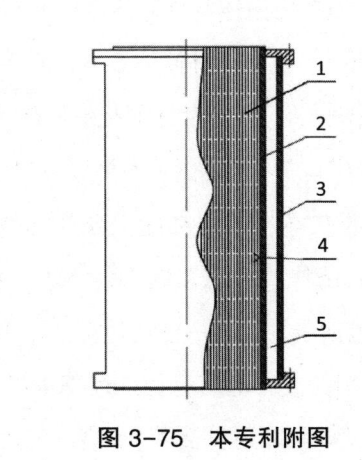

图 3-75 本专利附图

国家知识产权局于2012年8月2日作出专利权评价报告，在评价报告中引用了对比文件1（公告号：CN200958881Y，公告日：2007年10月10日）及对比文件2（公告号：CN1890518A，公告日：2007年1月3日）对权利要求1进行创造性评价。

对比文件1附图如图3-76所示，对比文件2附图如图3-77所示。

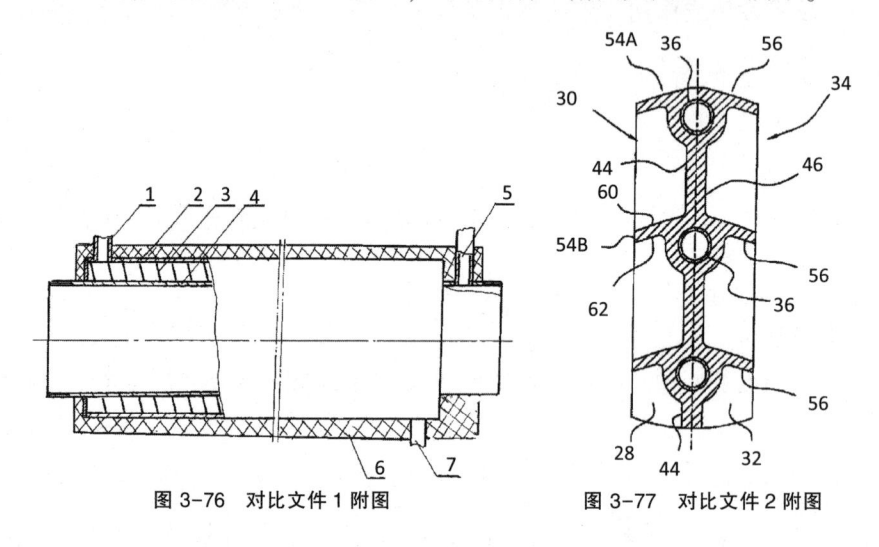

图 3-76 对比文件1附图

图 3-77 对比文件2附图

评价报告中指出：对比文件1公开了一种海水制冰机蒸发器，并披露了以下技术特征：一种海水制冰机蒸发器，呈筒状体，包括内筒体4、套装在内筒体外的外筒体2、均匀排列在内筒体与外筒体之间的空腔（该空腔即为蒸发器内腔）内的螺旋形隔离环3、包裹于外筒体2外的保温层6，所述内筒体的一端密闭，其另一端开有出冰口，所述内筒体上还开有海水进口5，外筒体上开有制冷剂进口1、制冷剂出口7。从附图1中可以看出该蒸发器具有内表面。权利要求1请求保护的技术方案与对比文件1公开的技术方案的区别在于：内表面上均匀地制有凸起的条块。对比文件2公开了一种用于制冰机的热传递增强的蒸发器设备，其包括单件或者一体的体部22，体部22中嵌有制冷剂管36和单件式一体的金属结构，体部具有优选地基本平行的并彼此相对的第一表面44和第二表面46，体部22还包括多个从第一表面44向外凸出的翅片

54（即相当于权利要求1中凸起的条块），沿着第一表面44水平延伸的翅片54相互间隔开并基本平行，体部22还包括多个沿第一表面44设置的垂直隔板28（即相当于权利要求1中凸起的条块）。对比文件2中的这些垂直隔板和水平翅片都相当于权利要求1中的均匀的凸起条块。即对比文件2公开了在制冰机蒸发器制冰侧表面设置凸起条块形成的一种压花结构，并且其所起的作用也是增大制冰面积，提高制冰效率。对比文件2给出了在蒸发器制冰侧的表面设置垂直隔板和水平翅片，以提高制冰面积和效率的启示，而筒状蒸发器的内表面即为制冰侧表面，所属领域技术人员在对比文件2的启示下，能够很容易地想到在对比文件1的蒸发器内表面（即制冰侧）设置垂直隔板和水平翅片，以提高制冰面积和制冰效率。由此可见，在对比文件1的基础上结合对比文件2得到权利要求1保护的技术方案对本领域技术人员来说是显而易见的，即权利要求1保护的技术方案不具有实质性特点和进步，不具备《专利法》第二十二条第三款规定的创造性。

无效请求人以对比文件1和对比文件2分别作为证据1和证据2向专利复审委员会提出无效请求，主张权利要求1不具备创造性。合议组经过审理，于2013年8月1日作出无效宣告请求审查决定，维持权利要求1有效。无效决定书中对于权利要求1的技术方案与对比文件1所公开的内容的区别技术特征的认定与评价报告中认定的相同，均为"内表面上均匀地制有凸起的条块"。无效决定中指出：对比文件1公开的蒸发器整体为筒状，对比文件2公开的蒸发器基本上为平板状，两者的外部结构不同；对比文件1公开的蒸发器具有内、外筒，制冷剂在内、外筒体间的空间内部工作为制冰提供冷量，对比文件2公开的蒸发器结构具有单件式或一体的结构，制冷剂在体部嵌有的制冷剂管内部工作为制冰提供冷量，两者的内部结构不相同；对比文件1的冰层形成在内筒体的内表面，通常使用冰刀刮取来获得冰产品，对比文件2中形成的冰层在体部的表面、翅片和垂直隔板形成的阵列中，不会使用冰刀刮取来得到冰产品，两者的冰形成部位以及获得冰产品的方式也不相同，由于两者的外部结构、内部结构、冰产品的制取方式都不相同，本领域技术人员不会将两者公开的技术方案相互结合，对比文件2没有给出将上述区别技术特征应用于对比文件1的技术启示，因此，权利要求1保护的技术方案具有实质性特点和进步，具备《专利法》第二十二条第三款规定的创造性。

焦点问题

本专利以及对比文件1、对比文件2均是用于制冰机的蒸发器，本专利权利要求1的技术方案与对比文件1公开的内容相比，区别技术特征在于：内表面上均匀地制有凸起的条块。对比文件2从单独的部件结构上公开了内表面上凸出设有翅片和垂直隔板。本案的焦点在于对比文件1是否能与对比文件2结合评述本专利权利要求1的创造性。

案情分析

根据本专利说明书中的背景技术部分介绍，本专利是要对现有的内表面为光面的蒸发器进行改造，通过在内表面增加凸起的条块达到增加表面积，增大制冰量，且冰刀滚压后，冰容易从蒸发器内表面脱落的技术问题，即对现有技术如对比文件1所公开的蒸发器的改进。本专利和对比文件1所公开的蒸发器制冰的原理都是制冷剂在内筒和外筒之间流动，在内筒内完成冰的制备，所形成的冰为一整体，通常依靠冰刀滚压来进行脱落。而对比文件2公开的蒸发器其制冰原理为在制冷剂管内通入制冷剂，在制冷剂管外部由制冷剂管、翅片和垂直隔板形成的空间内形成冰块，这种蒸发器通常的脱冰方式为在冰块形成后在制冷剂管内通以热介质，然后冰块自然脱落。可见，对比文件1和对比文件2在蒸发器的结构和冰块形成的位置均存在区别。

此外，本专利权利要求1中技术特征在蒸发器内表面上均匀地制有凸起的条块，所要解决的技术问题是增大表面积，增加制冰量，并且在冰刀滚压后，冰更容易脱落。而根据对比文件2说明书记载，其发明构思为利用翅片增强制冷剂和冰表面之间的热传递，可以通过翅片向下倾斜一微小角度，利用重力移走冰。虽然对比文件2中的翅片也能起到方便冰块脱落的效果，但冰易脱落的原因是制冷剂管与翅片及垂直隔板形成小空间，将原来大块的冰进行了分解，使大块冰变为若干小块，减小单块冰的体积，然后依靠翅片的倾斜角进行脱落，但这种结构降低了制冰总量。由此可见，本专利权利要求1的技术方案与对比文件2所公开的冰块易于脱落这一效果从脱落的原理和结构上也不相同，同时在制冰量的增加与减少上也截然相反。

根据上述理由，从本专利的整体发明构思出发，本专利权利要求1中所公开的技术特征"凸起的条块"能够起到增大制冰量，使冰更容易脱落且能应用到蒸发器制冷剂所环绕的内筒上，虽然对比文件2公开了蒸发器内制冷剂管上设有翅片，从结构上看翅片是一凸出结构，但解决的技术问题和实际达到的效果与本专利权利要求1中的技术特征"内表面上均匀地制有凸起的条块"并不相同。另外，对比文件1和对比文件2在蒸发器的结构和冰块形成的位置均存在区别。因此对比文件1和对比文件2并不存在结合的启示。

创造性分析建议

进行创造性评价时必须从整体上考虑要求保护的发明，即在确定发明与现有技术的区别特征时，所要考虑的问题不是区别特征本身是否显而易见，而是要求保护的发明整体上是否显而易见。

在确定了最接近的现有技术文件后，对于其他对比文件公开了本发明的区别特征，但这些特征在现有技术中所起的作用与在本发明中的作用不同时，不能直接认定存在结合的技术启示，还需要进一步分析该区别特征的其他作用对本领域技术人员来说是否已明确知晓，进而判断权利要求的创造性；或者当其他对比文件公开了本发明的区别特征，并且这些特征在现有技术中所起的作用与在发明中的作用相同，但是将这些特征应用于最接近的现有技术存在技术障碍时，则认为不存在对比文件结合的启示，不能否定权利要求的创造性。

【案例3-32】 给袋式包装机理料机构

案情介绍

本专利涉及一种给袋式包装机理料机构，授权公告文本中权利要求1

如下：

1.给袋式包装机理料机构，其特征在于：包括料仓一、料仓二、横推气缸和竖推气缸，料仓一横向设置，料仓二竖向设置，料仓二设于料仓一的左侧，料仓二与料仓一内部相通，料仓一设手工进料口或自动进料口，横推气缸在料仓一的右侧以横向方向固定安装，横推气缸动作时将进料口的物料从料仓一推到料仓二，竖推气缸在料仓二的顶部以竖向方向固定安装，竖推气缸动作时将料仓二内的物料从料仓二底部的出料口进行推出。

国家知识产权局于2015年5月4日作出专利权评价报告，在评价报告中引用了对比文件1（公告号：CN202030013U，公告日：2011年11月9日）对权利要求1~3进行创造性评价。

评价报告评述内容摘录如下：

本专利权利要求1保护一种给袋式包装机理料机构，对比文件1公开了一种阿拉伯水烟全自动计量包装机构，具体公开了如下内容（参见说明书第33~39段、图1-2）：矩形滑槽19的内槽有形状相同的矩形计量滑动块17，计量滑动块17的前部有一个垂直的圆筒形计量筒16（相当于本专利的料仓一），由图1可知圆筒形计量筒16横向设置（相当于本专利的料仓一横向设置），矩形滑槽19前部的上部固定有一块有通孔的滑槽盖27，通孔直径大于出料棒26（相当于本专利的料仓二）直径，由图1可知出料棒26竖向设置（相当于本专利的料仓二竖向设置），计量滑动块17由活塞杆A21推、拉而沿着矩形滑槽19的内槽作前进和后退复位滑动，活塞杆A21由气缸A18推动（相当于本专利的横推气缸以横向方向固定安装），矩形滑槽19前部的上方固定有一个气缸B22，气缸B22的活塞杆B25连接圆柱形的出料棒26（相当于本专利的竖推气缸在料仓二的顶部以竖向方向固定安装），当计量滑动块17的计量筒16被活塞杆A推进至矩形滑槽的出料孔28和机柜顶面出料孔的位置重合时，出料棒26被气缸B22的活塞杆B25推进计量筒16内将已计量的产品推出至全自动包装机机柜内的塑料袋内进行全自动包装（相当于本专利的料仓二与料仓一内部相通，横推气缸动作时将进料口的物料从料仓一推到料仓二，竖推气缸动作时将料仓二内的物料从料仓二底部的出料口推出），送料电动机3的加长轴4穿过轴套24的通孔与搅拌漏斗9内的螺旋叶棒11连接，螺旋叶棒11穿过搅拌漏斗9的出口孔和中空的进料筒14直达计量筒盖15的上端面。

由此可见，权利要求1保护的技术方案与对比文件1公开的技术方案的区别在于：（1）料仓一设手工进料口；（2）料仓一与料仓二、横推气缸与料仓一相对方位不同，要解决的技术问题是向料仓一中投料以及传送物料。

对于本领域的技术人员来说，在面对向料仓中投料时，很容易想到在料仓上设置手工进料口，其为本领域的常用手段，而气缸与料仓之间及两个料仓间相对位置的设置也为本领域技术人员的常规选择，因此，本领域技术人员在面对所述技术问题时，有动机对对比文件1所述的技术方案进行改进，在对比文件1的基础上结合本领域的公知常识从而得到权利要求1所保护的技术方案，所以，权利要求1所保护的技术方案对本领域技术人员来说是显而易见的，不具有实质性特点和进步，因此不符合《专利法》第二十二条第三款有关创造性的规定。

评价报告请求人对该份评价报告提出复核请求，并简述原因。复核组经过审理及分析，于2015年7月1日作出专利权评价报告复核意见通知书，对原评价报告结论进行了全部更正。

评价报告复核意见通知书认为，本专利与对比文件1的结构和工作原理均不相同，具体在于：（1）两者工作原理及过程不同。本专利工作过程是将流动性极差或基本无流动性的物料进行手工进料或自动进料后，物料会在料仓一的内腔滞留，然后横向气缸动作从右到左将物料推至料仓二内，这个过程中物料被压缩，接着竖向气缸动作从上到下将料仓二内的已压缩物料从料仓二底部的出料口推出，此时从进料口加入的分散物料会整合成圆柱形紧密集合的物料，于是方便了给袋式包装机的后续下料。上述动作过程中，物料在从料仓一到料仓二的过程中，分散物料会被压缩整合成紧密集合物料。而对比文件1公开技术方案的动作过程是：物料被加入到圆筒形计量筒16内，当圆筒形计量筒16

被活塞杆21推进至矩形料槽的出料孔28和机柜顶面出料孔的位置重合时，出料棒26被气缸22的活塞杆25推进计量筒16内将物料推出进行全自动包装。上述动作过程中，物料被加入计量筒16内后，通过计量筒的移动被送至出料位置，然后出料，并没有物料被压缩的动作过程。(2) 两者结构不同。在本专利中，料仓一是固定不动的，料仓一具有横向布设的横向空腔，而在对比文件1中，计量筒16是垂直布置且横向活动的，计量筒16正是通过自身横向活动将物料进行横向传送，它是将物料进行横向传送，并不解决物料的压缩问题，它起不到料仓一的作用，因此，对比文件1中的计量筒16不同于本专利中的料仓一。另外，本专利中料仓二是固定的，它具有竖向布设的竖向空腔，竖向空腔与料仓一的横向空腔相通，这样料仓一内的物料能被推到料仓二内并由于料仓二横向空腔侧壁的阻挡被压缩成压缩物料，而在对比文件1中，出料棒26是一根棒体，它并没有腔体，它所起到的作用是将计量筒16内的物料通过出料孔往外进行推出，它需要进行上下活动，因此，对比文件1中的出料棒26不同于本专利中的料仓二。

基于此，复核组认为本专利权利要求1～3相对于对比文件1和本领域公知常识结合具备《专利法》第二十二条第三款规定的创造性。

焦点问题

本专利与对比文件1均为输送流动性较差物料的理料机构，案件的焦点问题在于本专利与对比文件1的工作原理是否相同，以及料仓一和料仓二的事实认定，即能否将对比文件1中的计量筒和出料棒认定为本专利中的料仓一和料仓二。

案情分析

本专利提供了一种适合于流动性极差或基本无流动性物料的理料，将分散的物料最后整合成圆柱形紧密集合的物料，方便给袋式包装机后续下料的给袋式包装机理料机构。

为了解决上述的技术问题，本专利所采用的技术手段是，首先通过理料动作对流动性极差或基本无流动性的物料进行理料，在理料过程中将上述类型的分散物料整合成圆柱形紧密集合的物料，然后从料仓二的出料口往外进行推出，从而方便了给袋式包装机的后续下料。本专利技术方案的核心在于"将分散物料整合成圆柱形紧密集合的物料"，其所采取的关键技术手段是：通过横推气缸将料仓一中的物料推送到料仓二并且在料仓二中进行挤压，进而形成精密结合的物料以解决本专利的技术问题。

本专利附图如图 3-78 所示。

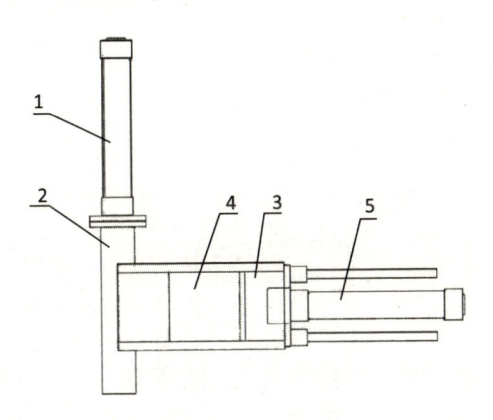

图 3-78 本专利附图

对比文件 1 是阿拉伯水烟全自动计量包装机构，其采取的技术手段为：物料被加入到圆筒形计量筒 16 内，当圆筒形计量筒 16 被活塞杆 21 推进至矩形料槽的出料孔 28 和机柜顶面出料孔的位置重合时，出料棒 26 被气缸 22 的活塞杆 25 推进计量筒 16 内将物料推出进行全自动包装。上述动作过程中，物料被加入计量筒 16 内后，通过计量筒的移动被送至出料位置，然后出料。

本专利与对比文件 1 均是用于流动性差物料的包装，属于相同的技术领域；并且本专利与对比文件 1 具有类似的工作过程，都是利用气缸先对物料进行横向推送然后竖向推送，最后进行包装。然而，对比文件 1 中在对物料进行横向推送时，仅将物料进行横向输送而并没有起到挤压的作用，在对比文件 1 中，物料最终并没有形成紧密集合。因此，从整体发明构思的角度考虑，对比文件 1 并没有公开本专利的关键技术手段，对比文件 1 中的计量筒

16 和出料棒 26 虽然在空间位置上与本专利的料仓一、料仓二相同,并且都实现了物料的输送,但是对比文件 1 中没有解决对物料进行紧密集合的技术问题,并且二者的结构也明显不同,因此,将对比文件 1 中计量筒 16 和出料棒 26 认定为本专利中的料仓一和料仓二是不妥当的。在此基础上,本专利相对于对比文件 1 具有创造性。

对比文件 1 附图如图 3-79 所示。

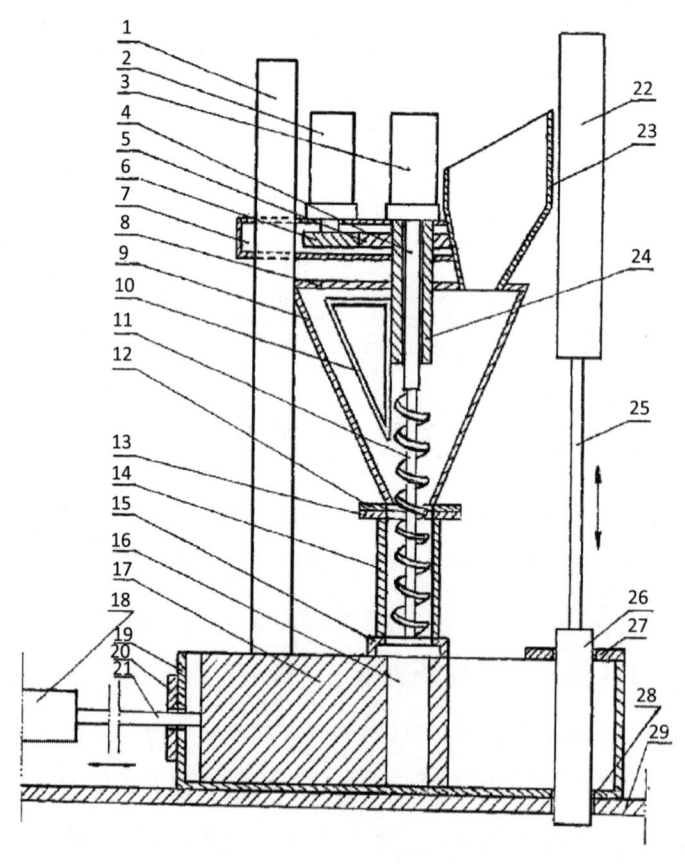

图 3-79 对比文件 1 附图

创造性分析建议

实用新型的创造性评述中,应当基于整体发明构思的理念对对比文件的技术方案进行理解,应当将每个技术特征置于整体发明构思中加以考虑,具

第三章 创造性审查典型案例

体在于,不仅需要判断本专利与对比文件所采用的技术手段是否相同,还需要从本领域技术人员的角度出发,判断二者的技术手段是否实现了同样的技术效果或者解决了同样的技术问题;而不可将技术手段从整体发明构思中割裂出来,进行机械的特征比对。

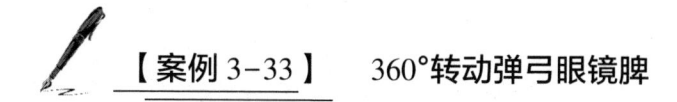

【案例3-33】 360°转动弹弓眼镜脾

案情介绍

本专利涉及一种360°转动弹弓眼镜脾,授权公告文本中权利要求1如下:

1. 一种360°转动弹弓眼镜脾,其特征在于:包括轴杆(1)、弹弓壳(2)和压簧壳(3),所述轴杆(1)的中部设有加固件(4),加固件(4)的左部呈长方体状,加固件(4)的右部呈圆柱体状,所述轴杆(1)左端连接弹弓壳(2),弹弓壳(2)内部设有弹簧芯子(5),弹弓壳(2)左端的外侧套有可旋转的压簧壳(3),压簧壳(3)内部对称设有压簧(6),两个压簧(6)靠近弹弓壳(2)的一端均设有圆珠(7),所述压簧壳(3)左侧与镜框连接件(8)连接。

本专利说明书记载:该360°转动弹弓眼镜脾设有可旋转的压簧壳,其带动外壳旋转,使用者可根据心情和不同的服饰需要变动色彩和材质,产生多种搭配效果;弹弓眼镜脾设有加固件,有效延长眼镜的使用寿命。

本专利附图如图3-80所示,对比文件1附图如图3-81所示,对比文件2附图如图3-82所示。

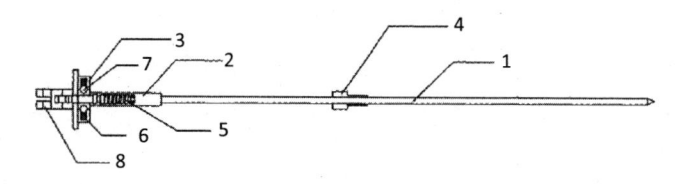

图1

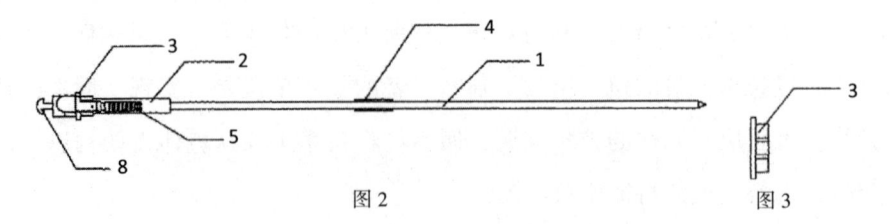

图 3-80 本专利附图

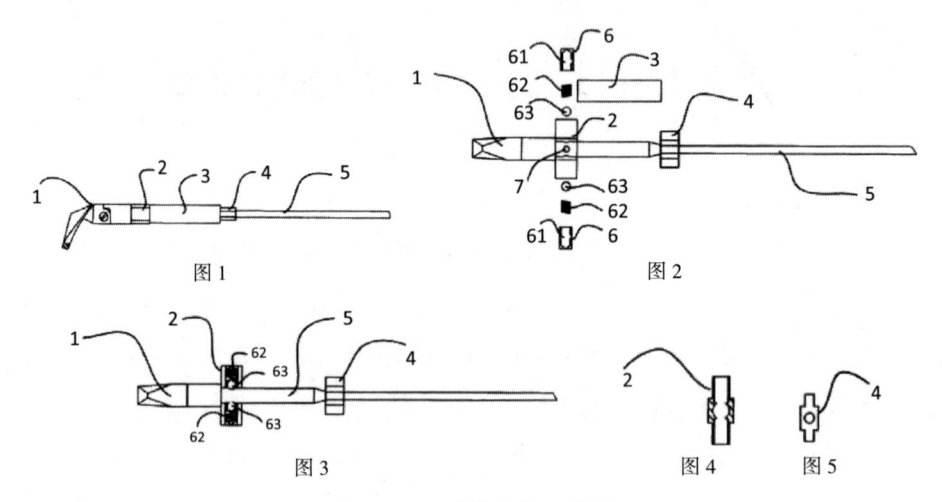

图 3-81 对比文件1附图

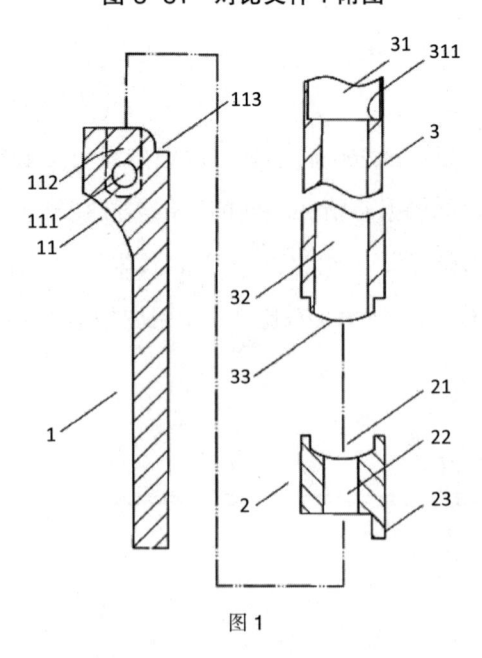

图 1

第三章 创造性审查典型案例

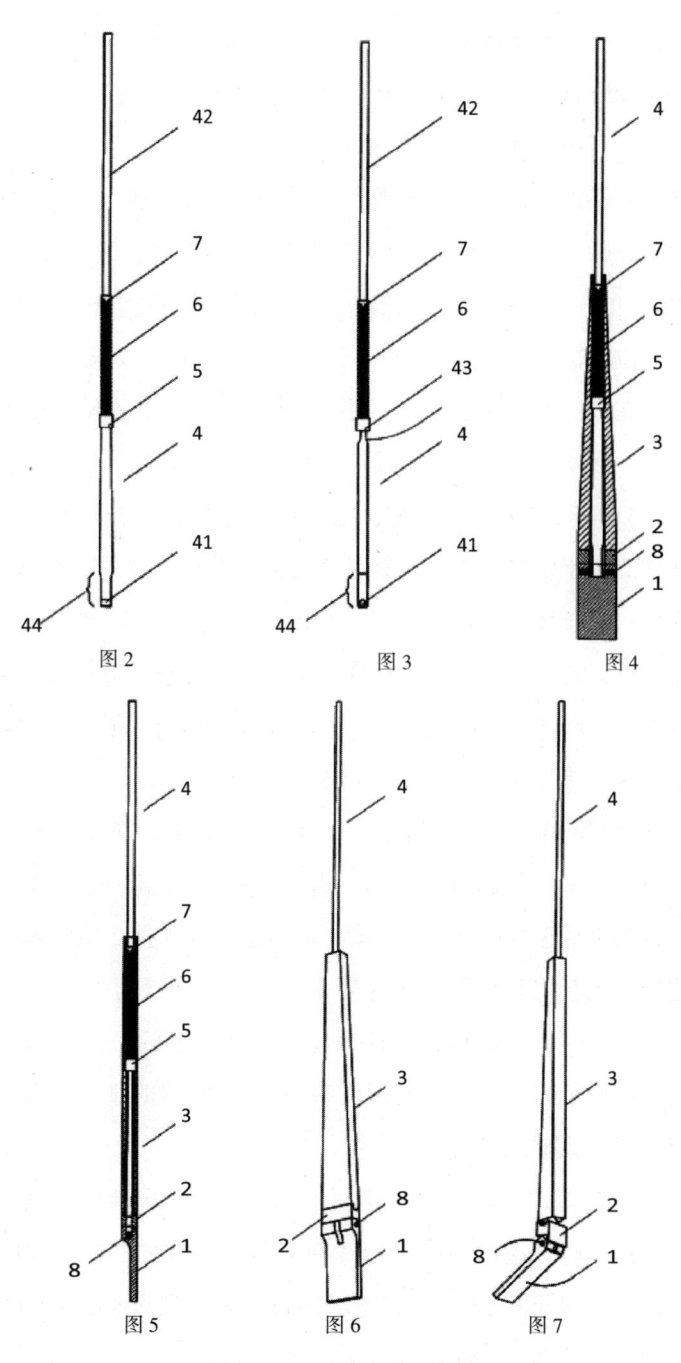

图 2

图 3

图 4

图 5

图 6

图 7

图 3-82 对比文件 2 附图

国家知识产权局作出的专利权评价报告中引用了两篇对比文件（对比文件1：CN201000514Y；对比文件2：CN201251653Y）对上述权利要求1的创造性进行评价，具体评述内容摘录如下：

权利要求1保护一种360°转动弹弓眼镜脚，对比文件1（CN201000514Y）公开了一种眼镜脚，包括：眼镜脚的主体结构为一根杆状的脚体5（相当于轴杆）；在脚体5的一端铰接有一个铰链头1（显然其与镜框相连接，相当于镜框连接件）；在脚体5上靠近铰链头1的位置处套接一个为棱柱体的装饰件3，装饰件3可以在脚体5上转动，为了便于转动装饰件3，在脚体5上还套接有一个扳动件2（可被旋转扳动，在其左侧与铰链头1连接，容纳如后所述的弹簧62、滚珠63等，相当于压簧壳），扳动件2上具有凸出装饰件3侧面的端部，该扳动件2位于铰链头1和装饰件3之间，装饰件3的一端部与扳动件2之间固定连接；在脚体5上还套接有一个限位件4（相当于加固件），该限位件4位于装饰件3的另一端；在扳动件2中对称地设有两组限位组件，该限位组件由滚珠63（与后述弹簧62配套一对一配置，相当于圆珠）、弹簧62（两个对称设置，相当于压簧）、压帽6构成，压帽6中设有一个空腔61，所述的弹簧62位于该空腔61中，弹簧62顶压在滚珠63上，在弹簧62的作用下，滚珠63顶压在脚体5的外表面上。在脚体5的外表面上设有数目与装饰件3侧面数目一致的半球形的凹坑7，凹坑7的位置与扳动件2在脚体5上的位置相对应，这些凹坑7均布在脚体5的外表面上。扳动扳动件2，当滚珠63与一个凹坑7相配合时，可以有选择性地使装饰件3上的一个侧面正向朝向眼镜脚的外侧，从而可以使侧面上的颜色和/或图案完整地显示出来，可知对比文件1实现了360°旋转的功能。

权利要求1与对比文件1的区别技术特征在于：包括内部设有弹簧芯子的弹弓壳，轴杆左端连接弹弓壳，圆珠在靠近弹弓壳的一端；加固件的左部呈长方体状，右部呈圆柱体状。上述区别技术特征所要解决的技术问题为：提供可适应佩戴者脸型的弹性。

同时，对比文件2（CN201251653Y）公开了一种眼镜脚连接机构，包括庄头铰1（相当于镜框连接件）、脚身3（相当于弹弓壳）、脚芯4（相当于轴杆）、弹簧6（相当于弹簧芯子），弹簧6设置在脚身3的中心通孔31内的脚芯4中部，相对于较大脸颊的眼镜佩戴者，由于弹簧的弹力，可使庄头铰1相对于脚身3向外可张开一定的角度，以适应佩戴者的脸颊。可见，对比文件2给出了在眼镜脚上的轴杆左端即靠近镜框连接件的位置设置弹簧芯子的弹簧壳以提供适应脸型的弹性的技术启示。

此外，对于加固件的左部和右部形状的限定属于本领域技术人员的常规选择，结合对比文件1和2时，使圆珠设置在靠近弹弓壳的一端的位置即使得圆珠和弹簧都尽量靠近镜框连接件对本领域技术人员而言是显而易见的。

本领域技术人员在对比文件1的基础上，结合对比文件2以及上述公知常识给出的上述技术启示，获得权利要求1的技术方案是显而易见的。因此，权利要求1不具有实质性特点和进步，不符合《专利法》第二十二条第三款的规定。

国家知识产权局专利复审委员会作出的无效宣告请求审查决定，同样使用了证据1（对比文件1）CN201000514Y在评述权利要求1具备创造性，决定的理由摘录如下：

根据对比文件1公开的上述内容可知，（1）对比文件1也公开了一种眼镜脚，与本专利属于相同的技术领域。（2）对比文件1中的扳动件2与铰链头1连接，扳动件2中对称地设有两组滚珠63、弹簧62和压帽6，在弹簧62的作用下，滚珠63被顶压在脚体5的外侧面上，扳动件2转动时，可以有选择性地使装饰件3上各个侧面之一正向朝向眼镜脚的外侧，致使该侧面上的颜色和/或图案完整地显示出来。也就是说，对比文件1的眼镜脚也能够进行360°的转动，且对比文件1中扳动件2的结构和功能及其与镜框的连接关系均与本专利权利要求1中的压簧壳相同。

将本专利权利要求1所要求保护的360°转动弹弓眼镜脚与对比文件1公开的眼镜脚相比，其区别至少在于：轴杆上设有加固件，加固件的左部呈长方体状，右部呈圆柱体状。

请求人认为，对比文件1中的限位件4所起的作用与本专利权利要求1中的加固件相同，认可"加固件（4）的左部呈长方体状，加固件（4）的右部呈圆柱体状"是本专利权利要求1与对比文件1之间的区别，但认为本专利权利要求1中加固件的形状是常规技术，且不能理解该加固件的形状所要解决的技术问题，加固件的具体形状不能给本专利权利要求1的技术方案带来实质性的进步。

经审查，合议组认为：①本专利说明书第13、14、6段记载了以下内容：轴杆1的中部设有加固件4，加固件4的左部呈长方体状，加固件4的右部呈圆柱体状；在眼镜脾的外侧包覆两个外壳，其中不可旋转的外壳与加固件4的圆柱体状部分配合固定，可旋转的外壳一端与加固件4的长方体状部分配合固定；压簧壳3带动可旋转的外壳旋转，可旋转的外壳旋转带动加固件4旋转，然后利用两个压簧6压迫圆珠7固定可旋转的外壳；弹弓眼镜脾设有加固件，可有效延长眼镜的使用寿命。由本专利说明书的上述记载可知，将加固件4的左部和右部设置成彼此不同的结构形状，其目的是满足与该左部和右部连接的部件相配合固定的需要，同时对眼镜脾进行加固，以便延长眼镜的使用寿命。而对比文件1说明书第2页倒数第2、3段以及说明书第3页倒数第1段至第4页第1段公开了：限位件用于对装饰件的轴向移动进行限制；限位件与装饰件的一端具有相配的形状，其形状可以为"十"字形。由对比文件1公开的内容可知，对比文件1中的限位件4仅在其一端具有与之连接的部件，即装饰件，且限位件4的作用也仅是限制装饰件的轴向移动，并不涉及对眼镜脚进行加固，此外，限位件4的具体形状虽然是为了满足与装饰件的配合，但其呈"十"字形，并不具有均不同于"十"字形且彼此也不相同的端部结构形状。根据上述分析可知，基于对比文件1的限位件与装饰件在一端相连接的连接位置及限位件4对装饰件所起的轴向限制作用，本领域技术人员没有动机将限位件的另一端部也连接某一部件并对其两个端部的结构形状都进行改进从而加固眼镜脚，即由对比文件1公开的内容，不容易得到上述区别。②请求人虽称本专利权利要求1中加固件的形状是常规技术，但其仅提及这一主张而未进行充分的说理，也未提供相应的证据或列举本领域中能够证明其为常规技术的具体示例，因此，合议组对这一主张不予支持。

焦点问题

本专利的专利权评价报告与无效决定中使用了相同的对比文件1，对于权利要求1的区别技术特征的认定不完全一致，其中专利权评价报告认为对比文件1中的限位件相同于本专利权利要求1中的加固件，即对比文件1中的限位件与本专利权利要求1中的加固件所起的作用相同，而加固件的左部和右部形状的限定属于本领域技术人员的常规选择。无效决定则认为根据说明书的记载，弹弓眼镜脾设有加固件，可以有效延长眼镜的使用寿命，以及加固件左右部设置成不同的形状结构，可以实现固定的技术效果，同时加固眼镜脾，延长眼镜使用寿命。而对比文件1中限位件的作用仅是限制装饰件的轴向移动，对比文件1对于延长眼镜使用寿命没有给出明确教导。

案情分析

准确确定实用新型实际解决的技术问题对于创造性的准确判断具有重要作用。

由于对所解决技术问题认定结果不一样，本专利的评价报告和无效决定对对比文件1中限位件是否等同于本专利中加固件存在争议。本专利说明书对解决的技术问题强调较多的是根据需要变动眼镜脾的色彩和材质，但是本领域技术人员根据技术方案中详细记载的加固件的形状、结构以及与其他元件的连接关系，可以判断得出加固件还可以解决延长眼镜使用寿命这个技术问题。具体来说，由于加固件的左右部设成不同的形状结构，以满足与左右部连接的部件相配合固定的需要，因此所解决的技术问题除了对眼镜脾进行加固外，必然还能延长眼镜的使用寿命。而根据对比文件1公开的技术方案，其包含的限位件仅能限制装饰件轴向移动，并不能解决眼镜脚加固的技术问题，本领域技术人员也不容易想到限位件的另一端部也连接某一部件并对其两个端部的结构形状都进行改进从而加固眼镜脚。也就是说，由对比文件1公开的内容，不容易得到对比文件1中的限位件等同于本专利中的加固件。

创造性分析建议

在进行创造性判断时，本领域的技术人员应该整体考虑申请文件中记载的技术方案和技术效果，在对技术特征进行对比分析时不应将其与技术方案割裂开来分别分析，而应考虑到与技术方案中其他技术特征相结合所产生的技术效果（不一定是说明书中所述或重点所述的技术效果），在权利要求所要求保护的技术方案中整体进行考虑，以确定实用新型实际解决的技术问题，根据实际解决的技术问题再进行特征对比。

【案例3-34】 弹性复位机构及使用该弹性复位机构的转向机构

案情介绍

本专利涉及一种弹性复位机构及使用该弹性复位机构的转向机构，授权公告文本中权利要求1如下：

1. 一种弹性复位机构，包括转轴（31）、弹性体（32）与固定架（33），该转轴（31）水平枢装于该固定架（33）上，其特征在于：所述固定架（33）上设有所述弹性体（32），所述弹性体（32）位于所述转轴（31）下方，所述转轴（31）的下端设有压接面（311），该压接面（311）压有缓冲垫（34），该缓冲垫（34）受力压在所述弹性体（32）上。

本专利附图如图3-83所示。

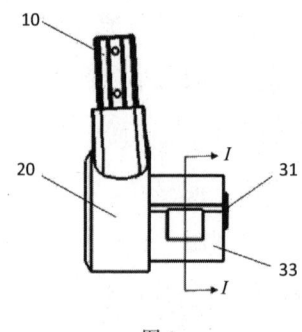

图1

图2

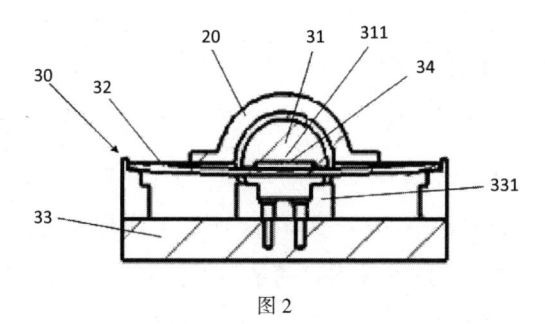

图 3-83　本专利附图

国家知识产权局作出的专利权评价报告中评述该权利要求具有新颖性和创造性，引用了对比文件 1（CN201597703U），具体评述内容摘录如下：

对比文件 1（CN201597703U）公开了一种弹性复位机构，具有转轴 4、弹性体 5 与承力支架 6，该转轴 4 水平枢装于该承力支架 6 上；承力支架 6 上设有所述弹性体 5。权利要求 1 和对比文件 1 的区别在于：所述弹性体位于所述转轴下方，所述转轴的下端设有压接面，该压接面压有缓冲垫，缓冲垫受力压在所述弹性体上。

对比文件 1 没有给出转轴的压接面有缓冲垫，使缓冲垫受力压在弹性体上的技术启示，而采用上述结构也不是本领域公知常识，所以本领域技术人员在现有技术的基础上不能显而易见地得到权利要求 1 保护的技术方案，因此，权利要求 1 具有《专利法》第二十二条第三款规定的创造性。

对比文件 1 附图如图 3-84 所示。

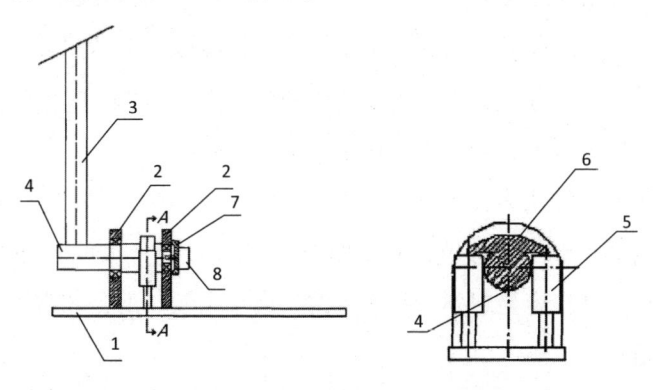

图 3-84　对比文件 1 附图

· 211 ·

该实用新型专利具有相同申请人同日申请的发明专利（申请号为201010612690.8），其权利要求与本专利权利要求完全相同。在对发明专利申请进行审查的过程中，国家知识产权局发出了第一次审查意见通知书，同样引用了上述对比文件1（CN201597703U）评述了权利要求1、2、4不具有创造性，具体对权利要求1的评述内容摘录如下：

对比文件1（CN201597703U）公开了一种弹性复位机构，具有转轴4、弹性体5与固定架6，该转轴4水平枢装于该固定架6上；固定架6上设有所述弹性体5，所述弹性体5位于所述转轴4下方；所述转轴4的下端设有压接面。

权利要求1和对比文件1的区别在于：该压接面压有缓冲垫，缓冲垫受力压在所述弹性体上。然而，为了缓冲来自转轴的转矩，而在压接面和弹性体之间加设缓冲垫，对于本领域技术人员来说，是很容易想到并加以实现的。因此，在对比文件1的基础上结合本领域的公知常识从而得到权利要求1的技术方案是显而易见的，权利要求1不具备《专利法》第二十二条第三款规定的创造性。

该申请人答复第一次审查意见通知书时对权利要求进行了修改，将权利要求1与其从属权利要求2、3合并，并获得发明专利权。

焦点问题

本专利的实用新型专利权评价报告与发明的第一次审查意见通知书使用了相同的对比文件，而对于权利要求1的区别技术特征的认定基本一致："该压接面压有缓冲垫，缓冲垫受力压在所述弹性体上。"两者的主要不同点即在于对设置缓冲垫是否为公知常识的认定。

专利权评价报告认为，上述区别技术特征并未被对比文件1所公开，而该区别特征也不属于公知常识；而发明专利申请的第一次审查意见通知书认为上述区别特征是很容易想到并且实现的，属于本领域的公知常识。

案情分析

从对比文件1公开的技术方案可知，水平转轴上固定有承力支架（参见其附图），承力支架两侧具有与弹性体接触的压接面，用于压迫下方的弹性体。因此，虽然弹性体未直接位于转轴下方，但其在对比文件1中的原理和作用与在本专利中的原理和作用完全相同，两者实际上构成了惯用技术手段的直接置换。很明显，在本实用新型专利中，弹性复位机构的弹性复位功能主要依靠弹性体来实现，对比文件1与之在结构上十分相似，而工作原理与效果完全相同，都是采用了弹性体复位带动转轴复位的方式提供连续的转向力度，而本专利中之所以在转轴与弹性体之间又设置了缓冲垫的结构，是将其作为弹性复位结构的一部分，起到缓冲压力的作用。通过对比本专利权利要求1所保护的技术方案和对比文件1所公开的技术方案可知，本专利实际上所解决的技术问题是缓冲压力。对于本领域技术人员来说，在其应用对比文件1所公开的技术方案时，其转轴通过承力支架按压弹性体时，必然面临着压力得不到缓冲的问题，在这种情况下，为了解决该问题，本领域技术人员很容易想到在两者接触面之间采用现有技术中常见的手段增加缓冲，而缓冲垫是最常见的技术手段，因此，该区别特征实际上属于本领域的公知常识，使得本专利的技术方案是显而易见的，不具有实质性特点。

在区别特征仅为缓冲垫的情况下，专利权评价报告未将其认定为本领域的公知常识，显然并不合适。

创造性分析建议

在采用一篇对比文件对实用新型进行创造性评述时，应将本专利权利要求所保护的技术方案的特征与最接近的对比文件所公开的内容一一进行对比。确定技术方案是否具有创造性的思路之一，是根据区别技术特征重新确定其所要解决的技术问题，之后，应判断区别特征是否为公知常识，若该区别特征为本领域中解决该重新确定的技术问题的惯用技术手段，则认为现有技术中存在上述技术启示，实用新型是显而易见的，不具有实质性特点。

【案例 3-35】 咖啡机过滤器的漏液孔结构

案情介绍

本专利涉及一种咖啡机过滤器的漏液孔结构,授权公告文本中权利要求如下:

1. 咖啡机过滤器的漏液孔结构,在所述的过滤器(1)上设有一个或者多个漏液孔(2),其特征在于所述的漏液孔(2)包括在过滤器(1)上冲压而成的小凹台(3),在所述的小凹台(3)上设有细孔(4)。

2. 根据权利要求1所述的咖啡机过滤器的漏液孔结构,其特征在于所述的小凹台(3)设置在所述过滤器(1)的上表面。

3. 根据权利要求1所述的咖啡机过滤器的漏液孔结构,其特征在于所述的小凹台(3)设置在所述过滤器(1)的下表面。

4. 根据权利要求1~3中任一所述的咖啡机过滤器的漏液孔结构,其特征在于所述的小凹台(3)为多边形、圆形、椭圆形凹台中的一种,所述的细孔(4)为圆形、椭圆形或多边形中的一种。

5. 根据权利要求1~3中任一所述的咖啡机过滤器的漏液孔结构,其特征在于所述的细孔(4)的孔径大于细孔的厚度。

6. 根据权利要求1所述的咖啡机过滤器的漏液孔结构,其特征在于所述的过滤器(1)为不锈钢或铝或铜的过滤器。

本专利附图如图3-85所示,对比文件1附图如图3-86所示。

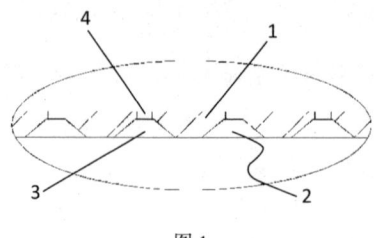

图1

图 2

图 3-85 本专利附图

图 1

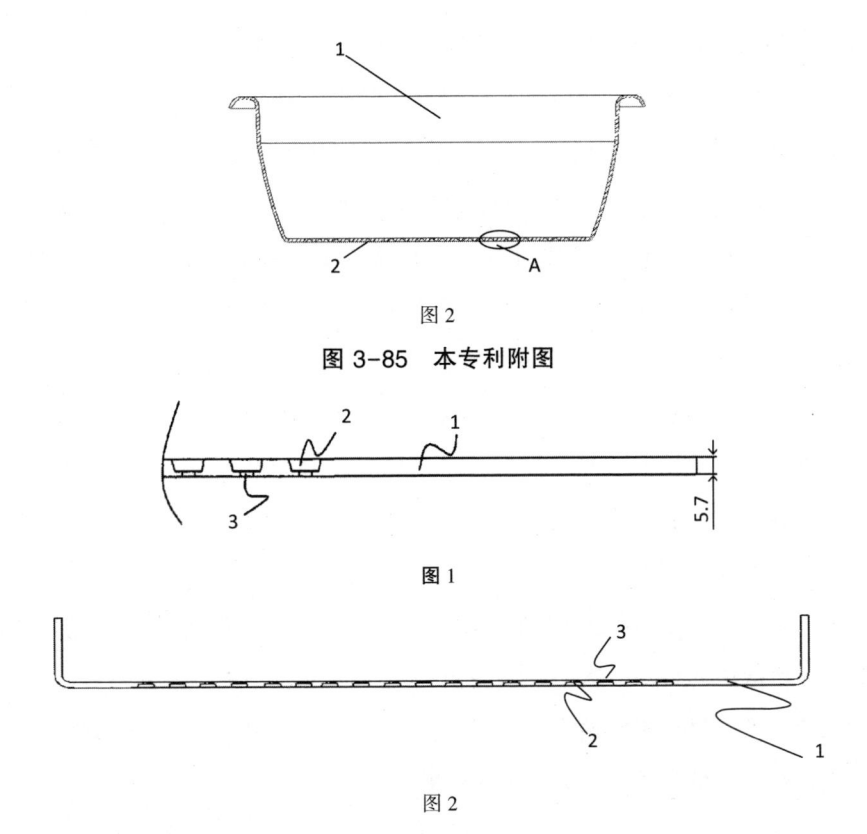

图 2

图 3-86 对比文件 1 附图

国家知识产权局作出的专利权评价报告中引用了一篇对比文件（CN101264567A）对上述权利要求5的创造性进行评价，具体评述内容摘录如下：

权利要求5涉及一种咖啡机过滤器的漏液孔结构，对比文件1（CN101264567A）公开了一种咖啡机高压过滤装置，其制造工艺为：先在厚度为0.57mm的不锈钢钢板上按照滤盖平铺的设计尺寸落料，裁剪出滤盖毛坯1，然后在普通压力机上使用如图7和图8所示的冲槽模具4从滤盖毛坯的第一表面冲压出凹槽2，要求凹槽2的深度相等以方便冲孔，凹槽2的深度为0.4mm；如图3所示，在凹槽成形过程中，滤盖毛坯1的第二表面在冲槽的挤压下形成凸起5；然后在数控车床上将凸起5车削磨平，使滤盖毛坯1的第二表面光滑、平整，如图4所示，这时滤盖的底面厚度只有0.53mm，凹槽2的

· 215 ·

底部厚度为0.09mm，滤盖毛坯1外部周边的厚度仍然是0.57mm；然后在普通压力机上使用如图9所示的冲孔模具6在凹槽2的底部从滤盖毛坯1的第二表面向下冲压出滤孔3，如图5所示；在厚度只有0.09mm的凹槽底部冲压滤孔3是轻而易举的事，使用普通冲孔凹模模具即可。冲压好滤孔的滤盖毛坯，在压力机上用相应的模具将其周边折起形成杯壁，如图6所示，滤盖即制造好了。由以上过滤装置的制备工艺结合附图5和附图6可以确定，由该工艺制得的咖啡机滤盖（过滤器的下位概念）的漏液孔结构为：过滤装置上设有多个漏液孔，所述漏液孔上包括在过滤装置上冲压而成的小凹台，在所述小凹台上设有滤孔（即细孔）。

权利要求5附加技术特征为：细孔的孔径大于细孔的厚度。而从对比文件1过滤装置的制备工艺结合附图5和附图6可以确定：细孔的孔径大于细孔的厚度。因此，在其引用的权利要求1不具备新颖性或创造性的情况下，权利要求5所保护的技术方案也不具备新颖性或创造性。

无效请求人提出无效请求时提供了公告号为CN101264567A（即评价报告之对比文件1）的专利公布文本作为证据1。

国家知识产权局专利复审委员会作出的无效宣告请求审查决定理由摘录如下：

合议组认为：经比较可知，证据1中滤盖的凹槽2和滤孔3的整体相当于权利要求1中的滤液孔，凹槽2和滤孔3分别相当于权利要求1的小凹台和细孔。因此，权利要求1的全部技术特征已经被证据1所公开，权利要求5引用了权利要求1~3中的任一项，其附加技术特征为所述的细孔的孔径大于细孔的厚度。

对此，合议组查明：证据1在背景技术部分公开了过滤装置通常采用厚度为0.55~0.6mm的优质不锈钢制备；滤孔的直径通常在0.4mm，但对于证据1中先冲压凹槽后再冲孔的情况，不锈钢材质的厚度并不是冲压完凹槽后所剩的厚度，即冲孔时所剩的厚度，因此不能认为证据1中公开的是孔的直径小于孔的厚度的情况。同时证据1具体实施方式中公开了凹槽2的底部厚度为0.09mm，没有公开所冲压出的滤孔3的尺寸，在没有明确记载的情况下，也不能认为证据1具体实施部分中的滤孔直径是0.4mm。因此证据1没有明确公开权利要求5的附加技术特征，其构成了与证据1之间的区别特征。

根据本专利第3、12段的记载可知，通过先在一面预冲压多个小凹台来使小凹台冲孔部位的材料厚度变薄，因此能很容易地冲出漏液孔，本实用新型的目的是提供一种可有效减少冲头折断且容易加工的咖啡机过滤器的漏液孔结构。因此基于上述区别特征可以确定，权利要求5相对于证据1实际解决的技术问题是：提供一种可有效减少冲头折断且容易加工的咖啡机过滤器的漏液孔结构。

合议组认为：证据1具体实施方式部分也公开了"在厚度为0.09mm的凹槽底部冲压滤孔3是轻而易举的事，使用普通冲孔凹模模具即可，较目前使用的一步成形法，对模具和车床的要求大大降低"，因此证据1给出了在较薄材料上冲孔较容易的启示；而根据本领域的普通技术知识可知，材料厚度变薄使冲孔容易加工的同时，自然能够减少冲头折断，从而保护冲头。对于确定尺寸的滤孔，孔径和冲孔部位的材料厚度存在三种大小关系，即孔径大于、等于、小于冲孔部位的材料厚度，这三种关系中"孔径大于冲孔部位的材料厚度"时的材料厚度最小。当需要制备某一确定尺寸的滤孔时，为了解决"提供一种可有效减少冲头折断且容易加工的咖啡机过滤器的漏液孔结构"这一技术问题，在证据1给出的上述启示下，本领域技术人员不难想到使孔径大于冲孔部位的材料厚度来使材料较薄，以使冲孔容易加工的同时减少冲头折断、保护冲头，从而得到权利要求5的技术方案。

因此，权利要求5也不具备《专利法》第二十二条第三款所规定的创造性。

焦点问题

本专利的专利权评价报告与无效决定中使用了相同的对比文件，对于权利要求5的区别技术特征的认定也完全一致，即细孔的孔径大于细孔的厚度。不同点在于专利权评价报告中认为从对比文件1过滤装置的制备工艺结合附图5和附图6可以明确确定权利要求5的区别技术特征。无效宣告审查则认定证据1没有明确公开权利要求5的附加技术特征，其构成了与证据1之间的区别特征，须在证据1所给出的技术启示下，结合本领域技术人员的常规技术手段，判定权利要求5不具备创造性。

案情分析

本案中，权利要求5的区别技术特征是所述的细孔的孔径大于细孔的厚度，证据1在背景技术部分公开了过滤装置通常采用厚度为滤孔直径的通常数值，但证据1中并没有说明该厚度上所对应的孔径，因此对凹槽厚度与孔径的大小关系没有公开，从图上也不能得出滤孔大小与厚度的数据。对于证据1中先冲压凹槽再冲孔的情况，不锈钢钢板的厚度并不是冲压完凹槽后所剩的厚度，即冲孔时所剩的厚度，因此也不能认为证据1中公开的是孔的直径小于孔的厚度的情况。在没有明确记载的情况下，评价报告中直接认定权利要求5方案已被对比文件1所公开，有待商榷。

由于证据1给出了在较薄材料上冲孔较容易的启示；而根据本领域的普通技术知识可知，材料厚度变薄使冲孔容易加工的同时，自然能够减少冲头折断，从而保护冲头，即给出了将所述区别特征用于该最接近的现有技术以解决该实际要解决的技术问题的启示，当需要制备某一确定尺寸的滤孔时，为了解决"提供一种可有效减少冲头折断且容易加工的咖啡机过滤器的漏液孔结构"这一技术问题，在证据1给出的上述启示下，本领域技术人员不难想到当冲头的直径大于冲压部位厚度时能够更好地保护冲头不折断、不变弯，从而得到权利要求5的技术方案。

创造性分析建议

如果权利要求的技术方案与最接近的现有技术相比存在区别特征，则从所述区别特征所能达到的效果出发来确定权利要求的技术方案实际要解决的技术问题，如果现有技术中给出了将所述区别特征用于该最接近的现有技术以解决该实际要解决的技术问题的启示，或者所述区别特征为本领域中解决该实际要解决的技术问题的常规技术手段，且没有带来任何预料不到的技术效果，则该权利要求的技术方案不具备创造性。